목회의 기초

JN340554

FIVE SMOOTH STONES FOR PASTORAL WORK
by Eugene H. Peterson

Copyright © 1980 Eugene H. Peterson
Published in association with the literary agencies of rMaeng2, of Seoul, Republic of Korea, and Alive Communications, Inc., of Colorado Springs, CO, U.S.A.
All rights reserved.

This Korean Edition Copyright © 2012 by Poiema, a division of Gimm-Young Publishers, Inc., Seoul, Republic of Korea.

et terrã. καὶ τὴν γῆν· ἡ ... et tenebre su... σκότος ἐ... ferebatur su... ἐπεφέρετο ἐ... lux. ⁊ fa... φῶς. καὶ ἐ... bona. et di... ἀνὰ μέσον τοῦ ... inter ... ἀνὰ μέσον τοῦ ... et tene... καὶ τὸ σκό... et factũ ẽ ... καὶ ἐγένετο ... firmamẽtũ in ... στερέωμα ἐν ... inter aquã ... ἀνὰ μέσον ὕδα... firmamẽtũ. ⁊ ... στερέωμα. καὶ ... erat sub ... ὑποκάτω τοῦ ... que super ... τοῦ ἐπάνω ... firmamẽtũ ce... στερέωμα οὐρα... vespere: ⁊ ... ἑσπέρα, καὶ ... deus cõgre... συναχ... in congrega... εἰς συναγω... ita. ⁊ cõ... οὕτως. καὶ συ... in cõgre... εἰς τὰς συνα... uit deus ari... τὴν ξη... vocauit ma... ἐκάλεσε θα... dixit deus ger... εἶπεν ὁ θς βλα... semẽ sin... σπέρμα κατὰ ... ferũ faciẽs ... ποιοῦν ... genus sup... κατὰ γένος ἐπὶ ... terra her... ἡ γῆ βοτά... ⁊ scdz simi... καθ' ὁμοιό... ctũ. cuius se... οὗ τὸ σπέρ... terrã. et vidit ... εἶδεν

IN principio creauit deus .1. celum & terrã. Terra autem erat inanis & vacua: & tenebre erant sup faciẽ abyssi: & spiritus dei ferebatur super aquas. Dixitq3 deus. Fiat lux. Et facta ẽ lux. Et vidit deus lucem φ esset bona: & diuisit lucem a tenebris: appellauitq3 lucem diẽ: & tenebras noctem. Factumq3 est vespe & mane dies vnus. Dixit quoq3 deus. Fiat firmamentũ in medio aquarum: & diuidat aquas ab aquis. Et fecit deus firmamentum. diuisitq3 aquas q̃ erant sub firmamẽto ab his que erant super firmamentũ. Et factũ est ita. Vocauitq3 deus firmamentum celum: & factum est vespe & mane dies secundus. Dixit vero deus. Congregentur aque q̃ sub celo sunt in locum vnum: & appareat arida. Et factum ẽ ita. Et vocauit deus aridã terram: cõgregationesq3 aquarũ appellauit maria. & vidit deus φ esset bonum: & ait. Germinet terra herbã virẽtem & faciẽtẽ semẽ: & lignum pomiferũ faciens fructũ iuxta genus suũ cuius semẽ i semetipso sit sup terrã. Et factũ est ita. Et ptulit terra herbã virẽtẽ & faciẽtẽ semẽ iuxta genus suũ: lignũq3 faciẽs fructũ: & hñs vnũ quodq3 sementem sm spẽm suã. Et vidit

בראשית ברא אלהים את
השמים ואת הארץ׃ והארץ
היתה תהו ובהו וחשך על פני
תהום ורוח אלהים מרחפת על
פני המים׃ ויאמר אלהים יהי
אור ויהי אור׃ וירא אלהים את
האור כי טוב ויבדל אלהים בין
האור ובין החשך׃ ויקרא אלהים
לאור יום ולחשך קרא לילה
ויהי ערב ויהי בקר יום אחד׃
ויאמר אלהים יהי רקיע בתוך
המים ויהי מבדיל בין מים
למים׃ ויעש אלהים את הרקיע
ויבדל בין המים אשר מתחת
לרקיע ובין המים אשר מעל
לרקיע ויהי כן׃ ויקרא אלהים
לרקיע שמים ויהי ערב ויהי
בקר יום שני׃ ויאמר אלהים
יקוו המים מתחת השמים אל
מקום אחד ותראה היבשה ויהי
כן׃ ויקרא אלהים ליבשה ארץ
ולמקוה המים קרא ימים וירא
אלהים כי טוב׃ ויאמר אלהים
תדשא הארץ דשא עשב מזריע
זרע עץ פרי עשה פרי למינו
אשר זרעו בו על הארץ ויהי
כן׃ ותוצא הארץ דשא עשב
מזריע זרע למינהו ועץ עשה
פרי אשר זרעו בו למינהו וירא

Ca.i.
ראש
היה תהה בהה
פנה
תהם רחף
אמר היה
ראה
בדל
קרא
רקע
בדל
עשה
שנה
קוה
ראה
קרא
קוה
דשא זרע
פרה היה
יצא

בקדמין ברא יי ית שמיא וית ארעא׃ וא...
תהומא ורוחא דיי מנשבא על אפי מיא׃

Interp. chal.

In principio creauit deus celũ ⁊ terrã. Ca.i. Terra aũt erat deserta ⁊ vacua: ⁊ tenebre sup faciem abyssi: ⁊ spũs dei insufflabat sup faciẽ aquarũ. Et dixit deus. Sit lux: ⁊ fuit lux. ⁊ vidit deus

Pritiua chal.
הוה צדה ריק
נשב הוה

Trãsla. Gre. lxx. cũ interp̃. latina.

Ca.1. A In pricipio fecit deus celum et terrã.
ἐν ἀρχῇ ἐποίησεν ὁ θς τὸν οὐρανὸν καὶ τὴν γῆν. ἡ
at terra erat inuisibilis ꝛ icõposita. et tenebre su
δὲ γῆ ἦν ἀόρατος καὶ ἀκατασκεύαστος. καὶ σκότος ἐ=
Hebre. 11.a. per abyssum: et spiritus dei ferebatur su
Ps.88. πάνω τῆς ἀβύσσου. καὶ πνεῦμα θεοῦ ἐπεφέρετο ἐ=
Hiere. 10.b. per aquam. et dixit deus fiat lux. ꝛ fa
πάνω τοῦ ὕδατος. καὶ εἶπεν ὁ θς γενηθήτω φῶς. καὶ ἐ
cta ẽ lux. et vidit deus lucẽ: ꝙ bona. et di
γένετο φῶς. καὶ εἶδεν ὁ θς τὸ φῶς, ὅτι καλόν. καὶ διε=
uisit deus inter lucẽ: ꝛ inter
χώρισεν ὁ θς ἀναμέσον τοῦ φωτός, καὶ ἀναμέσον τοῦ
tenebras. ꝛ vocauit deus lucẽ diem: et tene
σκότους. καὶ ἐκάλεσεν ὁ θς τὸ φῶς ἡμέραν, καὶ τὸ σκό
bras vocauit noctẽ. et factũ ẽ vespe: et factũ ẽ
τος ἐκάλεσε νύκτα. καὶ ἐγένετο ἑσπέρα, καὶ ἐγένετο
mane: dies vnus. et dixit deus fiat firmamẽtũ in
πρωΐ, ἡμέρα μία. καὶ εἶπεν ὁ θς γενηθήτω στερέωμα ἐν
medio aque. ꝛ sit diuidens inter aquã
μέσῳ τοῦ ὕδατος. καὶ ἔστω διαχωρίζον ἀναμέσον ὕδα
ꝛ aquã. ꝛ fecit deus firmamẽtũ. ꝛ di=
τος καὶ ὕδατος. καὶ ἐποίησεν ὁ θς τὸ στερέωμα. καὶ διε
uisit deus inter aquam: q̃ erat sub
χώρισεν ὁ θεὸς ἀναμέσον τοῦ ὕδατος, ὃ ἦν ὑποκάτω τοῦ
firmamẽto: et inter aquã: que super
στερεώματος, καὶ ἀναμέσον τοῦ ὕδατος, τοῦ ἐπάνω
firmamẽtũ. et vocauit deus firmamẽtũ ce=
τοῦ στερεώματος. καὶ ἐκάλεσεν ὁ θς τὸ στερέωμα οὐρα
lum. et vidit deus. ꝙ bonũ. et factũ ẽ vespere: ꝛ
νόν. καὶ εἶδεν ὁ θς, ὅτι καλόν. καὶ ἐγένετο ἑσπέρα, καὶ
factũ ẽ mane: dies secũdus. ꝛ dixit deus cõgre=
ἐγένετο πρωΐ, ἡμέρα δευτέρα. καὶ εἶπεν ὁ θς συναχ=
getur aqua que sub celo in congrega=
θήτω τὸ ὕδωρ τὸ ὑποκάτω τοῦ οὐρανοῦ εἰς συναγω=
tiõez vnã: et appareat arida. ꝛ factũ ẽ ita. ꝛ cõ=
γὴν μίαν, καὶ ὀφθήτω ἡ ξηρά. καὶ ἐγένετο οὕτως. καὶ συ
gregata ẽ aqua que sub celo in cõgre
νήχθη τὸ ὕδωρ τὸ ὑποκάτω τοῦ οὐρανοῦ εἰς τὰς συνα
gatiões suas: ꝛ apparuit arida. ꝛ vocauit deus ari
γωγὰς αὐτοῦ, καὶ ὤφθη ἡ ξηρά. καὶ ἐκάλεσεν ὁ θς τὴν ξη
dã: terrã. ꝛ cõgregatiões aquarũ vocauit ma
ρὰν, γῆν. καὶ τὰ συστήματα τῶν ὑδάτων ἐκάλεσε θα
ria. et vidit deus: ꝙ bonũ. et dixit deus ger
λάσσας. καὶ εἶδεν ὁ θεός, ὅτι καλόν. καὶ εἶπεν ὁ θς βλα
minet terra herbã feni seminãtẽ semẽ sm̃
στησάτω ἡ γῆ βοτάνην χόρτου σπεῖρον σπέρμα κατὰ
genus ꝛ scd̃z similitudinẽ: et lignũ pomiferũ faciẽs
γένος καὶ καθ᾽ ὁμοιότητα, καὶ ξύλον κάρπιμον ποιοῦν
B fructũ. cuius semẽ ipsius in ipso scd̃z genus sup
καρπόν. οὗ τὸ σπέρμα αὐτοῦ ἐν αὐτῷ κατὰ γένος ἐπὶ
terrã. ꝛ factũ ẽ ita. et protulit terra her=
τῆς γῆς. καὶ ἐγένετο οὕτως. καὶ ἐξήνεγκεν ἡ γῆ βοτά=
bã feni seminãtẽ semẽ sm̃ genus ꝛ scd̃z simi
νην χόρτου σπεῖρον σπέρμα κατὰ γένος καὶ καθ᾽ ὁμοιό
litudinẽ: ꝛ lignũ pomiferũ faciens fructũ. cuius se
τητα, καὶ ξύλον κάρπιμον ποιοῦν καρπόν. οὗ τὸ σπέρ
mẽ eius in ipso: scd̃z genus sup terrã. et vidit
μα αὐτοῦ ἐν αὐτῷ κατὰ γένος ἐπὶ τῆς γῆς. καὶ εἶδεν

Transla. B. Hiero.

.1.
In [a]pricipio [b]creauit [c]deus [e]celum [f]& [g]terrã. [h]Terra autem [i]erat [k]inanis [l]& vacua: [m]& tenebre erant [n]sup [o]faciẽ [p]abyssi: [q]& spiritus [r]dei [s]ferebatur [t]super [x]aquas. [y]Dixitq; [z]deus. [a]Fiat [b]lux. [c]Et facta ẽ [d]lux. [e]Et vidit [f]deus [h]lucem [i]ꝙ esset [k]bona: [l]& diuisit [o]lucem [p]a [q]tenebris: [r]appellauitq; [t]lucem [u]diẽ: [x]& tenebras [y]noctem. [a]Factumq; est [b]vespe [c]& [d]mane [e]dies [f]vnus. [g]Dixit quoq; [h]deus. [i]Fiat [k]firmamentũ [l]in medio [m]aquarum: [n]& [o]diuidat [q]aquas [r]ab aquis. [s]Et fecit [t]deus [x]firmamentum. [y]diuisitq; [a]aquas [b]q̃ erant [c]sub [d]firmamẽto ab his [g]que erant [h]super [i]firmamentũ. [k]Et factũ est [l]ita. [m]Vocauitq; [n]deus [o]firmamentum [p]celum: [q]& factum est [r]vespe [s]& [t]mane [u]dies [x]secundus. [y]Dixit vero [z]deus. [a]Congregentur [b]aque q̃ [c]sub [d]celo sunt [e]in [f]locum [g]vnum: [h]& appareat [i]arida. [k]Et factum ẽ [l]ita. [m]Et vocauit [n]deus [o]aridã [p]terram: [q]cõgregationesq; [r]aquarũ [s]appellauit [t]maria. [u]& vidit [x]deus [y]ꝙ esset [z]bonum: [a]& ait. [c]Germinet [d]terra [e]herbã [f]virẽtem & [g]faciẽtẽ semẽ: & [i]lignum [k]pomiferũ [l]faciens [m]fructũ [n]iuxta genus suũ [o]cuius [p]semẽ [q]i semetipso sit [r]sup [s]terrã. [t]Et factũ est [u]ita. [x]Et ꝓtulit [y]terra [z]herbã [a]virẽtẽ & [b]faciẽtẽ semẽ [d]iuxta genus suũ: [e]lignũq; [f]faciẽs [g]fructũ: [h]& hñs vnũ quodq; [i]sementem [l]sm̃ spẽm suã. [m]Et vidit

Tex. Heb.

אֱלֹהִים אֵת
רֶץ׃ וְהָאָרֶץ
חֹשֶׁךְ עַל פְּנֵי
ם מְרַחֶפֶת עַל
אֱלֹהִים יְהִי
א אֱלֹהִים אֶת
ל אֱלֹהִים בֵּין
וַיִּקְרָא אֱלֹהִים
קָרָא לָיְלָה
יוֹם אֶחָד׃
רָקִיעַ בְּתוֹךְ
בֵּין מַיִם
ם אֶת הָרָקִיעַ
שֶׁר מִתַּחַת
ם אֲשֶׁר מֵעַל
יִּקְרָא אֱלֹהִים
ר עֶרֶב וַיְהִי
מֶר אֱלֹהִים
הַשָּׁמַיִם אֶל
הַיַּבָּשָׁה וַיְהִי
לַיַּבָּשָׁה אֶרֶץ
א יַמִּים וַיַּרְא
מֶר אֱלֹהִים
א עֵשֶׂב מַזְרִיעַ
פְּרִי לְמִינוֹ
הָאָרֶץ וַיְהִי
שֵׁא עֵשֶׂב
וְעֵץ עֹשֶׂה
לְמִינֵהוּ וַיַּרְא

Transla. Chal.

בְּקַדְמִין בְּרָא יְיָ יָת שְׁמַיָּא וְיָת אַרְעָא׃ וְאַרְעָא הֲוָת צַדְיָא וְרֵיקָנְיָא וַחֲשׁוֹכָא עַל אַפֵּי
תְהוֹמָא וְרוּחָא דַּייָ מְנַשְּׁבָא עַל אַפֵּי מַיָּא׃ וַאֲמַר יְיָ יְהֵא נְהוֹרָא וַהֲוָה נְהוֹרָא׃ וַחֲזָא יְיָ

Interp̃.

In principio cre
Terra aũt erat
faciem abyssi: ꝛ
aquas. Et dixit deus.

건강한 목회를 세워나갈 다섯 주춧돌

목회의 기초

유진 피터슨 지음 | 박세혁 옮김

포이에마
POIEMA

목회의 기초

유진 피터슨 지음 | 박세혁 옮김

1판 1쇄 발행 2012. 12. 27. | **1판 4쇄 발행** 2022. 5. 10. | **발행처** 포이에마 | **발행인** 고세규 | **등록번호** 제300-2006-190호 | **등록일자** 2006. 10. 16. | 서울특별시 종로구 북촌로 63-3 우편번호 03052 | 마케팅부 02)3668-3260, 편집부 02)730-8648, 팩스 02)745-4827

이 책의 한국어판 저작권은 알맹2 에이전시와 Alive Communications를 통하여 저자와 독점 계약한 포이에마에 있습니다. 신저작권법에 의해 한국 내에서 보호받는 저작물이므로 무단 전재와 무단 복제를 금합니다.

값은 뒤표지에 있습니다. | ISBN 978-89-97760-12-1 03230 | 독자의견 전화 02)730-8648 | 이메일 masterpiece@poiema.co.kr | 좋은 독자가 좋은 책을 만듭니다. 포이에마는 독자 여러분의 의견에 항상 귀 기울이고 있습니다.

러스 리드에게 바침

추천의 말

좋은 선배를 갖는다는 것은 축복이다. 그가 걸어간 삶의 궤적을 통해 그가 씨름한 고민, 그가 남긴 유산, 그리고 무엇보다도 그의 삶과 사역을 붙들어준 중심을 발견할 수 있기 때문이다. 이런 면에서 유진 피터슨은 전 세계 모든 목회자의 선배, 목회자의 목회자로 여길 만한 분이다. 다윗의 손에 들렸던 다섯 개의 물맷돌(*Five Smooth Stones for Pastoral Work*, 이 책의 원래 제목이다)처럼, 이 책은 선배 목회자 유진 피터슨이 그의 후배 사역자들에게 전수해주는 목회 비법이다.

오늘날 한국 교회에 필요한 목회자는 목회의 본질과 씨름하는 목회자이다. 그의 책들은 어느 책 하나 그렇지 않은 것이 없지만, 목회자가 목회의 현장에서 고민해야 할 중요한 주제와 씨름하고 있다.

그는 목회에 있어서 기도, 이야기, 고통, 거절, 공동체와 같이 중요한 주제들을 신학적이면서도 실제적으로 다룬다. 그의 글은 부실한 신학적 기초 위에 실용적이거나 윤리적 조언으로 범벅된 설교가 아니다. 그리고 현학적이거나 신학적 지식은 있으나 적실성은 상실한 가르침도 아니다. 우리는 그의 글을 통해 목회자들이 무슨 주제를 가지고 어떻게 씨름해야 할지 배울 수 있다.

더군다나 그는 이러한 주제들을 모두 성서에 기초하여 다루고 있다. 흔히 목회자들에게 상대적으로 무시되거나, 다루어져도 고작 윤리적으로 다루어지는 아가서, 룻기, 예레미야애가, 전도서, 에스더서와 같은 책에 기초하여, 목회의 중요한 주제를 다루고 있다. 이스라엘의 다섯 절기와 그 절기에 사용된 이 구약의 책들 속에서 그는 현대를 사는 그리스도인들의 필요를 채워주는 신학과 통찰력을 제공하고 있다. 이렇게 성서에서 귀한 가르침을 길어내는 방법론은 오늘날 목회자들이 유진 피터슨에게 배워야 할 중요한 목회 방법론이다.

한 걸음 더 나아가 그가 이러한 주제를 다루면서 자연스럽게 그의 깊이 있는 영성을 드러낸다. 일상 속에서 영성을 살아내는 것과 관련하여 그가 끊임없이 글을 써왔듯이, 그는 목회의 일상에서도 이러한 영성이 어떻게 드러날 수 있는지, 아니 드러나지 않을 수 없는지 그의 책을 통해서 보여준다. 그래서 그의 글은 단지 중요한 주제를 성서신학적 방법론을 가지고 적실하게 전하는 것을 넘어서서 하나님을 향한 깊은 갈망을 담고 있는 것이다.

이 작은 책 한 권에서 우리는 유진 피터슨이 후배 목회자들에게 전해주고 싶은 많은 보화를 발견할 수 있다. '좋은 목회자'가 절실한 한국 교회, 이 척박한 상황 속에서도 '좋은 목회자'가 되려고 애쓰고 있는 우리 후배 목회자들이 이 책을 통해 무궁무진한 보화들을 발견하고 누려서, 우리가 섬기는 교회와 성도들을 온전케 하는 일에 진보가 있기를 기도한다.

김 형 국

(나들목교회 대표목사, 《교회를 꿈꾼다》 저자)

유진 피터슨은 사랑이 많은 목회자이다. 그래서 사람들의 슬픔과 아픔과 고통과 낙담을 하나님과 부모의 마음으로 가장 가까이에서 함께한다. 또한 들어주는 것 외에 아무것도 할 수 없는 목회자로서의 무력감과 고뇌를 누구보다 잘 안다. 그러나 사변적인 신학자는 아니다. 그래서 교리나 논리의 함정에 빠지거나 이념이나 종파의 울타리에 갇히지도 않는다.

그는 풍성한 감성의 작가이자 '이야기꾼'이다. 그래서 그의 깊은 묵상과 사색은, 우선 자신의 무력감과 고뇌를 넘고 사람들의 상투적인 생각을 넘어, 하나님나라의 지평을 계속 심화시키고 넓혀간다. 그리고 작가로서의 탁월한 설득력과 원어에 대한 해박한 지식으로 성서의 원뿌리들을 재미있게 풀어준다. 그래서 그의 책은 읽는 이로 하여금 하나님에 대해 깊이 생각하게 하고 스스로 답을 찾게 한다.

그 어떤 것과도 비교할 수 없는 성경을 '복 받는 비결집'으로 전락시킨 한국 교회의 현실을 슬퍼하면서, 박제화된 '예수쟁이'들의 머리와 마음을 조용히 파고들어 잃어버린 기독교의 본질을 회복시키는 그의 책을 강력하게 추천한다. 부디 유진 피터슨의 책을 통해 진정한 하나님의 자녀로서의 자존감과 그리스도의 제자로서의 명예를 찾게 되기를 소원한다.

신 우 인

(포이에마예수교회 담임목사, 《예수의 첫 수업》 저자)

감사의 말

"쇠붙이는 쇠붙이로 쳐야 날이 날카롭게 서듯이, 사람도 친구와 부대껴야 지혜가 예리해진다"(잠 27:17). 이 책에 담긴 날카로움은 모두 무엇보다도 먼저 그리스도 우리 왕 장로교회Christ Our King Presbyterian Church의 친구들과 나눈 대화와 도전, 제안의 결과물이다.

나는 지난 17년 동안 그들과 더불어 예배하고 일했으며, 그들 가운데서 목회 사역의 기술을 배웠다. 여러 가지로 도움을 준 친구들도 있다. 격려와 지침을 준 멘토들인 도널드 밀러Donald Miller 박사와 이언 윌슨Iain Wilson 박사, 원고를 읽고 비판해주어 책을 크게 개선할 수 있도록 도와준 동료들인 윌리엄 하퍼William Hopper 목사, 존 후드셸John Houdeshel 목사, 휴 매켄지Hugh MacKenzie 목사, 제프리 윌슨Jeffrey Wilson 목사, 성서 지향적인 목회 사역에 함께 헌신하며 나의 경험을 계발하고 심화시켜준 나의 형제 케네스 피터슨Kenneth Peterson 목사, 나의 누이 캐런 핀치Karen Finch, 나의 아내 재니스Janice에게 감사의 말을 전한다.

25년 넘게 친한 친구로 지내온 러스 리드Russ Reid의 통찰과 성원은 이 책을 시작하고 마칠 수 있도록 자극제 역할을 하기에 충분했다. 그들의 도움과 헌신은 늘 제대로 드러나지 못했지만 끊임없이 내게 도움을 주었다.

차 례

2부 이야기를 만드는 목회 사역: 룻기 — 115

3부 고통을 나누는 목회 사역: 예레미야애가 — 171

4부 '아니오'라고 말하는 목회 사역: 전도서 — 223

5부 공동체를 세우는 목회 사역: 에스더서 — 279

일러두기

본문에 인용한 성경은 대한성서공회에서 펴낸 새번역판을 따랐으며,
개역개정판을 인용한 경우에는 따로 표기하였다.

여는 말

목회 사역은 종교라는 귀부인의 손을 붙잡고 그를 일상의 세계로 데려가 친구와 이웃, 신사들에게 소개하는 것과 같다. 홀로 남아 있을 때 종교는 수줍고 소극적이며 사적인 것이 되고 만다. 아니면 한껏 멋을 내며 뽐내는 프리마돈나가 된다. 하지만 그런 종교는 인격적이지도, 일상적이지도 않다. 목회자는 무리와 섞여야만 하는 곳으로 이 귀부인을 데리고 가겠다고 고집한다.

목회 사역을 경시할 때 종교는 예식으로 화려하게 치장하거나 사적인 감정으로 축소되는 경향이 있다. 어떤 경우이든 종교는 여전히 많은 일을 잘 수행한다. 신학은 심오하고, 명상은 신비적이며, 도덕적 충고는 현명하고, 예전은 화려할 수 있다. 그러나 이 귀부인을 공적인 광장으로 끌고 나오기 전까지 종교는 복음으로 생동할 수 없으며, 그 사상과 신념을 실제 삶의 상황에 비추어 시험하고 적용해볼 기회를 얻지 못한다.

목회 사역은 일상적인 것을 전문적으로 다루는 기독교 사역의 한 분야다. 그것은 종교를 현재의 삶에 실용적으로 적용하는 일이다. 그것은 초연함, 중립성, 의도적인 고립, 이론적인 내세 지향성을 몹시도 두려워한다. 그것은 평상복 차림의 사역이다.

목회 사역은 모든 기독교 사역과 마찬가지로 성경이라는 근원으로부터 유래했다. 하지만 적어도 두 세대 동안 최신의 행동과학이 만들어낸 관점이 목회자들을 위한 책을 지배해왔다. 이를 정당화하는 논리는, 우리가 급격한 변화의 세기에 살고 있으며, 우리가 대면하는 것 중 전례가 없던 것이 너무나도 많고, 지식과 기술의 엄청난 진보가 이루어졌기 때문에 이전 시대에 유효했던 모든 것이 이제는 제대로 작동하지 않을 것이라는 주장이다. 우리는 모든 시간을 소비하더라도 최신 유행을 따라잡아야 한다. 훈련 방식을 개조해야 한다. 최신 정보를 습득해야 한다. 미래 충격의 시대에 목회자가 되기 위해서는 새로운 기술을 익혀야 한다.

과거를 거의 존중하지 않고 과거에 대해 잘 모르는 분위기가 심해지고 있다. 이런 분위기가 목회 사역을 휘감고 있는 상황에서 우리는 마치 마법에 걸린 듯 우리가 다른 이들과 나누도록 부르심을 받은 바로 그 지혜를 잊어버리고 있다. 즉, 하나님의 존귀한 실체를 잊고 있으며, 구속의 이야기 안에서 모든 개인적이며 지역적인 세부사항이 즉각적 중요성을 띤다는 사실을 잊고 있다. 우리가 사람들을 바라보거나 연구하는 방식, 그리고 그들과 일하는 방식에서 최신의 유행을 따라야 하며, 심리학과 사회학이 우리의 능력을 혁명적으로 변화시켜서 우리를 새로운 인간의 잠재력을 성취할 수 있는 선구자로 만들어줄 것이라고 충고한다. 그러나 인간과 하나님의 관계, 인간을 위한 하나님의 뜻과 관련된 일은 시대를 더 잘 아는 것으로부터 시작되지 않고 인간—과 하나님—을 더 잘 아는 것으로부터 시작된다. 이 일은 혁신이 아니라 연속성과 관련이 있다. 또한 인간의 조건에 부차적인 것이 아니라 본질적인 것과 관련이 있다. 그렇기 때문에 우리는 다양한 환경과 문화 속에서 시험을 당하고, 그러한 중에 신실함을 증명한 사람들의 경험으로부터 더욱 많은 것을 배우게 된다.

목회적 기술을 개발하고 목회적 소명을 키워나가는 일에 도움이 되는 것을 찾으려 할 때, 가장 추천하고 싶지 않은 세기가 있다면 그것은 20세기다. 이토록 속임수에 매혹되고, 지겨울 정도로 많은 유행이 지나가고, 특효약에 중독되고, 하나님을 알지 못하고, 영생에 물을 대는 영적 지하수에 접근하지 못하는 세기가 있었던가? 목회 사역과 관련해, 현재의 치유와 도움에 관한 학문들은 마크 트웨인Mark Twain이 묘사한 것처럼 폭은 1.6킬로미터에 이르지만 깊이는 3센티미터밖에 안 되는 플랫강River Platte과 같다. 이런 학문들은 뿌리가 없는 사람들이 목적이 없는 시대에 하나님이 없는 사람들을 위해서 만든 학문일 뿐이다. 심리학과 사회학이 20세기의 도움이라는 전문 분과와 결합된 것을 이해하기란 전혀 어렵지 않다. 왜냐하면 그들은 너무나도 서로 잘 들어맞기 때문이다. 피터 마린Peter Marin은 이렇게 불평한 바 있다. "도덕적으로 복잡한 상황에 대해 고려하기를 거부하는 태도, 역사와 더 광범위한 공동체에 대한 거부, 타자의 실종, 의지에 대한 과장, 모든 경험을 상투적인 것으로 환원하는 태도—이 모든 태도를 거의 모든 현대 심리 요법 안에서 맹아적 형태로 발견할 수 있다."[1]

성경적으로 설교하고 가르치는 목회자를 찾기는 어렵지 않다. 그렇게 목회하는 것이 결코 보편적이지는 않지만, 드문 것은 아니다. 성서신학 운동의 부상과 성취는 북미 대부분의 지역에 있는 강단과 교회 학교에서 가시적인 성과로 드러나고 있다. 그러나 다른 목회 사역의 분야에서는 분위기가 전혀 다르다. 지난 50년 동안 설교와 성경 공부를 바탕으로 견고한 성경적 기초를 재건했더라면, 목회자들이 지속적으로 일하는 다른 사역의 분야들을 계속해서 무너뜨릴 수 있었을 것이다. 한때는 주일 사이에 표준적으로 행했던 목회 사역—상담, 안내, 위로, 기도, 행정, 공동체 세우기—에 성경적 기초가 존재했지만, 이제는 더 이상 기초가 없거나 적어도 눈에 띄게 존재하지 않는다.

설교와 교육에 관해 지침과 가르침을 얻기 위해 서재로 들어가면, 나는 기쁜 마음으로 카를 바르트Karl Barth와 찰스 도드C. H. Dodd, 존 브라이트John Bright와 도널드 밀러, 조지 버트릭George Buttrick과 데이비드 리드David Read, 브레바드 차일즈Brevard Childs와 게르하르트 폰 라트Gerhard von Rad의 책을 집어든다. 성경의 메시지를 선포하는 일에 관해 나를 이끌고 지원하고 격려하는 학자와 신학자, 설교자들, 기독교 신앙에 대한 성경적 이해를 나에게 가르쳐주는 훌륭한 사람들은 너무나도 많다. 만약 내가 성경에 충실하게 설교하고 가르치지 못했다면 나 말고는 책임을 물을 사람이 없다. 교회사에서 이처럼 경건하고도 성경적인 학문으로부터 도움을 받을 수 있는 축복으로 누린 세대가 없었다. 그러나 월요일에 깨어나 한 주 동안 교인들을 섬기는 사역을 준비할 때, 나는 지그문트 프로이트Sigmund Freud와 에이브러햄 매슬로Abraham Maslow, 마셜 맥루한Marshall McLuhan과 탤콧 파슨스Talcott Parsons, 존 케네스 갤브레이스John Kenneth Galbraith와 루이스 멈포드Lewis Mumford의 책을 건네받는다. 이는 인본주의와 기술에 관한 책들이다. 강단은 예언자적, 케리그마적 전통에 기초하지만, 교회 사무실은 IBM 기계를 중심으로 조직되어 있다. 가르치는 행위는 역사비평, 본문비평, 양식비평, 편집비평을 통해 얻은 성경적 통찰에 의해 훈련을 받지만, 병실 심방은 정신과 의사와 의사들의 감독 아래서 이뤄진다. 20세기의 사회학자와 심리학자, 경영 컨설턴트, 공동체 활동가들은 탁월하다. 그들의 통찰력은 눈부시며 그들의 가르침은 유용하다. 나는 그들의 가르침으로부터 많은 유익을 얻었다. 그러나 나는 아직도 불안하다. 내가 배운 기술에 관해 상당한 역량을 발휘할 수 있다. 그러나 나는 목회자인가? 나는 다양한 역할을 적절하게 수행하지만, 날마다 내가 하는 일이 나의 선배들인 예언자와 제사장, 지혜로운 자들이 했던 고대의 사역과 조화를 이룰 수 있도록 내가 하는 일에 대해 견고하고도 권위 있는 토대인 성경적 기초가 존재하는가? 나를 가르치는 이들은 성경에서 본문 하나를 택해 그 본문이 내 편이 되어준다고 나를 안심시키지만, 명백한 사실은 그들이 장려하는 문화 속에서는, 살아 있는 사람이든 죽은 사람이든 목회적 동반자를 만나본 적이 없다는 것이다. 구원의 역사, 언약 신학, 성육신적 사고는 그들의 관심사에서 변두리로 밀려나 있으며 그들의 전문 분야에서 인정을 받지 못한다. 그들은 나에게 능란하게 역할을 수행하고 민첩하게 그 역할을 바꾸라고 가르친다. 그 결과 목회 사역에서 기술이나 유용성은 부족하지 않다. 그러나 그것이 본질적으로 신앙의 세계에 속한 것인지는 이해할 수 없고, 내가 하는 일이 성경적 세계 안으로부터 생겨난 것이라는 느낌도 전혀 없다. 나는 책과 기사, 강연과 세미나 중에서 마음에 드는 것, 내가 사용할 수 있다고 생각하는 것을 무엇이든지 오리고 붙이며, 약탈하고 구출해낸다. 물론 사용할 수 있는 것은 엄청나게 많다.

하지만 나는 여전히 만족을 느끼지 못한다. 동료들의 충고를 받아들여 그들이 하라는 대로 한 후, 나는 더 많은 것을 원하고 있음을 깨닫는다. 나는 더 많은 똑똑한 장치와 유능한 훈련 그 이상의 것을 원한다. 설교나 교육뿐만 아니라 목회 사역 전체에 대한 성경적 기초를 원한다.

목회 사역을 위한 필수 요건

목회 사역의 독특한 속성은 사역의 두 가지 측면을 결합한다는 점이다. 즉, 한편으로는 영원한 말씀과 하나님의 뜻을 대변하는 것이며, 다른 한편으로는 지역적인 것과 개인적인 것(목회자가 사는 실제 장소와 그가 더불어 살고 있는 이름이 있는 사람들)이라는 독특한 요소들 사이에서 그 일을 하는 것이다. 만약 둘 중 어느 한 측면을 가벼이 여긴다면 좋은 목회 사역을 할 수 없을 것이다. 최선의 목회 사역에서는 "어제나 오늘이나 영원토록 동일하신" 하나님과 옛 아담의 죄를 물려받았지만 새 아담의 구원을 경험하고 있는 사람 사이에서 성경이 묘사하는 은총의 교회를 이야기하고 그 모형을 만들어낸다. 이런 교환 과정 속에서 하나님의 선물은 한결같고 사람의 필요는 변함이 없다. 물론 하나님의 선물과 사람의 필요라는 확정된 두 극 사이에 변수들이 존재한다. 이러한 변수들이 발생하는 양상은 그래프를 그려서 역사 전체를 통해 상승하거나 하락하는 선으로 정리해낼 수가 없다. 하나님의 뜻과 사람들의 뜻 사이에 반복적인 상호작용의 "사례들"이 존재할 뿐이다.

목회 사역에서는 마치 후대의 세대가 새로운 수준에 도달해 전 세대를 능가하거나 뒤처지는 것처럼 진보의 선이 존재하지 않는다. 그 대신 우리는 깊이를 발견한다. 켜켜이 쌓여 있는 증거들이 있고, 그것들이 걸러져 그중 일부는 지혜가 된다.[2] 많은 사람들이 하나님의 섭리 안에서 목회 사역 하는 것을 자신의 과업으로 삼았다. 목회 사역이 성경적인 바탕과 목회적 전통—하나님과 인간 사이에 특별한 교감이 일어난 증거—안에 자리잡고 있어야 하는 것은 필수 요건이다. 그리스 신화의 안타이오스Antaeus 이야기는 이에 대한 경고다. 대지모신大地母神의 아들인 거인 안타이오스는 이미 거대한 자신의 힘을 보존하고 더욱 강화하기 위해 언제나 맨땅에 누워 잤다. 땅에 몸이 붙어 있는 한 그는 힘이 되살아났다. 이 거인과 씨름을 하던 헤라클레스Hercules는 힘으로 그를 이겨 땅으로 내동댕이칠 때마다 대지모신이 그의 힘을 되살려내 그의 근육이 부풀고 사지에 원기가 충만해지는 것을 알아차렸다. 그래서 헤라클레스는 그를 아래로 내던지지 않고 공중으로 높이 들어 올려 그가 죽을 때까지 갈빗대를 하나씩 부수었다. 만약 목회 사역이 그 토대로부터 멀어진다면, 안타이오스처럼 그 일이 가지고 있는 복잡한 문제들과 씨름할 힘을 잃어버리고 말 것이다. 무지 때문이든 망각 때문이든 성경의 목회적 전통으로부터 분리될 때 목회 사역은 우스꽝스러운 결과를 낳는다. 그 하나는 우리 힘으로, 최선을 다해, 우리가 그들에 대해 품고 있는 자연스러운 긍휼과 관심으로 그들을 도우려고 순진하게 노력하는 모습이다. 다른 하나는 침실과 부엌, 쇼핑몰과 일터, 기업 이사회실과 정당의 집회장에서 생겨나는 다루기 어려운 모호한 문제들로부터 안전한 거리를 유지한 채 혼란스러워하는 양떼에게 강단에서 확신에 찬 어조로 순수한 하나님의 말씀을 선포하는 모습이다. 성경에는 이 두 가지 우스꽝스러운 태도, 즉 순진하게 인본주의적으로 세상에 동화되는 태도와 세상으로부터 영적으로 초연한 척하는 태도를 예방하는 힘이 있다. 성경에서 그리는 하나님의 현실과 인간의 현실 사이의 모범적인 상호작용은 목회적 능력을 얻고 그 능력을 새롭게 해준다. 그렇게 함으로써 은총의 놀라움을 잃어버리지 않은 채 죄가 만연한 곳에서 목회 사역을 수행할 수 있도록 해준다. 그러나 그런 사역을 하고자 한다면, 무언가를 빨리 성취하고 즉각적으로 활용하겠다는 생각을 버려야만 한다. 통일성을 지닌 동시에 다차원적인 그리스도 안에서의 삶을 발전시키기 위해서는 부단한 노력이 필요하기 때문이다.

도널드 밀러는 이렇게 말한다.

> 성경은 목회 사역을 위한 가장 중요한 필수 요건이다. 사람들과 인격적 관계를 맺고 그들을 친밀하게 대하는 것만큼 어려운 일은 없다. 설교하는 것은 훨씬 쉬운 일이다. 한번은 어떤 사람이 나지안주스의 그레고리우스Gregory of Nazianzus에게 질문을 했다. 그는 "그 질문에 대해서는 강단에서 대답하겠습니다"라고 답했다. 심방이라는 친밀한 관계 속에서 사람들을 직접 대면하는 것보다 강단이라는 거룩한 울타리 안에서 무리의 필요에 대해 이야기하는 것이 훨씬 더 쉽다.[3]

그러나 이 시대는 목회자들에게 이런 성경적 유산과 접촉을 유지하라고 권유하지 않는다. 미국에서는 영적 근간과 공동체의 안정성을 발전시키는 조용한 일을 귀하게 여기지 않는다. 변화의 바람에 휩쓸려 임기응변으로 사역을 하지 않으려면, 목회자는 단호하게 자신의 발뒤꿈치를 땅에 묻어야 한다. "유행을 따르려고" 할 때는, 즉 지금 세상에서 일어나고 있는 일에 뒤처지지 않으려고 할 때는 기술이 필요 없다. 신경증에 걸렸거나 강박적이거나 우울하거나 야심이 넘치는 남자와 여자들과 가끔씩 대화를 나누고, 아침에 20분 신문을 읽고 저녁에 30분 텔레비전을 보는 것으로 이 대화를 보충하면 "현대적"인 것에 뒤처지지 않을 수 있다. 20세기에 목회자들이 시대에 뒤처졌다는 그럴듯한 비판을 나는 설득력이 없다고 생각한다. 우리는 유행을 너무나도 잘 따라잡고 있다.

나는 현대 문화를 결코 경멸하지 않는다. 그것을 즐기며 그것에 참여한다. 그것은 내가 그리스도의 사랑을 배운 환경이며 내가 그리스도의 일을 나누는 영역이다. 그러나 동시에 나는 나의 목회적 소명을 위한 양분을 20세기 미국 문화에서 찾으려고 하는 것은 잘못된 일이라고 확신한다. 솔 벨로Saul Bellow의 소설 속 등장인물 찰리 시트린Charlie Citrine은 이렇게 정확히 관찰한다. "어쩌면 미국은 예술과 내적 기적이 필요 없을지도 모른다. 외적인 것을 너무 많이 가지고 있다. 미국은 거대한, 매우 거대한 기계 장치다. 그것이 더 커질수록 우리는 더 작아진다."[4] 그 말은 곧 내게 가장 많은 도움이 필요한 바로 그 분야에서 우리 문화는 가장 천박하다는 뜻이다. 나는 한결같은 신실함으로 하나님께 주의를 기울일 수 있도록 격려를 받아야 하고, 지역적인 것과 개인적인 것에 몰입할 수 있는 인내심이 필요하다. 그러나 무언가를 이루고자 하는 목적에 대해 우리 사회는 엄청난 자원과 창의력에 집중한다. 방대한 양의 지식이 전산화되고 깜짝 놀랄 만한 과학 사업에 활용될 수 있다. 그러나 이런 일을 하는 사람들은 어떤 의미에서도 "지혜롭지" 않다. 다시 말해, 살아가는 데에 능숙하지 않다. 사람들을 달에 보내는 과학자들은 자신의 아내와 자녀들과 잘 지내지 못한다. 국제적인 규모의 권력 투쟁에서 탁월하게 균형을 맞추는 정치인들은 그들과 가까이에서 사는 사람들로부터 소외되어 있다. 우리에게 "실체에 대한 전망"을 제공하는 예술가들은 그들 안에 비열함이 가득하다.

> 20세기에도 직관적 깨달음의 순간들은 있을지 모르지만 더 큰 전망이나 더 넓은 관찰을 위한 시간은 없다. 특히 지식인들은 이전 시기에는 말로 표현해낼 수 있었던 경험의 차원들을 다룰 만한 깊이에 이르지 못하고 있다.[5]

또한 그들은 창조의 세부사항이나 구속의 무대와도 접촉하지 못한 채 대중 운동의 일반화와 제도화된 직업의 비인격화라는 흐름에 휩쓸려가고 있다. 그렇다고 그들의 과학이나 정치, 예술, 학문에 대해 신뢰할 수 없게 된 것은 아니다. 그러나 이제 그들은 더 이상 지혜의 교사가 될 수 없다. 즉, 하나님의 창조의 맥락 안에서 그리스도의 구속에 응답하며 순전하고 가치 있는 삶을 사는 일에 관해 그들은 유익한 조언을 제공할 수 없다. 그리고 목회 사역은 바로 그 일을 맡고 있다.

히브리어와 그리스어를 읽는 법을 배우고 성경을 원어로 읽을 정도로 철저하게 성경에 몰입해 있는 사람이라면 최신 유행에 대해 예방접종을 받은 것이나 다름없다고 생각할지도 모른다. 수세기에 걸친 한 백성의 구원 이야기를 숙고하고, 그리스도의 수난을 묵상하고, 바울의 신학을 배운 사람이라면, 오이디푸스Oedipus 이야기가 제공하는 실마리를 가지고 신화적인 억측을 하거나, 정신병에 관한 연구에서 유래한 최근의 모형을 근거로 하나님의 백성을 이해하려고 하거나, 과학적 방법이라는 거짓 주장을 일삼는 사람들의 모호한 글에 매혹되지 않을 것이라고 생각할지도 모른다. 그러나 이미 이런 일이 일어나고 있다. 목회자들은 아나돗의 예레미야의 고백적인 기도보다는 프레드릭 펄스Frederick Perls의 게슈탈트 요법gestalt therapy에 더 정통해 있다. 평화에 관한 예루살렘의 이사야의 말보다는 기업들이 소비자들에게서 폭리를 취하는 것을 비판하는 워싱턴의 랠프 네이더Ralph Nader의 말을 더 능숙하게 인용한다. 종교개혁자 장 칼뱅John Calvin보다 이반 일리히Ivan Illich의 개혁 사상에 더 열광한다. 마르틴 루터Martin Luther의 대담한 주장보다 카를 융

Carl Jung의 영지주의적 원형을 훨씬 더 잘 이해하고 더 높이 평가한다. 우리가 주일에 사용하는 성경은 월요일이 되면 최신 조직학 입문서나 상담 안내서, 잡지의 사설로 재빨리 대체된다. 그러나 목회 사역에서는 새로운 지식을 습득함으로써가 아니라 옛 지혜를 흡수함으로써, 최신 서적을 읽음으로써가 아니라 옛 책들을 소화함으로써 전문 지식을 수집한다. "지식은 지능이 아니다."[6] 이 일은 지역적인 것과 인류에게 본질적인 것—영원의 관점에서(*sub specie aeternitatis*: 스피노자의 말로서 특정한 시공간을 초월한 영원의 관점에서 볼 때 만물의 본질을 깨달을 수 있다는 뜻—옮긴이) 정의된 일상적 실존 안에서 우리가 하나님과 맺는 관계—을 다루기 때문에 이런 관계에 관심을 기울이고 이 일에 몰두했던 사람들의 축적된 경험이 이 일을 잘 할 수 있게 도울 수 있는 최선의 자양분이다. 변화의 소용돌이 안에 있는 우리 시대는 그런 식의 접근 방법을 장려하지 않기 때문에, 목회 사역의 오랜 연속성을 유지하기 위해 의도적으로 노력해야만 한다. 그렇지 않으면 우리는 유행 속에 휩쓸리고 말 것이다. 혹은 계절에 따라 치맛단이 올라가고 내려가듯이 바뀌는 죽음과 환생의 거짓 주기에 대응하는 목회 전략을 개발하려고 애쓸 것이다. 우리 시대에 목회 사역은 그런 과정—대학원, 베스트셀러 목록, 사람들이 무엇을 원하는가에 관한 최신 여론조사 결과 등 가용한 것은 무엇이든 허겁지겁 필사적으로 끌어모아 날림으로 지은 건물—에 따라 얻은 결과물인 경우가 너무나도 많다. 목회 사역에 역사적 깊이를 제공하려고 노력했던 클레브시Clebsch와 제이클Jaekle은 "무엇보다도 우리는 불연속성의 의식이 점점 더 커지고 있음을 애통해한다"라고 말했다.[7] 그러나 사용할 마음을 먹는 이들은 성경을 언제든지 활용할 수 있으며, 그 안에서 더 나은 목회 사역을 위한 기초석을 발견할 수 있다.

목회 사역의 다섯 가지 기초석

따라서 성경에 접근할 때 성경이라는 기초와 목회라는 상부구조 사이의 구별을 유지하는 것이 중요하다. 왜냐하면 성경 안에는 목회자의 일상적 사역 안으로 그대로 가져와 적용할 수 있는 목회 사역이 그리 많지 않기 때문이다. 목회 사역은 복잡하고 거대한 혼합물로서, 그 안에서 그리스도와 피조물 안에 있는 하나님의 계시가 윌리엄 골딩William Golding이 "일상의 우주"라고 부른 것 안에서 작동한다.[8] 각 문화와 각 세대, 각 회중은 저마다 독특한 특성을 가지고 있기 때문에, 각 세대의 목회자들이, 그리고 어느 정도는 목회자 각자가 자신만의 목회 사역이라는 상부구조를 세워야 한다. 그러나 우리는 우리 자신만의 기초를 설계하지 못하며, 그렇게 해서도 안 된다.

성경에서 자신의 사역을 위한 기초석을 찾으려고 할 때 목회자들은, 자기네 마을이 파괴된 후에 마을로 되돌아가는 고대인들과 같다. 고고학자들이 그들의 역사를 재구성해준 덕분에 우리는 그들이 어떻게 마을을 건설했는지 알 수 있다. 고대인들이 그곳을 마을이나 도시의 터로 고른 것은 대개 농업이나 전략과 관련된 이유 때문이었다. 그곳은 물을 댈 수 있거나 약탈자들로부터 쉽게 방어할 수 있는 곳이었다. 혹은 두 가지 조건을 다 충족하면 더 좋다. 그 터 위에 세워진 집과 성소, 성벽은 매우 자주 파괴를 당했다. 어떤 경우는 자연 재해—화재나 지진—의 결과로 파괴되었다. 어떤 경우에는 군사적 침략으로 파괴되었다. 도시는 폐허로 변하곤 했다. 그러나 오랫동안은 아니었다. 그곳은 살기 좋은 곳이기 때문에 사람들이 돌아와 재건을 시작했기 때문이다. 새로운 도시는 옛 도시와 달라 보였을 것이다. 때로는 돌아온 사람들이 블레셋 사람이나 구브로 사람, 이집트 사람들한테서 새로운 설계 방식을 배워 와 다른 양식으로 건물을 지었다. 때로는 요새를 더 강화하는 방법을 배워 새로운 성벽을 더 두껍고 튼튼하게 세우기도 했다. 다시 지을 때 그들은 이미 있는 재료—오래된 기초석—를 사용해서 같은 터 위에 지었다. 주거지의 지층을 탐사해보면 고고학자들은 여러 세대의 주민들이 같은 기초와 같은 기초석을 반복적으로 사용했음을 발견하게 된다.

역사 속에서 이 시대에 목회 사역을 하도록 부르심을 받은 사람들은, 이 고대인들처럼 파괴의 시간이 지난 후 폐허로 돌아가 어떻게 여기서 재건을 시작할 수 있을지 고민하는 사람들이다.

목회적 전통과 목회적 기술은 알아볼 수 없을 정도로 파괴되었다. 우리는 시편 74편에서 묘사하는 나라에서 살고 있다.

원수들이 주님의 성소를 이렇게 훼손하였으니
…
그들은 나무를 도끼로 마구 찍어내는
밀림의 벌목꾼과 같았습니다.
그들은 도끼와 쇠망치로
성소의 모든 장식품들을 찍어서, 산산조각을 내었습니다.
주님의 성소에 불을 질러 땅에 뒤엎고,
주님의 이름을 모시는 곳을 더럽혔습니다.
그들은 "씨도 남기지 말고 전부 없애 버리자" 하고 마음먹고,
이 땅에 있는, 하나님을 만나 뵙는 장소를 모두 불살라 버렸습니다.
우리에게는 어떤 징표도 더 이상 보이지 않고….
(시 74:3-9)

예를 들어, 리처드 백스터Richard Baxter가 공들인 심방 사역은 지금 어떻게 되었는가? 새뮤얼 러더포드Samuel Rutherford가 보여준 탁월한 영적 권면의 서신은 지금 어떻게 되었는가? 버밍엄Birmingham의 오라토리오회를 이끌던 뉴먼Newman이 강조한 바 있으며, 분명히 목회 사역에 필수적인 기술 중 하나인 "인내의 능력passion of patience"은 지금 어떻게 되었는가? 정교하고 미

묘한 심방의 능력 대신 우리는 주일마다 예배당을 가득 채울 수 있게 해준다고 약속하는, 전도라고 잘못 명명된 집단 방문 운동을 위한 훈련을 받는다. 영적 권면을 담은 편지 대신에 우리는 본래 대중매체를 위해 만들어진 표어를 사용한다. 인내의 본보기 대신에 우리는 그저 사기를 북돋는 말을 건네며 교회의 분위기를 띄우기 위해 치어리더처럼 소리를 지른다. 그리고 만약 우리의 둔한 회중이 그런 말에 반응하려고 하지 않을 때는, 그런 정신 나간 짓을 참아낼 만큼 어리석은 사람들을 찾을 때까지 계속해서 다른 회중을 찾아나선다.

> 우리에게는 어떤 징표도 더 이상 보이지 않고,
> 예언자도 더 이상 없으므로,
> 우리 가운데서 아무도 이 일이 얼마나 오래 갈지를
> 아는 사람이 없습니다.
> 하나님, 우리를 모욕하는 저 대적자를
> 언제까지 그대로 두시렵니까?
> 주님의 이름을 모독하는 저 원수를 언제까지 그대로 두시렵니까?
> (시 74:9-10)

그러나 우리는 폐허 위에 서서 재건을 위해 어떤 돌멩이를 사용할지 고민했던 최초의 사람들이 아니다. 목회 사역의 역사는 사역이라는 평원 위에 있는 커다란 언덕이다. 그 일을 했던 선배들의 층이 선명하다. 아우구스티누스의 층, 베네딕투스의 층, 프란체스코의 층, 루터의 층, 칼뱅의 층, 웨슬리의 층, 키르케고르의 층이 있다. 그리고 모두가 성경에서 찾은 돌멩이들을 활용했다. 우리가 하지 말아야 하는 일 한 가지는 정처 없이 다니며 새로운 건물터를 찾으려고 하는 것이다. 재건은 성경이라는 터 위에서 성경에서 찾은 기초석을 사용해 이뤄져야 한다.

이 일을 위해 활용할 수 있는 많은 성경적 문서가 있다. 예를 들어, 신명기는 이 일을 위해 한 차례 이상 사용되었음을 알 수 있다. 신명기는 옛 족장과 출애굽 전통을 가져와 새로운 상황에 맞게 재처리해 요시야 시대에 목회적으로 활용된 문서다. 마태복음은 메시아적 공동체인 교회가 사도 시대의 케리그마적, 교훈적 자료를 목회적으로 활용한 예다. 그 밖에 다른 예도 있다.

이러한 다른 자료들, 더 소박한 자료들 중에 메길롯, 즉 우리가 아가서, 룻기, 예레미야애가, 전도서, 에스더서라고 부르는 히브리 성경의 다섯 두루마리가 있다. 이 책들은 어쩌면 성경의 모든 책들 중에서 야심적인 면과는 가장 거리가 먼 책들일 것이다. 어떤 책도 특별히 위대하다고 주장하지 않는다. 이 책들은 모세오경이나 예언서와 동급이 아니다. 그중에는 가까스로 정경의 지위를 얻은 책도 있다. 하지만 모두 성경 안에 포함되었다. 로이드 베일리Lloyd Bailey는 우리에게 이렇게 상기시켜준다.

…성경 안의 모든 이야기는 그 정체성이 (어느 정도는) 그 이야기에

의해 확인되고 유지되는 신자들의 공동체를 전제한다. 따라서 모든 세대가 공유하는 지혜에 의해 그 이야기가 반복되고 후대에 전해지고 소중히 간직된다(즉, 정경화된다). 그것은 우리의 역사를 통해 "시험을 거쳤고" 가치 있는 것으로 판명되었다.[9]

메길롯이 목회 사역을 위한 문서로 적합하다는 점은 유대교에서 이 문서를 활용하는 방식을 통해서도 알 수 있다. 유대교에서는 이스라엘의 중요한 다섯 예배 절기에 이 책을 읽도록 정했다. 이 다섯 축제 때 하나님의 백성은 팔레스타인의 온 마을에서, 디아스포라로 흩어졌던 그 길을 되돌아와 그들이 누구인지를 기억하기 위해, 찬양과 순종과 믿음의 삶을 지속하기 위한 동기부여와 지침을 얻기 위해, 그들의 삶을 하나님의 말씀과 행위 안에 정향定向하기 위해 모였다. 다시 말해, 그들은 예배하기 위해 돌아왔다. 메길롯은 이 축제를 규정하지 않았다. 심지어 그것을 해석하지도 않았다. 그러나 축제 동안 누군가 일어나 정해진 두루마리를 읽는 것이 관례가 되었다. 그 책을 읽을 때마다 그들의 하나님과 맺은 언약 안에서 살기로 다짐한 사람들의 삶의 한 양상을 살찌울 수 있었다. 더불어 다섯 두루마리는 하나님과 함께 사는 자신들의 삶에 관심을 집중하기 위해 모인 사람들에게 적용된 목회직의 지혜였다. 아가서는 유월절에, 룻기는 오순절에, 애가는 아빕월 제9일에, 전도서는 장막절에, 에스더서는 부림절에 읽었다.

이 다섯 두루마리를 다섯 번의 연례 예배 절기(네 번의 축제와 한 번의 금식 절기)에 읽도록 정한 것은 목회적 상상력을 탁월하게 발휘한 예라고 생각한다. 누가 그렇게 정했는지, 심지어는 언제 정했는지 아무도 모른다. 이런 관습에 대한 최초의 문서 증거는 주후 8, 9세기에 기록된 것이다. 그러나 일부 학자들은 제2성전기에 시작되었을 것이라고 추측한다. 다섯 두루마리를 예배라는 특정한 케리그마적 맥락에 자리 잡게 할 때 놀라우면서도 예상치 못했던, 목회 사역에 관한 통찰을 발견했던 것이다. 그리고 그때 했던 것을 지금도 다시 해볼 수 있다.

메길롯을 현재의 목회 사역을 위해 재활용하고자 할 때 우리는 이스라엘이 반복적으로 성경을 사용했던 것과 똑같은 방식으로 성경을 사용하게 된다. 즉, 하나님의 말씀과 행위로 전해진 것을 진지하게 받아들이고, 존경심을 가지고 성경을 대하고, 그 의미를 묵상한 다음, 현재의 상황 속에서 그것을 적용하며, 바로 여기서 그것을 믿고 그것을 살아낸다. 우리는 성경적으로 "그럴듯한 모양을 만들기" 위해 현대 목회적 삶을 고대적 틀 안에 집어넣으려고 애쓰지 않는다. 우리는 그저 성경적 자료 안에 분명히 드러난 좋은 목회 사역의 생명력에 다가가 그것을 우리 시대에 활용하기 위해 노력할 뿐이다.

성경의 재활용은 그 자체로 성경적인 행위다. 이스라엘은 언제나 그렇게 했다. 이스라엘은 자신들의 역사를 단순히 주기적으로 반복하지 않았다. 각 세대가 어떤 것은 후대로 넘겨주고 어떤 요소는 무시하고 가끔은 혁신적인 것을 도입하기도 했다. 전통에 대한 의존과 전통 안에서의 자유가 공존했다. 성경의 모든 페이지가 그들이 그렇게 했음을, 그리고 경우에 따라서는 어떻게 했는지를 보여준다. 예를 들어, 야훼 신앙에서는 "조상들의 하나님"을 가져와 새로운 형태로 만들었다. 이사야는 시온과 다윗의 전통을 새로운 방식으로 선포하고 발전시켰다. 신명기는 출애굽 경험과 모세의 지도력을 새롭고 독창적으로 활용했다. 지금 여기서 하나님의 약속과 백성의 소명을 깨닫기 위해 옛것의 여러 요소를 창의적으로 사용했다. 에스겔은 (20장에서) 출애굽과 광야의 경험이라는 거룩한 전통을 완전히 독창적으로 해석하여 6세기 망명기의 현실에 적용될 수 있게 만들었다. 신구약의 거의 모든 페이지가 옛 전통을 이처럼 창의적으로 다룬 결과물을 보여준다.

각 세대가 참신한 해석을 더했지만, 그렇게 하는 동안에도 아무것도 잃어버리지 않았다. 어떤 점에서 성경을 만들고 정경이 형성되는 과정은 루이스C. S. Lewis가 《사랑의 비유*The Allegory of Love*》의 첫머리에서 주장했던 바를 예증한다. "인간은 역에서 기차표를 건네듯 말을 건네지 않는다. 말은 살아 있기 때문에 언제나 움직이지만 절대로 아무것도 남겨두지 않는다. 지금까지 우리의 모습이었던 것은 어떤 식으로든 지금도 우리의 모습이기도 하다."[10] 게르하르트 폰 라트는 "새로운 상황에 맞게 옛 전통을 적응시키는 이 과정이 이스라엘이 자신의 역사와 하나님의 연속성을 보존하고 그것이 일련의 무관한 행위로 해체되는 것을 방지하는 가장 정당한 방법이었음"을 자세히 논증한 바 있다.[11]

그렇다면 어떤 의미에서 모든 목회 사역은 편집 행위, 즉 오늘의 공동체를 위해 성경적 설교와 교육을 수정하는 행위, 케리그마적 충실성과 목회적 감수성을 결합하는 행위다.

유대교에서 예배 행위 안에 자리 잡은 메길롯의 책들은 각각 목회 사역의 한 양상을 다룬다. 즉, 구원의 맥락에서 사랑하고 기도하는 법을 배우는 일(아가서), 하나님의 언약이라는 맥락 안에서 믿음의 사람으로서의 정체성을 발전시키는 일(룻기), 구속적인 심판의 맥락에서 고통을 다루는 일(애가), 섭리적 축복의 맥락에서 종교적 망상과 경건을 가장한 기만을 폭로하는 일(전도서), 세상의 적의라는 환경 속에서 축제의 신앙 공동체가 되는 일(에스더서)에 관해 이야기한다.

목회자가 하는 모든 일이 다섯 영역에 들어맞지는 않지만, 놀라울 정도로 많은 부분이 그 안에 포함된다. 그러므로 메길롯이 목회적으로 매우 유용하게 사용될 가능성이 크다. 메길롯은 목회 사역이라는 건축을 위한 유일한 모퉁이돌이 아니라는 점을 밝혀두어야겠다. 그것은 너무 지나친 주장이다. 하지만 그렇다고 중요하지 않은 자갈도 아니다.

목회 사역을 위한 성경 사용법

메길롯이 목회 사역에 유용하다는 것을 발견한 것은 예배라는 맥락 안에서다. 그런 역사적 배경 안에서 읽고 연구할 때 메길롯을 관통하는 하나의 일관된 해석을 이끌어낼 수 있다. 예배 행위(유월절, 오순절, 아빕월 제9일, 장막절, 부림절) 안에서 낭독되는 메길롯에 귀를 기울일 때, 이 책들은 전혀 다른 의미를 드러낸다. 바위층 안에 박혀 있는 보석은 그 나름의 모양을 가지고 있다. 하지만 그것을 캐내서 자르고 광을 내고 반지를 만든 다음 손가락에 끼웠을 때 그 본질은 달라지지 않았지만 그것은 전혀 다른 기능과 모양을 갖게 된다. 메길롯을 규정된 예배 행위 안에 자리 잡게 함으로써 유대교에서는 그 역사적 배경 안에서는 분명하지 않았던 효과가 드러나게 했다. 목회적 지침과 통찰을 제공했으며, 그 목회적 기능의 실례를 보여주었다. 새로운 것을 아무것도 더하지 않았으며, 원래부터 있던 것을 목회적으로 바라보게 되었을 뿐이다.

공동체의 예배라는 맥락에서 메길롯을 사용함으로써 유대교에서는 이스라엘과 교회 안에서 여전히 유효한 진리를 입증했다. 즉, 목회 사역은 예배 행위에 그 기원을 둔다. 공동체("공동") 예배는 목회 사역을 위한 성경적 배경이다. 공동 예배를 떠나서 목회 사역을 하는 것도 불가능하다. 목회 사역 그 자체로는 아무런 정체성도 갖지 못한다. 그것은 파생된 일이며, 예배는 그것이 파생된 원천이다.

예배할 때 하나님 백성의 공동체는 함께 모여 성경과 설교, 성례전을 통해 선포된 하나님의 말씀을 듣는다. 이 선포된 말씀이 믿음을 낳고, 그 믿음으로부터 찬양과 순종, 헌신의 반응이 나타난다. 성경적 신앙, 혹은 하나님과 지속적인 관계를 맺는 삶이 이런 공동 예배와 상관없이 존재한 적은 한 번도 없었다. 하나님의 말씀이 중심이 되는 공동체의 예배에 자주 그리고 꾸준히 참여하게 함으로써 하나님의 백성이 하나님에 관한 사적인 생각으로부터 종교를 만들어내지 못하도록 막을 수 있다. 또한 하나님이 그분의 구원의 사랑을 나누라고, 주고받으라고 분명히 말씀하신 형제자매로부터 자신을 분리시킨 채, 그들이 자신의 경험으로부터 사적이며 개인주의적인 구원을 만들어내지 못하도록 막을 수 있다.

모든 목회 사역은 이런 예배 행위로부터 시작된다. 주일마다 목회자는 "하나님을 예배하자"는 초대의 말을 한다. 그러나 그들의 일은 그로부터 한 시간 뒤 축복의 말과 더불어 끝나는 것이 아니다. 왜냐하면 목회 사역은, 교인들이 예배하면서 듣고 노래하고 말하고 믿은 바를 삶 속에서 실천할 때 그들과 함께 하는 것이기도 하기 때문이다. 목회 사역은 주일 사이에, 첫 번째 날과 여덟 번째 날 사이에, 창조와 부활의 경계선 사이에서, 창세기 1장과 계시록 21장 사이에서 이뤄진다. 주일 예배에서는 하나님의 말씀 안에, 그 위에 신앙 공동체의 삶을 확립한다.

주중의 목회 사역에서는 사람들이 위기의 시간과 일상의 시간 속에서 일하고 사랑하고 고통당하고 슬퍼하고 놀고 배우고 자랄 때 그들의 일상생활 속에서 그 말씀이 어떤 의미를 지니는지를 펼쳐 보인다. 예배에서는 회중으로 하여금 하나님의 말씀에 귀를 기울이게 하고, 찬양과 순종으로 응답하게 한 다음, 그 찬양과 순종의 의미를 살아내도록 사람들을 공동체 안으로 보낸다. 그러나 그저 그들을 보내기만 하는 것이 아니라 목회자가 그들과 동행한다. 목회 사역은 그러한 동행의 사역이다. 목회 사역은 강단과 세례반, 성찬대에서 시작한다. 그것은 병실과 거실, 상담실, 회의실에서 계속된다. 예배할 때 사람들을 이끄는 목회자는 예배 행위 사이에서는 바로 그 사람들의 동반자가 된다.

공동 예배로부터 단절된 모든 목회적 행위는 서서히 그러나 반드시 그 성경적 특성을 잃어버리고 만다.[12] 그것은 고립된 치유와 위로, 안내, 권고의 행위—아름답지만 생기가 없는 잘라낸 꽃 같은 사역—가 되고 만다. 물론 그런 사역도 잘 한다면 여전히 쓸모가 있다. 그러나 성경적 기원으로부터 단절되어 있기 때문에 그런 사역은 하나님이 그분의 피조물을 위해 의도하신 통전성을 만드는 케리그마적 현실을 펼치는 일에 동참할 수 없다.

이스라엘의 다섯 예배 행위 안에 자리 잡은 다섯 메길롯은, 예배 안에서 선포하고 받아들이는 케리그마적 전통이 어떻게 일상 속에서 지속되고 풍성해질 수 있는지를 예증한다. 이 두루마리들은 예배 행위를 통해 선포된 복음의 실체를 죄가 전형적으로 왜곡하거나 약화시키거나 기피하는 영역을 골라, 복음의 실체를 개인적이며 현실적인 것으로 유지할 수 있게 해주는 교정책과 훈련, 통찰을 제공한다. 그런 맥락에서 활용할 때 메길롯은 목회적 문서가 된다.

성경적 목회 사역의 과제

성경적 목회 사역을 재건하고자 할 때 중요한 과제 중 하나는 지역적이고 구체적이고 개인적인 말을 구사하는 능력을 갖추는 것이다. 엘리엇T. S. Eliot은 다른 문제에 관해 이렇게 말한 적이 있다.

> 지역적 문제에 관한 지역적 연설은 온 나라를 대상으로 하는 연설보다 더 뜻이 분명한 경향이 있으며, 반대로 모호한 표현과 애매한 일반화를 가장 많이 사용하는 사례는 대개 전 세계를 대상으로 한 연설임을 우리는 알고 있다.[13]

메길롯의 책들은 각각 "지역적 문제에 관한 지역적 연설"이며, 그렇기 때문에 구체적인 순종의 명료성을 권장하며 주중의 신앙의 특수성을 장려하도록 부르심을 받은 목회자의 사역을 위한 작업 모형이 된다.

목회자는 위대한 복음의 선포와 회중이라는 산지를 걸어 다니다가 간식과 모닥불—웅장한 환경 속에서 휴식과 회복을 제공하는 지역적인 사례들—을 대하는 등산객처럼 메길롯을 만난다. 높은 산맥의 경치가 아무리 웅장해도 그것에 대해 언제까지나 감탄만 하고 있을 수는 없다. 피로를 풀어야 하며 기본적인 욕구를 충족시켜야 한다. 목회자의 책무는 이 등산길을 함께 걸으며 지역적이고 구체적이며 개인적인 어법과 행동 양식을 구사하고 그렇게 함으로써 만나는 모든 사람을 단지 보편적일 뿐만 아니라 보편성 안에서 특수한 하나님의 사랑의 대상으로 대하는 것이다. 왜냐하면 바르트의 말처럼 우리 가운데서 일하시는 성령은 "익명의 거대한 힘이 아니라" 전적으로 구체적이며 언제나 인격적이시기 때문이다.[14]

메길롯은 목회자가 주일 사이에 일하도록 부르심을 받은 소박하고 제한적이며 일시적이고 평범한 장소들 속에서 목회 사역의 이러한 세부사항에 주의를 기울인다는 것이 무엇을 뜻하는지를 보여주는 다섯 가지 사례들이다.

1부

기도를
가르치는
목회 사역: 아가서

낭만적인 사랑의 관계에서 성령은 황송하게도 서로에게 그리스도를 닮은 모습을 볼 수 있게 해주신다. 그분 스스로가 중재자이시며 바로 그곳에서 "중재"와 화해가 시작된다. 하지만 이것이 가능한 까닭은 오직 성육신 때문이다. 즉, "구원의 능력이 나타나기" 때문이며, 인간이 신과 하나가 되었기 때문이고, 자연적인 것과 초자연적인 것이 그리스도 안에서 하나가 되었기 때문이다. **_찰스 윌리엄스** Charles Williams[1]

그녀는 한 친구의 추천으로 나를 만나러 왔다. 그녀는 여러 해 동안 어려움을 겪어오면서 여러 정신과 의사와 상담을 해보았지만 전혀 나아지지 않았다. 전화로 상담 약속을 잡았기 때문에 그녀가 나의 서재로 찾아왔을 때가 첫 만남이었다. 그녀가 던진 첫 마디는 "목사님은 저의 성생활을 전부 알고 싶어 하실 테죠. 의사들이 늘 그렇듯이 말이에요"였다. 나는 "만약 자매님이 그 이야기를 하고 싶다면 저는 듣겠습니다. 하지만 제가 정말로 알고 싶은 것은 자매님의 기도생활입니다"라고 대답했다.

그녀는 내가 농담을 하는 것이라고 생각했지만 나는 진지했다. 그녀가 만난 정신과 의사들이 그녀의 성생활을 자세히 알고 싶어 했던 것과 똑같은 이유로—즉, 친밀한 관계를 어떻게 유지하는지 알아보기 위해— 나는 그녀의 기도생활을 자세히 알고 싶었다. 첫 만남에서 나는 그녀의 성생활에 관해 듣는 것으로 만족해야 했다. 섹스는 친밀한 관계를 묘사할 때 그녀가 사용할 수 있는 유일한 언어였다. 나중에 자신과 인격적인 하나님과의 관계를 이해하게 되었을 때 그녀는 기도의 언어를 사용하는 법도 배웠다.

이 이야기를 꺼낸 까닭은 목회 사역에서 언제나 교차하는 두 가지, 성생활과 기도가 나란히 등장하기 때문이다. 그리고 이 이야기는 이 두 가지가 모두 하나님이 주신 하나의 능력, 즉 친밀한 관계를 맺는 능력임을 보여주기 때문이다.

목회 사역의 많은 부분은 친밀한 관계를 키워주는 것, 즉 사랑을 잘 표현하고 받아들이는—공유하는—관계를 계발하는 것과 관련이 있다. 관계는 다양한 형태를 띤다. 남자와 여자, 남편과 아내, 부모와 자녀, 자매와 형제, 이웃과 아는 사람, 고용인과 피고용인, 친구와 적, 부자와 가난한 사람, 죄인과 성자 사이의 관계가 있다. 또한 더 나아가 이런 관계 각각과 밀접한 연관이 있는 한 사람과 하나님 사이의 관계도 있다.

사람들 사이의 수평적인 관계는 일정 정도의 친밀함에 이르렀을 때 언제나 성적인 양상을 지닌다. 사람과 하나님 관계의 수직적인 관계는 일정 정도의 친밀함에 이르렀을 때 언제나 기도가 그 관계의 핵심 요소를 이룬다. 그리고 그저 수평적이기만 한 관계나 전적으로 수직적인 관계란 결코 없기 때문에—우리는 두 방향 모두를 향하도록 지음을 받았으며, 일차원적인 사람은 존재하지 않는다—친밀한 인격적 관계를 모색하고 발전시키기 위해서는 성과 기도 모두(혹은 성이나 기도 둘 중 하나)를 활용해야 한다. 그렇게 활용할 때 어느 쪽이든 다른 한 쪽과 연관을 맺는다. 다른 사람에 대한 우리의 사랑을 키우고 표현할 때 우리는 하나님에 대한 우리의 사랑을 키우고 표현할 때 사용하는 것과 똑같은 말과 행동, 감정을 사용한다. 그 반대의 경우도 마찬가지다.

그래서 목회자는 인간관계에서 겪는 어려움 때문에 자신을 찾아온 사람들로 하여금 우리의 실존 안에서 하나님의 위치를 이해할 수 있도록 도와주고, 믿음으로 그들을 격려하며, 그들에게 기도하는 법을 가르친다. 영적 상태에 관해 불안한 마음이 가득한 채 목회자를 찾아온 사람으로 하여금 가족이나 이웃, 직장동료와 같은 사람들이 하나님의 뜻과 어떻게 연결되어 있는지를 깨닫도록 이끌고, 용서와 긍휼, 사랑, 증언, 봉사의 행위를 통해 이 연결을 표현하는 법을 가르친다.

목회자가 맡은 임무는 사람들이 일상적인 관계를 계발하여 모든 만남 속에서 하나님의 뜻과 사랑을 발견할 수 있도록 돕는 것이다. 또한 우리는 사람들을 성숙한 제자가 되도록 훈련시켜 그들이 마음속으로 믿고 있는 바를 날마다 삶 속에서 드러낼 수 있도록 돕는 임무도 맡고 있다. 어떤 점에서, 어디서부터 시작하는가는 별로 중요하지 않다. 영적인 것의 유비인 육체적인 관계로부터 시작할 수도 있고, 인격적인 것의 모형이 되는 영적인 것으로부터 시작할 수도 있다. 어디에서 시작하든 관계없이 이것은 하나에서 다른 하나로 넘어가는 단계일 뿐이다. 우리의 창조와 구속이 같은 기원을 지니기 때문에 우리의 성생활을 점검함으로써 우리의 기도생활을 점검할 수 있으며 그 반대의 경우

도 마찬가지다.[2]

주일에 설교한 목회자들이 강단을 떠난 후 월요일이 되었을 때 하룻밤 사이에 인본주의자로 탈바꿈한다면, 주일에 드리는 기도와 설교는 사람들을 돕는 진정한 목회를 위한 든든한 배경이 되지 못한 채 그저 모호하고 빈약한 종교 행위에 그칠 것이다. 그렇다고 주중에 만나는 모든 사람의 목덜미를 잡고 그들을 제단으로 억지로 끌고 와 "하나님과 바른 관계를 회복"하도록 만들지도 않는다. 물론 그렇게 하는 이들도 있다. 즉, 강단을 떠나면서 모든 신학적 기초를 버리고 그저 선의만으로 인간의 필요라는 바다에 뛰어드는 사람도 있다. 혹은 강단 밖에서 누구를 만나든지 주일 설교의 단편을 되풀이하는 것 말고는 아무 일도 하지 못하는 사람도 있다. 하지만 성경적 목회 사역에서는 그런 어설픈 방식으로 목회를 망가뜨리는 태도를 용납하지 않는다.

우리는 창조와 구속의 통전적인 세계에서 살고 있고, 그 안에서 모든 관계는 성적 정체성으로부터 영적 능력에 이르는 하나의 연속체 안에 자리 잡고 있으며, 따라서 날마다 우리가 성장하고 제자도를 실천하는 일과 밀접한 연관을 맺는다. 목회 사역에서는 지상이나 천상, 인간적인 것과 신적인 것을 나눠 따로 전문화할 수 없다. 목회자에게 주어진 사역의 공간은 종파적인 성향의 변두리 땅이 아니라 전일적인 우주다.

구원

하나님이 우리를 창조하실 때 의도하셨지만 죄 때문에 우리가 제대로 이해하고 있지 못한 인격적 관계가 구원에 의해 재창조(재구속)된다. 구원이란 우리를 죄의 결과(속박, 분열)로부터 구원하시고, 우리로 하여금 하나님과 또 이웃과 자유롭고 열린 사랑의 관계를 맺게 하시는 하나님의 행위다. "하나님을 사랑하고… 이웃을 사랑하라"는 이중 명령은 구원을 전제로 삼는다. 하나님의 구원 행위가 없다면 우리는 "허물과 죄로 죽어" 있을 것이다. 하나님의 구원 행위가 있기에 우리가 이 모든 명령을 받아들일 수 있고, 이를 통해 하나님과 또 다른 이들과 생기 있고 전인적이며 건강한 관계를 맺을 수 있다.

이스라엘에서 가장 많이 묵상하는 구원 행위는 출애굽이었다. 그것은 이스라엘이 하나님을 구원자로, 자신을 구원받은 사람들로 경험하는 위대한 사건이었다. 이 사건은 히브리인들의 모든 삶에 대한 케리그마적 중심이었다. 즉, 이 사건을 통해 그들은 거룩하고 살아 계신 하나님을 찬양하며 그분 앞에서 의미 있는 삶을 살 수 있게 해주신 그분의 강력한 행위를 기쁘게 선포했다. 이 선포는 유월절을 통해 유지되었다. 이 축제를 해마다 반복함으로써 이 사건을 새롭게 기억할 수 있었다. 의례적인 식사와 이야기하기, 시편 찬송하기를 통해 이집트의 종살이에서 해방되어 자유로운 하나님의 백성으로 새 삶을 시작했던 사건을 가정 안에서 다시 체험하고 이해하고 노래한다. 이 백성은 구원을 받았다. 그들은 군사적, 정치적, 혹은 환경적 힘이 아니라 하나님의 행위에 의해 정의되고 형성되고 정향定向된다. 구원은 역사 안에 행하시는 하나님의 결정적인 행위이므로, 각 사람이 개인적으로 그리고 공동체적으로 믿음 안에 자유롭게 살아갈 수 있게 해준다. 구원—우리 스스로 할 수 없는 일을 하나님이 우리를 위해 행하시며 속박의 세력을 극복하시고, 악의 힘을 물리치시고, 그 백성을 실제로 하나님이 사랑하시는 백성으로 삼으신 사건—은 유월절을 통해 현재적이며 개인적인 사건으로 공표된다.

출애굽 이야기의 형태를 띤 구원 이야기는 놀랍고도 장엄하다. 하나님 백성의 역사에서 이보다 더 기억에 남을 만한 이야기는 없다. 그리스도인들에게 이보다 더 위대한 사건은 최종적이며 완결된 출애굽인 부활절밖에 없다. 경건하고 감사한 마음으로 이스라엘 백성은 이 사건으로 계속해서 되돌아와 이를 기억하고 이해하고 찬양하고 그에 대해 응답했다. 하나님의 위엄과 그분의 백성이 겪는 비참한 고통으로부터 모세의 더듬거리는 혀, 바로의 강퍅한 마음, 모두가 무적의 정치권력이라고 생각했던 것(이집트인들)과 난공불락의 물리적 장애물(홍해)을 이겨내고 거둔 승리에 이르기까지, 이 이야기는 기적의 요소와 평범한 것을 한데 엮어 상상력을 자극한다. 하지만 아무리 놀랍다 하더라도 이 사건은 너무나도 분명하게 역사적이었다. 연대를 추적할 수 있는 시간과 위치를 확인할 수 있는 장소에서 일어났으며, 따라서 현재의 시공간에 그 영향을 미치고 있다. 아무도 이 사건을 인간의 실존을 "이해"하는 데 활용할 수 있는(혹은 활용할 수 없는) 무시간의 영역에서 일어난 신화라고 생각하지 않았다. 그것은 하나님이 그분의 백성을 구원하셨음을 명백히 증명하는 역사적 사건이었다.

해마다 유월절에 이 구원의 행위를 선포함으로써 그분의 백성은 그들이 지금 이렇게 존재하는 것이 그들을 멸망에서 구해주시고, 그들로 하여금 세상의 모든 대적에 맞서 새로운 삶의 길을 걷게 하시고, 믿음의 삶을 살도록 그들을 온전히 회복시키신 하나님의 행위 덕분이라는 엄연한 역사적 사실을 거듭 되새긴다. 성경에서 "구원"이라는 말은 "파멸로부터의 구출"이라는 뜻과 "건강한 상태로의 회복"이라는 뜻을 모두 갖는다.[3]

구원은 다시 온전한 상태로 회복되고 위험으로부터 건짐 받음을 뜻한다. 히브리어 어원으로 거슬러 올라가면, 이 말은 악이 아무리 당신을 가까이 에워싸더라도 당신이 마음껏 움직일 수 있도록 하나님이 필요한 공간을 마련해주시리라는 뜻까지 담고 있다. "내가 고난을 받을 때에 부르짖었더니, 주님께서 나에게 응답하여주시고, 주님께서 나를 넓은 곳에 세우셨다"(시 118:5). 유월절은 이스라엘이 하나님의 구원의 사랑을 보여주는 그분의 결정적인 행위에 해마다 관심을 집중시키는 절기였다.

그러나 이 축제의 반복은 그 자체에 위험을 내재했다. 바로 구원 자체가 의례화되고 제도화될 수 있다는 점이다. 대단히 불가능해 보이는 상황과 형언할 수 없는 은총을 상징하는 목적을 지닌 유월절 의례는 사실 매우 가시적이었다. 지혜로운 사람과 어리석은 사람, 똑똑한 사람과 아둔한 사람, 경건한 사람과 불경건한 사람 모두가 좋든 싫든 해마다 반복해서 이 의례를 행했다. 처음에는 창조적인 능력으로 가득했던 것을 여러 해에 걸쳐 의례적으로 반복할 때 그것은 실재의 껍데기로 변하고 마는 위험이 있었다. 축제가 지속되면, 온 민족이 의례만 경험할 뿐 실재는 경험하지 못하고, 제도만 알 뿐 구원은 알지 못하는 때가 올 수도 있다.

이런 위험을 막기 위해 탁월한 목회적 자질을 갖춘 누군가가 유월절에 아가서를 읽도록 만들었다. 유월절 축제에서 가장 중요한 행위는 의례적 식사를 나누는 것이다. 이 식사는 아가서를 읽는 것으로 마무리된다.[4] 물론 아가서를 읽는 것은 본래 축제의 일부가 아니었다. 아가서가 쓰이기 오래전부터 유대인들은 이 절기를 지켰다. 하지만 언제부턴가 유월절 식사*seder*를 마무리할 때 아가서를 읽기 시작했다. 아가서를 읽게 한 것은 분명히 목회적인 결정이었다. 유월절의 맥락에서 아가서를 읽는 것은, 사람들이 날마다 부대끼는 가정이라는 친밀한 공간 속에서 하나님의 사랑이 작동할 수 있도록 하나님의 백성을 일으켜 세우는, 단번에 이루어진 영광스러운 역사적 구원 사건을 재현하는 행위였다. 그것은 출애굽 사건으로부터 일상의 행위로 넘어가는 다리로서 그 경이로움이나 강렬함, 기쁨을 하나도 잃어버리지 않도록 도와주는 역할을 한다. 아가서는 성경의 모든 책 중에서 (아마도 시편을 제외하고는) 가장 내향적이며, 가장 친밀하고, 가장 개인적인 책이다. 이 책은 개인적 재참여를 통해 역사적 재연을 보충한다. 이 책은 역사적 배경에 쏠려 있던 관심을 내적 관계로 향하게 한다. 고대의 것이든 현대의 것이든 온전해지고 다른 사람과 바른 관계를 맺을 때—즉, 구원을 받을 때—느끼는 친밀감과 기쁨을 아가서만큼 설득력 있게 그려낸 시는 없다.

로이드 베일리는 "거룩한 글은 아무렇게나 읽히는 것이 아니라 각각의 글을 적합한 때에 다른 글과 조합해서 읽힌다"는 사실을 강조하면서 이것이 "이스라엘과 그 이웃 나라들을 비롯한 고대 세계의 문헌을 통해 확실히 입증된 생각"이라고 말했다.[5] 시어도어 개스터Theodore H. Gaster는 《테스피스*Thespis*》[6]에서 바빌로니아에서 새해 축제의 넷째 날 늦은 오후에 창조 이야기(*Enuma Elish*, 고대 메소포타미아의 창조 서사시—옮긴이)를 낭독해야 했던 것을 예로 든다.[7] 아가서와 유월절의 조합은 매우 잘 들어맞는다. 이 점은 친밀한 신앙과 통전적 관계성—구원의 맥락에서 복음의 인격적, 즉각적, 경험적 측면—을 길러주어야 할 책임을 맡은 목회자들에게는 특히나 주목할 만하다.

많은 부분에서 목회 사역이란, 누구나 겪고 있는 문제, 즉 구원의 장엄함에 대해 예민한 태도를 지속적으로 유지하는 것은 어렵다는 문제를 다룬다. 구원하시는 하나님의 사랑을 처음 만날 때는 당연히 그 사랑이 우리를 압도한다. 하지만 해를 거듭할수록 그것은 익숙한 풍경의 일부, 다른 많은 종교적 요소들 중 하나가 되고 만다. 구원에 관한 어휘도 진부한 표현이 되고 밸런타인데이 카드에 적힌 구절과 다름없어진다. 구원받은 이들이 타성에 젖은 태도를 갖게 되는 것은 충분히 예측 가능하다. 오랜 시간에 걸쳐 위대한 것을 접할 때 언제나 우리는 그것을 진부하다고 여기는 경향이 있다. (신앙이나 결혼, 자녀, 직업, 풍경에 대해) 처음 경험할 때는 땅을 흔들고 영혼을 변화시키는 전망이나 모험이라고 여겼던 것을 이제는 당연한 것으로 취급한다. 요한계시록의 표현처럼 우리는 "첫사랑"을 잃어버렸다. 달력에 그 사건이 일어난 날을 표시하거나 그것을 교리적 주제로 설명함으로써 그 중요성을 보존한다. 친밀함을 잃어버린 후에도 정통 교리는 보존된다. 초월을 나타내는 상징과 유물 가운데서 일하는 목회자는 스스로, 또한 동시에 신자들 사이에서 냉담함이라는 모래톱으로 떠내려갈 위험에 직면해 있다. 삶의 가장 인격적인 측면인 기도가 상투적인 표현으로 넘칠 때, 이는 그 기도가 더 이상 인격적인 기도가 아니라는 분명한 증거다. 공적이며 외적인 활동(교회 일, 신앙을 변론하는 일, 증언과 설교, 도덕적 형식주의)을 강화함으로써 잃어버린 부분을 은폐하려 할 때 경건의 삶은 약해지고 만다. 이른바 "일상의 그리스도인들"은 가장 위대한 영적 경험이란 위대한 그리스도인들만 누리는 것이며, 엄청난 복음의 사건은 위기의 때에만 일어나고, 부활절은 1년에 한 번만 찾아온다고 생각한다. 부활절에 예배당을 가득 채우는 것은 어렵지 않다. 부활의 압도적인 현실을 드러내 보이기는 어렵지 않다. 하지만 목회자의 책무는 매 주일 사람들을 한데 모으고, 매주의 삶이 부활하신 주님에 대해 응답하는 것에 초점을 맞추게 하며, 그들로 하여금 수요일 오후 5시에도 부활절 동틀 무렵과 마찬가지로 작용하고 있는 그리스도 안에 있는 부활의 삶에 참여하도록 이끄는 것이다.

이것은 목회자가 삶을 살아가는 경계들 중 하나다. 즉, 종교적 의례와 인격적 사랑 사이의 경계, 제도적인 것과 개인적인 것 사이의 경계다. 목회자는 역사와 제도라는 맥락 안에서 사람들을 대하지만, 그 목적은 그들을 언제나 예배의 형식과 제도의 규율 속에서 의례화된 구원의 사랑에 인격적이며 친밀한 방식으로 참여하도록 이끄는 것이다. 예배에서 이뤄지는 기도와 찬양, 설교로부터 시작된 일은 목회 사역 안에서 계속된다. 즉, 구원의 복음 안에 선포된 구출 작전은 목회자가 성도를 제자로 이끄는 과정을 통해 건강 회복 작전으로 이어진다.

아가서는 구원의 사랑, 비존재로부터 우리를 구원하고 관계 안의 존재를 만들어내는 사랑이라는 주제를 다루기 때문에, 그 일상적 친밀함을 풍성하고도 자세한 방식으로 탐구하기 때문에 목회적인 문서 역할을 한다. 출애굽의 역사 안에 강력하고도 압도적으로 나타나 있는 삶을 변화시키는 사랑을, 모두가 이해할 수 있는 언어와 침실만큼이나 친밀한 경험을 통해서 내밀한 인격적 관계 안에서 노래한다. 아가서의 사랑 노래들은 살아 있는 신앙을 생기 없는 '종교'로 변질시키려고 하는 모든 경향을 막아주는 보호 장치다. 이 노래들은 우리가 하나님의 진리를 선포할 때 하나님에 대한 사랑을 배제하지 않도록 도와준다. 아가서에서는 신앙을 전통으로 환원하거나 그것을 가지고 학문적인 교의를 만들어내려고 하는 우리의 경향성에 대한 교정책을 제공한다. 아가서에서는 하나님의 행위가 아무리 위대하며 하나님의 진리가 아무리 고귀하더라도, 평범한 사람들이 일상의 소소함 속에서 경험하지 못할 정도로 위대하거나 고귀하지는 않다고 주장한다.

강단의 설교자는 출애굽 사건이 보여주는 구원의 행위를 선포한다. 즉, 온 민족이 노예 상태에서 속량을 얻었으며, 변덕스러운 바다를 기적적으로 건넜으며, 하나님이 그분의 백성을—은혜로!—구원하셨다고 선포한다. 교회 안에서 목회자는 출애굽 사건이 공장에서 일하는 사람, 주유소에서 일하는 젊은이, 육아와 직장 사이에서 날마다 씨름하는 여성, 성공에 대한 야망과 집에 있는 아내와 자녀를 돌보아야 할 책임 사이에서 균형을 이루려고 노력하는 남성 모두에게 여전히 구원의 소식이라고 선포할 책임이 있다. 목회 사역은 일상에 대한 헌신이다. 그것은 구원의 위대한 진리가 '일상의 세계' 안에서 작동하고 있음을 믿는 신앙의 행위다.

아담

카를 바르트는 이러한 목회 사역에서 아가서를 활용하고자 할 때 필요한 주석적 기초를 제공한다. 그는 창세기 2장을 주석하면서 "남자와 여자로 창조된" 인간의 성적인 본성에 대해 검토하고, 인간이 언약적 관계에 참여하고 그 관계를 계발할 수 있도록 창조되었다고 논증한다.[8] 성서에서는 창세기 2장 이후의 내용 중 많은 부분은 이 언약적 기초가 어떻게 파괴되었는지를 보여준다. 성경에서는 인간이 신실하신 하나님의 사랑으로 신실한 사랑의 관계를 유지하기를 거부하는 태도와 그렇게 할 능력이 없음을 묘사할 때, 성적 은유를 가장 자주 사용한다. 간음과 음행은 이 언약 안에서 인류의 역할을 묘사할 때 흔히 사용되는 은유다. 다시 말해서, 우리가 잘 알고 있는 성적인 관계의 혼란과 타락을 통해 죄로 인해 깨어진 인간과 하나님의 관계를 묘사한다. 깨어진 약속이라는 폐허와 잃어버린 신실함이라는 파편 속에서 구원의 사건이 일어난다. 예언자들은 반복적으로 이를 비판했다. 주전 8, 7, 6세기의 대표적인 세 예언자들이 모두 비슷한 용어를 사용한다.

8세기에 호세아는 이렇게 말했다.

> 아무리 먹어도 배부르지 않고,
> 아무리 음행을 하여도 자손이 불어나지 않을 것이다.

이 백성이 다른 신들을 섬기려고
나 주를 버렸기 때문이다.
(호 4:10)

음란한 생각이 그들 속에 가득 차서,
주님을 알지 못한다.
(호 5:4)

그들은 성욕이 달아오른 자들이다.
(호 7:4)

7세기에 예레미야는 이렇게 말했다.

두 눈을 뜨고, 저 벌거숭이 언덕들을 바라보아라.
네가 음행을 하여 더럽히지 않은 곳이 어디에 있느냐?
사막에 숨어서 사람을 기다리다가 물건을 터는 유목민처럼,
너는 길거리마다 앉아서 남자들을 기다렸다.
너는 이렇게 네 음행과 악행으로
이 땅을 더럽혀놓았다.
(렘 3:2)

그리고 6세기에 에스겔은 이렇게 말했다.

야훼께서 이렇게 말씀하신다. 네가 맹세를 하찮게 여기고 〔나의〕 언약을 깨뜨렸으니 나도 너를 똑같이 대하겠다. 하지만 나는 네 젊은 시절 너와 맺은 언약을 기억하고 너와 영원한 언약을 세우겠다. 그리고 너는 네 행실을 기억하고 부끄러워할 것이다. 내가 네 언니와 여동생을 취해 그들을 너에게 딸로 줄 것이지만 그것이 너와 맺은 언약 때문은 아니다. 그렇다. 내가 너와 언약을 세울 것이다. 그러면 너는 내가 야훼인 줄 알게 될 것이다. 너는 이를 기억하고 부끄러워하며 수치로 인해 다시는 네 입을 열지 못할 것이다. 네가 저지르는 모든 일에 대해 내가 너를 속죄할 것이다. 야훼의 말씀이다.[9]

하지만 아가서에서는 다른 방식을 취한다. 아가서는 성적 이미지를 예언자들과 전혀 다른 방식으로 사용하는 예외에 속한다. 이 책에서는 창세기 2장을 긍정적으로 해석한다. 즉, 창세기에서 본디 의도했던 목적을 보여준다. 이 사랑 노래들은 온전한("구원받은") 관계로 귀결되는 인격적 만남을 이룰 능력이 사람들에게 있다고 설명한다. 아가서에서는 언약의 내적 기초를 묘사하기 위해 창세기 2장에서 사용된 성적 관계의 언어를 가져와 언약이 어떻게 성취되는지, 어떻게 분리된 것이 연합되는지, 어떻게 외로움을 벗어나 사귐에 이를 수 있는지, 어떻게 인격적 친밀함을 이룰 수 있는지, 어떻게 죄로 인해 파괴된 친밀함이 구원을 통해 회복될 수 있는지를 보여준다.

창세기 2장과 아가서를 비교해보면, 창조 이야기와 이 사랑 노래를 쓴 사람들이 남자와 여자 사이의 관계에서 일차적으로—심지어는 이 관계가 아버지(어머니)와 자녀 관계의 기초를 이룬다는 점보다 더 먼저—우리가 비교할 수 없는 언약, 즉 저항할 수 없도록 의도되고 성취된 연합의 문제를 다루고 있다는 사실에 관심을 기울이고 있음이 분명해진다. 아가서는 이 언약에 속한 두 사람이 만남을 향해 발걸음을 재촉할 때 느끼는 황홀경, 억누를 수 없는 갈망, 불안하면서도 애달아하는 마음을 자세히 묘사한다. 창세기 2장은 짧기에 훨씬 더 근원적이다. 창세기 2장에서는 남자와 여자가 같이 있을 때에야 비로소 인간이 된다고 말한다. 남자가 홀로 있을 때 아직 인간이 아니다. 그가 홀로 있는 것이 좋지 않기 때문이다. 여자가 홀로 있을 때 인간일 수가 없다. 여자는 남자에게 취해졌기 때문이다. "그 둘이 한 몸이 될지니라"(개역개정). 이렇듯 창세기 2장에서는 언약을 세우고 번복할 수 없도록 봉인하는 것에 대해 이야기한다. 그것은 아가서에서 목표로 삼고 있는 바를 출발점으로 삼는다. 하나님이 본래 인간을 남자와 여자로 창조하신 것은 이 언약을 위해서다. 그리고 아가서에서도 그렇다고 말한다. 이 언약의 관점에서 남자와 여자는 그 어떤 장애와 제약에도 불구하고 만남을 향해 서둘러 나아가야만 하며 그럴 수 있고 그럴 것이다.[10]

그렇다면 아가서가 특히 유월절 전통 안에서 사용될 때 구원 사건으로부터 파생된 관계, 그 자체로 구원의 사건이 된 관계를 계발하는 목회 사역을 위한 자극과 지침이 되는 것은 마땅한 일이다. 하나님이 그분의 일을 하실 때 활용하시는 구조인 언약 안에서 그들의 창조와 구원의 관점에서 살아가고자 사람들은 관계 속에서 살아야만 한다. 모든 창조와 구원은 관계적(언약적)이므로 그런 토대로부터, 그리고 그런 환경 속에서 자라나고 발전하는 삶 역시 관계적(언약적)이어야 한다. 그렇기 때문에 목회 사역 전체를 인격적 관계를 다루는 걸작인 아가서를 통해 이해하고, 또 그렇게 함으로써 구원을 거친 후 창조의 결과에 익숙해지는 것이 중요하다. 창세기 2장에 출애굽기 15장을 더한 것이 곧 아가서다.

성

아가서의 가장 놀라운 특징은 에로티시즘이다. 아가서는 노골적인 성적 묘사로 가득한 낭만적인 사랑 노래를 모아놓은 책이다. 너무나 충격적일 정도여서 일부 독자들은 이 책은 오직 성애만을 다룬다고 생각할 정도다. 예를 들어, 웨슬리 퓨어스트 Wesley Fuerst는 "아가서의 성애적 언어와 오직 성에 대해서만 관심을 기울이고 그것만을 다루는 태도"에 대해 지적했다.[11] 티오파일 미크Theophile Meek 역시 이렇게 단호하게 말한다. "…이 책의 성격은 순전히 세속적이며, 분명한 신학적, 종교적, 도덕적 특징을 전혀 드러내지 않는다. 이 책에는 하나님이 한 번도 등장하지 않는다."[12]

그러나 일부 현대 주석가들에게는 에로티시즘이 아가서의 가장 놀라운 특징이지만, 아가서에 대한 해석의 역사에서 가장 놀라운 특징은 이 책을 경건에 관한 책으로 해석해왔다는 점이다. "아가서에서 낭만적 사랑은 언제나 신비한 감각을 추구한다."[13]

우리에게 남아 있는 증거를 살펴보면, 유대인과 그리스도인들 모두가 이 책을 경건한 삶—묵상과 기도의 삶—을 묘사하는 책으로 읽어왔음을 알 수 있다. 랍비 아키바Akiba는 이렇게 말했다. "온 세상이 아가서가 이스라엘에게 주어진 그날만큼 훌륭하지 않으며, 모든 성문서(writings, 유대교에서는 구약을 율법서, 예언서, 성문서로 나누는데 아가서는 시편, 잠언 등과 더불어 성문서로 분류된다—옮긴이)가 거룩하지만 아가서는 그중에서 지성소에 해당한다."[14]

미크 교수는 이 책이 순전히 세속적인 책이라고 말했지만, 랍비 아키바는 이 책을 '지성소'라고 불렀다. 누가 옳은가? 오리게네스Origen의 열두 권짜리 주석은 우의적 해석의 모범이 되었고 현대까지 대부분의 해석자들이 이 모범을 따랐다. 클레르보의 베르나르Bernard of Clairvaux는 아가서에 관해 86번의 설교를 했는데 "2장을 겨우 넘겼을 뿐이다!"[15] 이런 강해는 다양한 형식을 띤다. 어떤 경우에는 우의를 통해 아가서를 교회의 역사와 역사적으로 연결되었다고 해석하며, 다른 경우에는 이 책이 하나님과 한 개인의 영혼 사이의 관계를 묘사한다고 해석하기도 한다. 대부분의 경우 이런 해석에서는 아가서가 성적 언어를 사용하고 있음을 부인하지 않으며, 이 언어가 북이스라엘에 살던 두 (혹은 세) 연인 사이에서 일어난 일 그 이상의 무언가를 드러낸다고 주장한다. 이런 주석들은 아가서가 하나님이 창조하신 사랑의 관계를 묘사하며 이는 우리 모두에게 관련이 있다고 해석한다.

성경에 대한 우의적 해석 방법은 무절제한 방향으로 나아가기 쉬운 것으로 악명이 높고 이로 인해 성경 본문을 제멋대로 해석하는 경우도 많다. 그러나 그런 해석을 거부하면서 명시적으로 종교적이거나 절대적으로 세속적이지 않은 것은 모두 기피하는 최근의 경향은 지나치게 고압적이다. 지난 백 년 동안 결혼과 다산 제의, 민속 시를 통해 고대의 제의적 관행을 밝혀주는 새로운 증거가 드러남에 따라, 학자들은 아가서가 왜 그토록 인기가 있었으며 성경에 포함되었는지를 설명하기 위해 노력해왔다. 이에 관해 철저한 연구가 이뤄졌지만, 많은 경우에는 에릭 에릭슨Erik Erikson이 근원주의oringinology—기원을 파악하고 그 구성요소를 분석하기만 하면 무언가를 설명할 수 있다는 신념—에 대한 열광이라고 비판했던 태도에 굴복하고 말았다.

C. S. 루이스의 《새벽 출정호의 항해*The Voyage of the Dawn Treader*》에는, 낯선 섬에 이제 막 도착한 두 어린이 유스터스Eustace와 루시Lucy가 빛나는 현자 라만두Ramandu를 만나 대화

를 나누는 장면이 등장한다. 루시는 라만두에게 그가 누구인지 물었다.

"나는 쉬고 있는 별이란다, 얘야." 라만두가 대답했다.

유스터스는 "우리 세계에서 별은 활활 타오르는 거대한 가스 덩어리예요"라고 말했다.

"얘야, 사실 너희 세계에서도 그게 별은 아니란다. 그걸 재료로 만들어졌을 뿐이지."[16]

아가서도 마찬가지다. 한 젊은이가 시골 여인과 나눈 사랑을 회상하는 전원을 배경한 드라마인 아랍의 와시프*wasif*처럼, 아가서는 다산 제의, 결혼식 노래, 사랑 노래에서 가져온 예전적인 단편으로 이뤄져 있다. 하지만 그 형식을 어디에서 차용했든 그것은 아가서의 본질이 아니라 재료일 뿐이다.

(계시록을 제외한다면) 아가서만큼 현대의 해석자들이 제대로 해석해내지 못하는 책도 없다. 그들은 마치 블레셋 사람들처럼 본문을 무참히 짓밟아버린다. 아가서를 갈기갈기 찢어 중학교 2학년 교실에 있는 성교육 차트처럼 재미없는 설명으로 이 책을 시시하게 만들어버린다. 수세기 동안 이 책을 경건에 관한 책으로 읽고 우의적, 예표론적으로 해석해온 태도를 잘못된 것으로 전제하며, 경건을 가장해 분명한 성적 묘사를 은폐하려는 위선적 행위라고 본다. 학문적인 글에 반복적으로 나타나는 이

런 전제는 그저 오만일 뿐이다. 고대인들은 이 책이 무엇으로 만들어졌는지 몰랐을지도 모르지만, 그것이 무엇인지는 알고 있었다. 즉, 그들은 이 책이 피조물 안의 사랑에 대해 설명하고 있으며 모든 사랑은 어떤 방식으로든 구원의 한 양상이라고 말하고 있음을 알고 있었다.

아가서가 자리 잡고 있는 유일한 맥락은 성경의 정경이다. 정경으로 받아들여지기 전에 신앙 공동체가 이 책을 사용했던 전前역사가 있었음은 분명하다. 그러나 우리가 가지고 있는 아가서는 성경 안에 자리 잡고 있으며 이는 곧 이 책이 하나님에 관한 책이라는 말이다. 그러므로 이 책에서 "하나님"이라는 말이 한 번도 등장하지 않더라도, 신학적 전제를 가지고 이 책을 읽는 것은 결코 지나친 해석이 아니다. 흔히 교회에서는 아가서에 등장하는 낭만적 사랑의 언어를 사용해 날마다 삶 속에서 누리는 하나님과의 친밀한 사귐을 이해하고 이를 계발하고자 했다. 이는 결코 기이한 관습이 아니다. 사랑 안에서 남자와 여자가 누리는 모든 친밀함은, 우리를 사랑하시는 하나님에 대해 사랑으로 반응하고자 할 때 우리가 경험하는 황홀경과 어려움 모두를 가리키는 지표가 된다. "인간의 성은 하나님의 사랑이라는 본보기*paradeigma*에 대한 모방*mimēsis*이다."[17] 아가서는 이 친밀함을 탁월하고도 정확히 묘사하고 있기 때문에 기독교와 유대교 역사의 여러 시대에 성경에서 가장 인기 있는 책이 되었다.

필립 리프Philip Rieff는 이렇게 말했다.

신비주의자들은 어둠 속에 있는 것을 결코 최악이라고 생각하지 않지만 합리주의자들은 언제나 그렇게 생각한다. 신비주의자들은 성적 이미지를 사용하는 것도 피하지 않는다. 그 반대로, 심지어 기독교 전통 안에서도 속사람이 자신의 관심의 대상을 완전히 뒤바꿔 하나님을 향해 나아가는 것을 생생한 이미지로 묘사하기 위해 성애적 언어를 자유자재로 사용했다. 신비주의는 더 금욕적인 합리주의 전통에서 인간 안의 "동물"이라고 불렀던 것을 수용하는 태도를 발전시켰다. 유파를 막론하고 신비주의자들은 삶을 지성화함으로써 만들어낸 고립되고 조작적인 인생관을 거부하는 경우가 많았다.[18]

"성과 종교는 복잡하게 서로 얽혀 있다."[19] 그리고 이 둘은 친밀함이라는 기초적인 요소와 황홀경이라는 경험을 다루기 때문에 서로 얽혀 있다. 교회가 아가서를 우의적으로 영해靈解 한 것이 고상한 체하기 위함이었다고 생각하는 현대 학자들은, 성적인 것과 영적인 것이 내적으로 깊이 연결되었음을 알고 있던 고대인들의 지성, 그들의 시적 지성을 이해하지 못하고 있을 뿐이다. 옛 사람들은 책상으로 가 주석 작업을 하기 전해 리처드 윌버Richard Wilbur의 결심을 암송했을 것이다.

내 눈은 보는 것밖에 생각하지 못하는
메마름의 병에 결코 걸리지 않으리라.[20]

에리히 아우어바흐Erich Auerbach는 자신의 책 《미메시스*Mimesis*》에서 이런 식의 성경적 글쓰기를 정교하게 분석하면서, 그것이 서양 문학에 얼마나 큰 영향을 미쳤는지를 보여준다. 그는 이렇게 말했다.

…지구상에 일어나는 한 사건은 그 자체를 의미할 뿐만 아니라 그와 동시에 지금 여기서 그 구체적 실체가 지닌 힘에 대한 선입관 없이 그것이 예측하거나 확증하는 또 다른 사건을 의미하기도 한다. 사건들 사이의 연관관계를 일차적으로 시간적, 혹은 인과적 발전으로 이해하기보다는 모든 사건이 그 일부이자 반영이 되는 신적 계획 내의 통일성으로 이해해야 한다.[21]

이것은 《모비 딕*Moby-Dick*》에서 멜빌이 "연결된 유비들—물질 위에서 움직이거나 살아가는 지극히 작은 원자가 아니라 마음속에 그것을 솜씨 좋게 본떠낸 것"이라고 부르며 경이로운 눈으로 감탄했던 바로 그것이다.[22]

이런 해석 방식은 그 어떤 역사비평적 해석보다 훨씬 더 원문에 충실하다. 그 이유에 대해 제러드 슬로이언Gerard S. Sloyan은 이렇게 말한다.

현대의 성경 해석자들이 그토록 열심히 찾고 있는 본문의 "일차적인 문자적 의미"는 대부분의 경우 시적이거나 상징적인 의미다. 구약과 신약에서는 역사에서 일어난 많은 일을 묘사한다. 그런 의미에서 사건들은 역사적이다. 그러나 유대교와 기독교 문서의 주된 관심사는 현대인들이 그토록 몰두하는 역사가 아니었다. 이들 문서에서는 보이지 않는 하나님을 드러내는 가시적 상징에 관심을 기울였다.[23]

아가서 역시 이런 해석의 맥락 속에서 우리에게 다가온다. 그리고 이 맥락은 언약, 즉 사랑하는 이와 사랑받는 이의 관계에 관한 이야기이며, 여기서 사랑하는 이는 하나님이고 사랑받는 이는 인간, 즉 "남자와 여자" 모두다. 성애를 다루는 내용은 신학적 맥락 안에서 읽어내야 한다. 고대인들은 성에 관한 내용에 대해 당혹스러워해서가 아니라 성을 성례전적으로 이해했기 때문에 아가서를 경건의 관점에서 읽었다.

인간의 사랑은 하나님의 사랑에서 그 색깔을 취했다. 아가서에 대한 환원적이며 세속적인 해석으로부터 우리가 하나님의 사랑에 대해 배운 모든 내용들은 인간의 사랑에 대한 이해와 관련이 없다고 주장한다. 만약 우리가 이혼 법정, 대중적인 연극, 화려한 잡지와 다른 관점에서 아가서의 성적 언어를 읽는다면, 이는 우리가 성을 두려워한다는 증거가 아니라 우리가 하나님과 더불어 담대하다는 증거다.

언약

아가서는 "성경에서 모든 내용을 화자의 입을 통해 전달하는 유일한 책"이다.[24] 이 책에는 두 명의 주요 화자가 있다. 주요 화자는 술람미 여인과 그의 연인인 시골 목동이며, 그 밖에 그리스 비극의 합창단처럼 배경의 목소리 역할을 하는 야경꾼들과 예루살렘 처녀들도 등장한다. (일부 주석가들은 솔로몬 왕이 세 번째 주요 화자로 등장한다고 보기도 한다.) 이런 문학적 특징은 구원이 인격적 관계라는 환경 속에서 사랑을 통해 드러난다는 통찰로 이어진다.

구원은 자아의 강화, 즉 고독한 영혼이 신비하고 심오한 깨달음 속으로 침잠하는 것을 뜻하지 않는다. 그것은 자아의 추상화, 인격적인 것을 감정이나 사상의 단편으로 이상화하는 것을 뜻하지도 않는다. 구원은 창조하시는 하나님의 말씀과 찬양하는 우리의 말에 의해 계발되는 인격적 관계다. 따라서 아가서는 모든 성경적 신앙이 작동하는 환경, 즉 대화적 언설의 세계, 질문과 대답, 초대와 헌신, 약속과 성취가 존재하는 세계, 말이 새로운 현실을 만들어내는 세계를 표상한다. 그것은 말하고 듣는 인격체들의 세계, 삶이 뒤섞이는 세계, 찰스 윌리엄스가 '상호내재coinherence'라는 말로 묘사한 세계다.

이것은 친밀함을 그 목표로 삼는 인격적 대화의 형식 안에서 벌어지는 모든 목회 사역과 관련해 대단히 중요한 의미를 지닌다. 목회자는 대화 상대자로서 성도들과의 대화를 통해 분열과 냉담, 무관심이라는 장벽을 극복하고자—그들을 이해하고, 타자의 진리를 발견하고, 타자의 의미를 자세히 살피고자—노력한다. 강단에서 하는 말은 수사로 다듬은 웅변조의 말일 수도 있지만, 심방을 가서나 서재에서 상담을 나눌 때 하는 말은 다른 성격을 띤다. 목회적 대화는 친밀함을 추구하는 인격체 사이의 대화다.

형식을 놓고 보면 모든 목회적 대화는 사랑하는 이들 사이의 대화다. 목회자의 삶을 관찰하는 이들 중에서 목회자와 사람들 사이의 관계에 성적인 요소가 강하다는 것을 발견한 사람들이 있다. 그들의 관찰은 옳았지만 (적어도 내가 읽어본 분석에서는) 그 해석이 매우 잘못되어 있었다. 목회자와 사람들 모두가 성적인 존재이기 때문에 성적인 요소가 존재한다. 그리고 친밀함을 추구하기 때문에—하나님이 에덴에서 창조하시고 출애굽에서 구속하신 하나됨을 두렵고 떨림으로 "구원을 이뤄가는" 장인 매일의 삶 속에서 실현할 수 있는 길을 모색하기 때문에—그들의 관계에도 성적인 요소가 강하다.

성경에서 구원하시는 하나님과 구원받은 사람들 사이의 관계의 구조를 가리킬 때 가장 많이 쓰이는 말은 언약*berit*이다. 이 단어는 아가서에 등장하지 않지만, 아가서는 언약이라는 말이 결정적으로 중요한 위치를 차지하는 성경 안에 자리 잡고 있다. 사실 언약은 인류가 명시되고 계시된 하나님과의 관계를 떠나서는 삶을 이해할 수 없음을 의미한다. 무엇보다도 먼저 우리는 하나의 계획—하나의 관계—의 일부다. 그리고 이 관계는 인격체들, "하나님의 형상"으로 지음 받은 인간, "남자와 여자"인 인간과의 관계를 말한다(창 1:27). 왜냐하면 "남자가 혼자 있는 것이 좋지 않기" 때문이다(창 2:18).

언약이라는 말은 국제 정치에서 유래했다. 고고학적 발굴을 통해 얻은 히타이트와 아시리아, 바빌로니아, 이집트, 가나안, 그 밖에 다른 근동 민족의 외교 문서들은 언약이라는 말에 구체적인 내용을 부여한다. 이 말은 하나님이 만드신 조건 아래서 온전히 살아가는 삶을 이스라엘이 어떻게 이해했는지를 보여준다. 그러므로 언약이라는 말 자체는 아가서에 등장하지만, 아가서를 노래한 사람들은 언약의 관점에서 삶 전체를 이해했던 사람들이었다. 델버트 힐러스Delbert Hillers는 "'언약'이라는 말 자체가 등장하는 본문만 살펴본다면 우리는 많은 것을 놓치고 말 것이다"라고 말한다.[25]

아가서를 살펴보지 않는다면 우리는 언약에 관해 특히 많은 것을 놓치고 말 것이다. 아가서에서는 나라 간 조약을 맺을 때 사용하는 객관적인 언어가 아니라 인격체들이 사랑을 나눌 때 사용하는 주관적인 언어를 사용하여, 언약의 경험을 안으로부터 이해하고 깨달을 수 있는 기회를 제공하기 때문이다. 이렇게 함으로써 이 책은 언약의 내면적 내용에 대한 가장 생생한 성경적 해석들 중 하나를 제시한다.[26] 성경에서 말하는 언약을 명시적으로 지칭하는 나라 간의 조약에서는 두 나라가 평화롭게 살고 더 나아가 하나님의 백성이 의롭게 살 수 있는 조건을 규정한다. 아가서는 다른 방식을 취한다. 잘 알려진 성적인 사랑의 언어를 사용하여, 사람들이 다른 사람과 온전하고 건강하며 만족스러운 관계가 삶 속에서 실현되는 인격적 경험을 추구하고자 할 때 그들 사이의 내적 역학을 묘사한다. 모세오경에서 언약을 세우는 이야기를 들려주었다면, 아가서에서는 언약의 관계 안에서 실현되는 관계에 대해 노래한다.

하나님의 구원 행위를 기리는 모세의 노래로부터 그 구원의 주관적 경험을 속속들이 살피는 솔로몬의 노래로 넘어가는 과정(이는 목회적 설교로부터 목회적 기도 및 대화로 전환되는 과정이라고 말할 수 있다)은 매우 갑작스럽다. (히브리어에서) 아가서의 첫 단어는 "나에게 입맞춰주세요*yiššaqueni*"다. 즉, 친밀함에 대한 직접적이고도 열정적인 호소다. 이 사람은 신학에 관해 이야기하거나, 사랑에 관한 수다를 떨거나, 하나님을 위해 무언가를 하기 위해 위원회를 참여하기를 원치 않는다. 교양 있는 체하며 "정신적인 사랑에 관한" 대화를 나눌 시간이 없다. 신학계에서 "변증학"이라 부르는 것은 전혀 쓸모가 없다. 고독한 인격체의 외로운 고립 상태 안으로 파고들어가야 한다. 삶이 의미 있는 것이 되기 위해서는 누군가가 함께 해야만 한다. 친밀함은 온전함의 필수요건이다.

목회 사역을 할 때, 그런 요구의 대담한 표현에는 익숙해지지 않더라도(자신이 필요한 것을 그렇게 분명히 알고 있거나 그것을 직접적으로 표현할 만큼 대담한 사람은 그렇게 많지 않기 때문이다) 적어도 그런 요구에는 익숙해진다. 구원의 말씀을 듣고 믿음으로 그에 반응한 이들은 날마다 자신의 삶에서 그것이 무엇을 뜻하는지를 깨달아가는 중이다. 그런 열망은 공개적으로도 표현되기도 하고 에둘러 표현되기도 한다. 그것은 목회자에게 표현될 수도 있고 그렇지 않을 수도 있지만, 어떤 식으로든 언제나 목회자가 일하는 공동체 안에서 표현된다. 우리는 모든 종류의 다른 요구와 요청 아래 숨겨진 "나에게 입맞춰주세요!"라는 분명치 않은 말을 알아들을 수 있도록 훈련받는다.

처녀는 그 이유를 분명히 밝힌다. "임의 사랑은 포도주보다 더 달콤합니다." 여기서 포도주는 떠들썩한 연회라는 의미를 담고 있다. 포도주는 사람으로 하여금 고립에서 벗어나 다른 이들과 사귐을 나눌 수 있게 해준다. 부적합하다는 생각과 죄책감만 키우면서 지나치게 혼자서만 살아가려는 이들에 대해 포도주는 그런 내향성으로부터 그들을 자유롭게 해주며 그들이 자유롭게 이야기하도록 해방시켜준다.

말을 한다는 것은 결국 공동체의 행위다. 내가 말을 할 때, 설령 그것이 나 자신에 관한 말이라 하더라도 나는 다른 사람의 존재(와 중요성)를 인정하고 있는 셈이다. 포도주는 억눌린 것을 풀어주고 대화를 자극하기 때문에, 다시 말해 고립을 몰아내고 개인을 분리시키는 틈을 이어주기 때문에 칭송받는다. 그러나

"임의 사랑은 포도주보다 더 달콤합니다." 왜냐하면 사랑은 포도주보다 그 일을 더 잘하기 때문이다. 사랑은 너Thou와 나I를 결합시킨다. 그것은 가르는 담을 허물고 감정과 생각, 목적의 소통을 만들어낸다.

그리고 물론 이것이 바로 사람들이 교회에 오는 이유다. 그들 대부분은 이미 "포도주"를 마셔보았으며, 그것으로 만족할 수 없었다. 그것이 일시적인 효과에 그쳤기 때문이 아니라, 그들은 항구적으로(영원히) 효과가 있는 무언가를 찾고 있기 때문이다. 목회자들은 교인들을 지나치게 무시하는 경향이 있다. 우리는 구원의 친밀함을 받아들이기 위해 세상의 거짓 친밀함, 부분적 친밀함을 거부했던 그들의 선택(물론 무의식적인 선택인 경우가 대부분이겠지만 그럼에도 불구하고 이는 그들의 선택이었다)을 높이 사지 않는다. 그들이 그 차이를 알지 못한다고 가정하고 우리는 그들에게 공동체의 과제, 위원회의 임무, 여선교회 업무, 볼링팀 내의 직책을 맡긴다. 그리고 목회가 무엇인지 아는 사람은 목회자라고 생각하기 때문에 교인들은 우리의 제안을 따른다. 그리고 결국 그들은 "필요한 영의 양식을 제대로 공급받지 못한다."

"임의 사랑은 포도주보다 더 달콤합니다." 하지만 위원회는 달콤하지 않다. 혁신적인 예전도 달콤하지 않다. 재미있는 일 역시 달콤하지 않다. 미국상담협회American Counseling Associa-tion에서 공인한 상담 기법도 달콤하지 않다.

아가서의 세 번째 절에서 처녀는 "임에게서 풍기는 향긋한 내음, 사람들은 임을 쏟아지는 향기름이라고 부릅니다. 그러기에 아가씨들이 임을 사랑합니다"라고 말한다. "임에게서 풍기는 향긋한 내음"이라는 사실에 대한 진술이 "사람들은 임을 쏟아지는 향기름이라고 부릅니다"라는 시적 환상을 촉발한다. 몸에 바른 기름은 향기를 풍기며 그 감각적 쾌락을 강화한다. 사랑하는 이는 몸을 보고 느끼는 즐거움에 냄새가 더해져 그의 몸이 주는 쾌락이 더욱 더 강렬해진다. 향수와 몸에 바른 기름이 주는 다소 상투적인 경험은, 사랑하는 이의 이름에 대한 유사한 감각적 반응을 더 깊이 묵상하게 만든다. "사람들은 임을 쏟아지는 향기름이라고 부릅니다." 듣는 것 역시 감각적 경험이다. 그 사람의 존재 자체를 소리로 표상하는 다른 이의 이름은, 기름이 코에 자극을 가하듯 귀에 자극을 가한다.

소리의 감각적 가능성은 엄청나다. 고대 원시 문화에서는 기술이 고도로 발달한 우리의 도시 문명보다 이 점을 훨씬 더 깊이 이해했다. 소음에 압도된 우리는 소리가 주는 즐거움에 대해 고대인들만큼 예민하지 못하다. 하지만 우리도 그것을 경험할 수 있으며 그것에 대해 예민할 수도 있다. 특히 그 소리가 우리 자신의 이름을 발음하는 소리일 때는 더욱 그러하다. 히브리어 본문에서는 (70인역의 이형을 사용하자면) 히브리어로 쉐멘 *Shemen*과 쉠*Shem*에 해당하는 "이름"과 "기름"이라는 말로 언어유희를 하고 있다. 이 두 말에는 부드러운 치찰음과 순음이 압도적이다. 쉐멘과 쉠은 똑같은 소리처럼 들리며, 감각적 수단(냄새와 소리)으로 다른 사람이 실제로 신체적으로 존재하고 있음을 환기하는 동일한 기능을 한다. 어떤 소리이든 중요하다는 말이 아니라 그 사람의 이름을 발음하는 소리가 중요하다. 친밀함은 세계와 결합되는 모호하고 신비로운 경험이 아니다. 그것은 구체적인 타자와, 즉 아담과 하와가, "솔로몬"과 술람미 여인이 인격적이며 특수한 방식으로 연합하는 경험이다. 친밀함은 추상이 아니라 인격화다. 그리고 인격체는 이름을 갖고 있다. 성경에 사람의 이름과 하나님의 이름이 그토록 많이 등장하는 것도 바로 이 때문이다. 이름은 구원을 위해 하나님이 행하시는 일에 개별적이며 역사적이고 구체적인 의미를 부여하기 때문이다. 바르트의 말처럼, "이 언약에서 하나님의 상대편이 되기 위해 인간 스스로도 상대편이 필요하다."[27]

마찬가지로 목회 사역 역시 이름에 초점을 맞춘다. 목회자의 서재에서 교인 명부는 성경 다음으로 중요한 책이다. 우리는 이름으로 이뤄진 공동체 안에서 일한다. (에덴동산의 아담처럼) 목회자는 이름을 부여한다. 즉, 세례반에서 이름을 부르며 한 사람을 하나님과 회중 앞에 선보이고, 성찬대에서 하나님의 이름을 부르며, 강단에서 하나님의 이름을 선포하고, 모든 목회적 대화와 기도를 통해 이 이름들을 하나로 묶는다. 다른 이의 이름에 익숙해지고 다른 이가 자기 이름에 익숙해졌음을 발견하는 것이 곧 친밀함이다. 이름이 없다면 목회 사역도 있을 수 없다. 로젠스톡-휴시Rosenstock-Huessy의 말처럼, "무리로 가르침을 받고 호명 받는 한, 우리는 결코 우리의 이름이 우리 상처를 싸매고 우리 마음을 고양시키고 우리로 하여금 일어나 걷게 하는 힘을 가지고 있다고 생각할 수 없을 것이다."[28]

아가서에 제시하는 언약의 두 번째 측면은 친밀함의 어려움이다. 친밀함은 쉽게 얻어지지 않는다. 친밀함을 제공하는 구조(언약)는 확고하지만, 그 안에서 살아가고자 할 때 장애물과 방해물을 만난다. 그리스도 안에서 이루신 하나님의 구원 사건에 응답하는 사람은 모든 죄가 사함을 받았음을 알고는 있음에도 불구하고 지속적으로, 의심이라는 장애물 없이 하나님과의 하나 됨을 느끼지는 못한다. 아가서의 몇 구절에서, 특히 3장 1-4절에서 이런 어려움을 잘 표현하고 있다.

나는 잠자리에서 밤새도록
사랑하는 나의 임을 찾았지만,
아무리 찾아도 그를 만나지 못하였다.
"일어나서 온 성읍을 돌아다니며
거리마다 광장마다 샅샅이 뒤져서 사랑하는
나의 임을 찾겠나"고 마음먹고,
그를 찾아 나섰지만 만나지 못하였다.
성 안을 순찰하는
야경꾼들을 만나서

“사랑하는 나의 임을 못 보셨어요?” 하고 물으며,

그들 옆을 지나가다가,

드디어 사랑하는 나의 임을 만났다.

놓칠세라 그를 꼭 붙잡고,

나의 어머니의 집으로 데리고 갔다.

어머니가 나를 잉태하던 바로 그 방으로 데리고 갔다.

영혼의 “어두운 밤”에 관해 말하던 성인들의 이야기가 낯설지 않다. 하나님을 찾고자 했던 그들의 노력은 끝이 없고 허사인 것처럼 보였지만, 결국 그들이 찾던 그분을 찾을 때(혹은 그분이 그들을 찾으실 때) 그들은 황홀경을 경험한다. 사랑하는 사람들은 이런 갈망과 좌절을 너무나도 잘 이해한다. 사랑하는 사람은 신비이기 때문이다. 결코 온전히 이해하거나 도식화할 수 없는 타자성이 존재한다. 우리는 단서를 찾고, “야경꾼들”에게 묻는다. 하지만 알 수가 없다. 독특하게 창조된 두 사람이 하나가 되는 것은 동물의 짝짓기처럼 본능적이거나 자동적이지 않다. 성은 종의 재생산을 위한 수단에 그치지 않는다. 그것은 앎(성경에서 성교를 뜻하는 말)의 한 양상이기도 하다. 앎이 있는 곳에 이전에는 알지 못함이 있었다. 몸과 영혼 모두에 무지와 신비의 영역이 있었다.

영혼의 삶에는 탐색이라는 요소가 반복적으로 등장한다. 즉, 갈망이 있으며 찾음이 있다.

아리따운 여인아,
너의 임이 간 곳이 어디냐?
(6:1)

하지만 갈망은 정처 없이 헤매는 것이 아니며, 찾음은 어둠 속을 더듬는 것이 아니다. 방향이 있고, 목표가 있다.

나의 임은, 자기의 동산,
향기 가득한 꽃밭으로 내려가서,
그 동산에서 양떼를 치면서
나리꽃을 꺾고 있겠지.
(6:2)

만약 그나 그녀가 지금 나와 함께 있지 않다면, 만약 내가 그나 그녀의 손길을 느끼지 못하고 그나 그녀의 존재를 경험하지 못한다면, 나는 그 부재가 나의 유익을 위한 것이며 장차 내가 누릴 재결합이 있을 것임을 안다. 하나님이 우리 안에 창조하신 욕망은 우리를 그분이 약속하신 만족으로 이끈다.

목회 사역은 영적 추구의 어려움과 고통을 인정하고 그것을 함께 나눈다. 그것은 갈망의 고통을 신경증 탓으로 돌리지 않으며, 도덕적 결함의 원인을 찾으려고 하지 않고, '현실'에 적응하게 함으로써 그것을 '치료'하려고 하지 않는다. 목회 사역에서는 탐색을 존중한다. 충족되지 않은 갈망 때문에 힘들고 고통스러운 순간조차도 인간관계의 한 부분이다.

목회자의 책무는 영적 삶을 단순화하거나 공통분모의 공식을 만들어내거나 제자도를 실천하는 손쉬운 방법을 알려주는 것이 아니다. 영적 성장의 길에는 항상 어려움이 도사리고 있으며, 그 어려움을 부인하거나 최소화하거나 그것을 피할 수 있는 지름길을 제공하려고 할 때 목회자는 그 사람이 참된 성장을 이루지 못하게 막는 것이나 다름없다. 오히려 목회자의 책무는 어려움 속에 있는 사람들의 동반자가 되고, 그 어려움을 인정함으로써 그것에 의미를 부여하며, 그런 시간을 통과할 때 그들과 함께 대화하고 기도하여 그들이 조금이나마 고독감을 덜 느끼고 조금이나마 소망을 품고 있도록 돕는 것이다.

그 의도가 아무리 선하다고 할지라도 단순화시키려고 하는 사람은 좋은 목회 사역을 파괴하는 사람이다. 기독교 서적 시장에서 잘 팔리는 감동적인 간증 서적이 쏟아져 나오고 있는 상황은, 이런 식으로 선의를 단순화하는 태도가 나중에 여러 복잡한 문제를 초래한다는 것을 보여주는 한 사례다. 이런 책들은 시장 지향적인 편집자들의 의도 아래 쓰인 책으로서, 기독교적 회심과 성장에 관한 진리를 말하기 위해서가 아니라 제자도의 어려운 부분을 건너뛰고 싶어 하는 모든 그리스도인들의 영적 게으름에 호소하는 진리의 한 부분만을 이야기할 뿐이다. 이런 책들은 아마도 세상에서 가장 인기 있는 피아니스트였던 리버라치

(Liberace, 기교와 화려한 공연으로 유명했던 미국의 피아니스트—옮긴이)가 스스로 인정했던 연주 방법을 연상시킨다. 그는 이렇게 말했다. "내 연주 비결은 선율이 전면으로 드러나게 하는 것이다. 만약 차이코프스키를 연주한다면, 그의 멜로디를 연주할 뿐 그의 영적 투쟁은 건너뛴다. 당연히 복잡한 것을 간략하게 만든다. 청중이 얼마나 많은 음을 참아낼 수 있는 있는지를 정확히 알고 있어야 한다. 혹시 시간이 남을 경우에는 빠른 속도로 건반을 수없이 오르내림으로써 그 시간을 메운다."[29]

모든 일이 너무나도 잘 풀리고 그토록 훌륭한 결과를 낳는 이런 놀라운 이야기를 읽는 사람들은 자신들의 신앙이 완전히 잘못되었음이 틀림없다고 결론 내린다. 왜냐하면 그들은 아직도 "나의 임을 찾았지만, 아무리 찾아도 그를 만나지 못하였다"고 말할 수밖에 없는 밤을 수없이 보내고 있으며, 도시의 거리를 헤매면서 "사랑하는 나의 임을 못 보셨어요?"라고 묻고 다니는 때가 많기 때문이다. 어두운 밤과 대답을 얻지 못한 물음에 관한 이야기를 다 제외시킴으로써 영적 성취의 과정을 단순화시키는 이런 책들을 읽을 때, 그들은 자신이 바른 길에서 벗어나 있다고 확신하게 된다. 그들은 목회자에게 와서 "나는 결국 그리스도인이 아닌 것 같다"라고 말한다. 하지만 성경에서는 그리스도인의 순례를 그런 식으로 이야기하지 않는다. 성경에서는 분명하고도 황홀한 계시의 순간에조차 "의심하는 사람들도 있었다"고 말한다(마 28:17).

두 번째 본문도 비슷한 특징을 갖고 있지만, 황홀경이 아니라 고통으로 귀결된다는 차이가 있다.

나는 자고 있었지만, 나의 마음은 깨어 있었다.
저 소리, 나의 사랑하는 이가 문을 두드리는 소리.
"문 열어요! 나의 누이, 나의 사랑,
티 없이 맑은 나의 비둘기!
머리가 온통 이슬에 젖고,
머리채가 밤이슬에 흠뻑 젖었소."
아, 나는 벌써 옷을 벗었는데,
다시 입어야 하나?
발도 씻었는데,
다시 흙을 묻혀야 하나?
사랑하는 이가 문틈으로 손을 들이밀 때에,
아, 설레이는 나의 마음.
사랑하는 이를 맞아들이려고 벌떡 일어나서
몰약에 젖은 손으로,
몰약의 즙이 뚝뚝 듣는 손가락으로
문빗장을 잡았지.
사랑하는 이를 맞아들이려고 문을 열었지.
그러나 나의 임은 몸을 돌려 가버리네.
임의 말에 넋을 잃고

그를 찾아 나섰으나, 가버린 그를 찾을 수 없네.

불러도 대답이 없네.

성읍을 순찰하는 야경꾼들이

나를 때려서 상처를 입히고,

성벽을 지키는 파수꾼들이

나의 겉옷을 벗기네.

(5:2-7)

이 본문에서 여인은 사랑하는 이를 찾고 있지만, 밤이 되어 이미 잠자리에 들었기에 반응이 느리다. 그녀는 연인을 원하지만, 이미 옷을 벗고 발도 씻었다. 다시 일어난다는 것은 곧 다시 옷을 입고 발에 흙을 묻히겠다는 말이다. 다시 잠자리에 들려면 옷을 벗고 발을 씻는 과정을 반복해야 한다는 말이다. 그래서 그녀는 꾸물거린다. 지체한다. 마침내 문으로 다가갔을 때 그녀는 사랑하는 이가 이미 떠났음을 알게 된다. 공황에 빠진 여인은 그를 찾으러 나간다. 거리를 뛰어다니며 소리를 지른다. 야경꾼들이 여인을 발견했을 때, 그들은 아마도 조용한 밤 시간에 소란을 피운다는 이유로 그녀를 때린다. 그러고는 그녀의 외투를 빼앗아 그녀가 다시 집으로 돌아가 몸을 덥힐 수밖에 없게 만든다.

이 세상은 은총에 대해 결코 우호적이지 않다. 어떤 차원에서든—하나님과의 친밀함이든 사람들과의 친밀함이든—친밀함을 추구할 때 많은 사람들의 지지를 받기 어렵다. 친밀함은 수지가 맞지 않는다. 그것은 효율적이지 않으며, "매력적"이지도 않다. 만약 하나님의 사랑이 의례화된 예배 시간으로 환원될 수 있다면, 다른 사람과 나누는 사랑이 성행위로 환원될 수 있다면, 일상은 단순해지고 세상은 효율적으로 돌아갈 수 있을 것이다. 그러나 사랑을 욕정으로, 신앙을 의례로 환원하는 데에 만족하지 않고 거리를 헤매고 다니며 더 많은 것을 요구하고자 한다면, 우리는 분명히 평화를 방해할 것이며 행실을 바르게 하라는 말과 우리가 속한 가정과 교회로 돌아가라는 말을 들을 것이다.

만약 우리가 신호에 맞춰 영혼의 스트립쇼를 하는 노출증 환자들, 즉 오랜 시간이 걸리는 언약적 친밀함 대신 영적 나체를 노출하는 '노출광들'의 제의에 참여하기를 거부한다면, 우리는 절망에 빠진 청교도 취급을 받을 것이다. 친밀함은 결코 쉽게 이룰 수 없다. 고통이 따른다. 갈망과 실망, 상처가 있다. 하지만 친밀함을 얻기 위해 상당한 정도의 비용이 드는 만큼, 보상은 비길 수 없을 정도로 크다. 다른 사람과의 관계 속에서, 그리고 우리를 사랑하시는 하나님과의 관계 속에서 우리는 하나님이 창조하실 때 의도하신 그 인간성을 완성하기 때문이다. 우리는 더듬거리며 비틀거리고, 방황하며 곁길로 빠지고, 지체하며 꾸물거린다. 그러나 우리가 예수 그리스도 안에서 한결같이 영원한 사랑을 받듯이 우리도 그렇게 사랑하는 법을 배워간다.

이 본문이 담고 있는 목회적 의미는 방대하다. 왜냐하면 모든 회중의 모든 교인은 친밀함에 대한 갈망과 친밀한 관계를 추구할 때의 어려움을 느끼고 있기 때문이다. 그들은 다른 가족과 함께 식탁에 둘러앉아 아침식사를 할 때 그런 갈망과 어려움을 경험한다. 그들은 출근해서 공장이나 회사, 가게에서 다른 사람들과 일할 때 그런 경험을 한다. 그들은 배우자와 잠자리에 들 때 그런 경험을 한다. 그들은 학교나 대학의 교실에 앉아 있을 때 그런 경험을 한다. 모든 만남에는 가까워지고 싶어 하는 욕망—죄의 요새를 돌파하고자 하는 욕구, 서로와 소통하고자 하는 욕구—이 있다. 하지만 어려움도 있다. 어려움 중 일부는 순전히 게으름 때문이기도 하다.

발도 씻었는데,
다시 흙을 묻혀야 하나?
(5:3)

어떤 어려움은 열린 관계를 방해하거나 저지하는, 마음속 깊이 자리 잡은 신경증적인 반응 때문이기도 하다.

내가 검다고, 내가 햇볕에 그을렸다고,
나를 깔보지 말아라.
(1:6)

또 어떤 어려움은 다른 사람 때문이기도 하다.

성읍을 순찰하는 야경꾼들이 나를 때려서 상처를 입히고,
성벽을 지키는 파수꾼들이 나의 겉옷을 벗기네.
(5:7)

이런 어려움은 여러 종류가 있으며, 공식화하거나 일반화해서는 해결할 수 없다. 목회적인 대화와 기도를 통해 인격적이며 개인적으로 관심을 기울여야 한다.

아가서에서는 세 차례 이런 간청이 등장한다.

예루살렘의 아가씨들아, [내가 너희에게]… 부탁한다.
우리가 마음껏 사랑하기까지는,
흔들지도 말고 깨우지도 말아다오.
(2:7, 3:5, 8:4)

사랑과 신앙 모두에서 친밀함은 긴장으로 가득하다. 성취는 지연되고, 욕망은 쓰디쓰다. 사랑에 빠지는 순간과 그 사랑이 절정에 이르는 순간 사이에는, 약속과 성취 사이에는, 언약으로 규정되는 경계 사이에는 열렬한 사랑과 열정적인 신앙을 유지하기 위해 인내하며 끈질기게 기도해야 할 책임이 있다.

친밀함에 대한 한 사람의 욕망이나 어려움과 관련해 기도가

목회 사역의 주를 이루는 것도 바로 이 때문이다. 기도가 아닌 다른 방법으로는 이 욕망의 궁극성과 이 어려움의 복잡성을 제대로 다룰 수 없다. 사람들과 더불어 그들을 위해 기도함으로써 그 욕망의 초점을 하나님께 맞추고 그 어려움을 하나님 아래 맡겨드린다. 그러므로 기도는 가장 탁월한 언약의 언어다. 기도는 가장 중요한 관계, 사람과의 관계와 하나님과의 관계 모두를 진지하게 대하는 가장 중요한 목회적 대화다. 기도할 때 우리는 욕망에 관해 이야기하고 그것을 하나님께 아뢴다. 기도할 때 어려움을 분석하거나 연구하지 않으며, 오히려 하나님과 더불어 어려움을 풀어나갈 뿐이다. 만약 친밀함이 우리의 목표라면, 교육이나 상담, 심리 요법으로는 그 목표에 이를 수 없으며(이런 사역들이 도움을 줄 수는 있을 테지만), 중요한 이들과의 관계, 즉 창조주와 피조물과의 인격적인 관계를 통해서만 그 목표에 이를 수 있다.

몸

고든Gordon 장군은 "몸은 종교와 밀접한 관계가 있다고 생각할 수밖에 없다"라고 말했다.[30] 이 말은 곧 종교는, 적어도 기독교는 성례전적이라는 뜻이다. 보이는 것은 보이지 않는 것의 증거이며, 세속적인 것은 성스러운 것의 통로이고, 물질적인 것은 영적인 것을 담은 그릇이다. 세례에서 물은 죄사함의 성례전이 되고, 성만찬에서 음식은 영생의 성례전이 된다. 이러한 성경적 성례전은 창조 질서 전체에서 일어나는 일의 예시다. 뿐만 아니라 하나님이 인간의 몸을 자신의 구원의 사랑을 우리에게 계시하는 수단으로 삼으셨기 때문에("그 말씀은 육신이 되어 우리 가운데 사셨다. 우리는 그의 영광을 보았다…"〔요 1:14〕), 아가서가 몸에 대해 특별한 관심을 기울인다는 점을 통해 하나님과의 친밀함을 이해하고자 하는 시도도 대단히 성경적이다. 워즈워스 Wordsworth의 시구는 아가서의 부제로 매우 잘 어울릴 듯하다.

> …인간의 모습은
> 나에게 환희의 지표,
> 은총과 영광의 지표, 힘과 가치의 지표가 되었다.[31]

지표는 다른 곳에서 더 완전히 다뤄지는 항목들의 목록이다. 몸이라는 "지표"는 성육신을 통해 가장 완전히 다뤄지는 실재의 목록이다. 몸은 결코 그저 몸이 아니라 존재의 영역, 창조와 구원을 결합하는 삶의 과정을 연결하는 망이기 때문이다. 아가서에서는 다양한 몸의 특징을, 특히 성관계를 연상시키는 신체 부분을 여유롭지만 갈망하는 자세로 심사숙고하기 때문에 이런 성애적 명상을 성례전적으로 사용하는 것은 자연스럽다(혹은 초자연적이다). 다시 말해서, 아가서에서는 우리가 다른 이들과의 친밀함을 경험할 때 사용하는 표현을 유비로 삼아 하나님을 이해하고자 한다. 이렇게 할 때 성은 기도에 대한 비유가 되며, 성이 사람들과의 친밀함을 육체적으로 표현하듯이 기도는 우리가 내면적으로 하나님과의 친밀함을 추구하는 행위가 된다.

아가서에는 사랑하는 이의 몸에 대한 묘사가 두드러진 네 구절이 있다. 4:1-15, 5:10-16, 6:4-10, 6:13b-7:9이다. 이런 시적 묘사의 형식을 아랍어로 (문자적으로 '묘사'라는 뜻을 가진) 와시프라고 부른다. 와시프는 고대에서 결혼 예식의 한 순서에 사용되었을 가능성이 크다. 이 순서에서 신부는 하객들 앞에서 춤을 추며, 하객들은 신부의 아름다움을 노래한다. 여기서는 마지막 구절을 예로 들어 설명하겠다.

그대들은 어찌하여 마하나임 춤마당에서 춤추는
술람미의 아가씨를 보려 하는가?

귀한 집 딸아,
신을 신은 너의 발이 어쩌면 그리도 예쁘냐?
너의 다리는
숙련공이 공들여 만든 패물 같구나.
너의 배꼽은,
섞은 술이 고여 있는 둥근 잔 같구나.
너의 허리는

나리꽃을 두른 밀단 같구나.
너의 가슴은
한 쌍 사슴 같고 쌍둥이 노루 같구나.
너의 목은 상아로 만든 탑 같고,
너의 눈은 바드랍빔 성문 옆에 있는 헤스본 연못 같고,
너의 코는 다마스쿠스 쪽을 살피는 레바논의 망대 같구나.
너의 머리는 영락없는 갈멜 산,
늘어뜨린 너의 머리채는 한 폭 붉은 공단,
삼단 같은 너의 머리채에 임금님도 반한다.

오 나의 사랑, 나를 기쁘게 하는 여인아,
그대는 어찌 그리도 아리땁고 고운가?
그대의 늘씬한 몸매는 종려나무 같고,
그대의 가슴은 그 열매 송이 같구나.
"이 종려나무에 올라가
가지들을 휘어 잡아야지."
그대의 가슴은 포도 송이,
그대의 코에서 풍기는 향내는 능금 냄새,
그대의 입은 가장 맛 좋은 포도주.
잇몸과 입술을 거쳐서 부드럽게 흘러내리는
이 포도주를 임에게 드려야지.

춤을 매개로 몸의 환희를 연상하게 한다(6:13b). 히브리인들 사이에서 춤은 예배의 한 형식이다. 춤이라는 의례적 움직임은 영으로 드리는 예배에 온몸으로 참여하게 하며, 몸을 창조하고 구속하시는 하나님에 대한 경배와 기쁨, 열정을 표현한다. 미리암을 따라서 여인들이 춤을 추며 홍해를 빠져나올 때 그들은 몸으로 구원의 노래를 표현했다(출 15:20-21). 다윗은 법궤가 예루살렘으로 들어올 때 그 앞에서 춤을 춤으로써(삼하 14:15), 가까이 오셔서 구원하시는 하나님에 대한 기쁨을 몸으로 표현했다. 춤은 몸을 경배의 수단으로 삼고 정신과 근육을 조정하여 하나님께 영광을 돌리는 기도의 한 방법이다.

춤에 대해 이야기한 후 몸과 관련된 모든 은유와 직유는 경배의 마음을 표현하는 이미지로 사용된다(7:1-9). 묘사는 발에서 시작해 머리로 거슬러 올라가며, 각 신체 부분을 성애적으로 숙고한다. 사랑하는 이의 몸이 실존의 초점이 되고, 각 부분은 다른 부분과 연결된다. 몸은 하나의 지표다. 사랑하는 사람들과 기도하는 사람들—즉, 친밀함과 관계를 목적으로 삼는 언어를 사용하는 모든 사람들—은 그렇다고 말한다. 결국 상대방의 아름다움은 도저히 말로 표현할 수 없다. 경이와 숭배, 욕망, 감사의 마음은 언어를 그 한계까지 확장시킨다.

기도와 섹스 모두 어떤 점에서는 나와 같지만, 나와 중요한 차이가 있는 다른 누군가와 관계가 있다.

…인간에게는 자신과 비슷하지만 다른 어떤 존재가 필요하다. 그는 그 존재 안에서 자신을 인식할 수 있다. 그러나 자신만을 인식하는 것은 아니다. 왜냐하면 그가 하나의 '나'인 것처럼 그 존재 역시 그에게 하나의 '당신'이기 때문이다. 바로 이런 방식으로 하나님은 인간과 대면하며, 그와 사귐을 나누고 그를 대할 것이다.[32]

아가서 앞부분에는 "나는 샤론의 수선화[일 뿐이라오]"라며 자신을 깎아내리자 사랑하는 이가 이 말을 재빨리 교묘하게 찬사로 바꾸는 장면이 등장한다. 당신은 "가시덤불 속에 핀 나리꽃"이라오(2:1-2). 와시프에서도 이와 똑같은 풍성하고 창의적인 표현을 자주 사용한다. 꼭 맞는 이미지만 찾을 수 있다면 사랑하는 이의 몸에서 칭찬하지 못할 부분은 없다는 느낌을 받을 정도다.

그대의 이는
털을 깎으려고 목욕하고 나오는 암양 떼같이 희구나.
저마다 짝이 맞아서,
빠진 것이 하나도 없구나.
(4:2)

이 여인이 누구인가?
새벽처럼 밝고, 보름달처럼 훤하고, 해처럼 눈부시고,

깃발을 앞세운 군대처럼 장엄하구나.

(6:10)

경배, 송축, 일편단심—우리가 "사랑에 빠질" 때 경험하는 모든 것—은 우리가 사랑/구원받을 때 무슨 일이 일어나는지를 보여주는 증거다. 사랑은 우리를 위해, 우리 안에서 모든 것—자신에 관한 우리의 생각, 다른 이들을 향한 우리의 태도, 우리의 가치와 목적—을 바꾼다. 마찬가지로 하나님의 사랑은 우리 삶이 어떤 궁극적인 의미를 지니게 만들며, 우리 삶을 영원히 무언가에 적합한 것으로 만들어준다.

목회 사역이란 우리를 서로와 그리고 하나님과 구별시켜주는 작은 차이를 진지하게 받아들이고 그런 다음 그것에 대해 찬사를 보내는 사역이다. "분리를 통해서만 사랑은 정의定義를 배우기 때문이다."[33] 누군가의 꿈과 욕망, 갈망에 주의 깊게 귀를 기울일 때, 누군가의 투쟁, 고통스러운 좌절, 어려움을 열정적으로 나눌 때, 우리는 이런 것들에 의미를 부여한다. 그렇게 할 때 차이는 우리를 성가시게 하는 신경증이 아니라 구원의 경험을 이루는 구성 요소가 된다. 목회자는 사람들의 관계에 몰두함으로써 그들을 위한 기도의 지표를 만든다. 셔우드 앤더슨Sherwood Anderson은 "인간관계에서는 몸이 대단히 중요하다"고 지적한 적이 있다.[34] 친밀함에 대한 욕구와 실제 인간관계의 시시콜콜한 문제들이 기도의 내용이 된다. 욕망은 경배로 바뀌고,

어려움은 간구로 변한다.

목회자가 사람들과 나누는 대화와 이 대화를 이어가는 기도를 나누는 분명한 구분선은 존재하지 않는다. 목회자가 (소리 내어서 말하든 그렇지 않든) 할 수 있는 가장 중요한 말은 "당신을 위해 기도하겠습니다"이다. 이 말은 곧 그들이 방금 나눈 대화를 하나님을 대화상대로 삼아서 지속하겠다는 뜻이다. 이런 목회 사역은 많은 부분 숨겨진 채로 비밀리에 이뤄진다. 그 자체가 사적인 성격을 띠기 때문에 그래야만 한다. (다시 한 번, 목회와 성의 유비가 분명히 드러나는 대목이다.) 목회자는 만나는 모든 사람과 소리 내어 기도하거나 문제가 있다고 말한 모든 사람에게 "당신을 위해 기도하겠습니다"라고 말해서는 안 된다. 그러나 우리는 만나는 모든 이들을 위해서 기도해야 한다. 대화하기 전, 대화한 후, 대화하는 동안 기도해야 한다. 그렇지 않고서야 어떻게 목회자가 각 사람을 사로잡은 깊은 욕망과 지속되는 어려움을 위해 하나님 앞에서 중보자 역할을 할 수 있겠는가?

와시프에는 목회 사역과 기도의 관계를 말해주는 또 다른 요소가 있다. 그것은 서두르지 않는다는 점이다. 일련의 장면은 각각의 세부사항을 천천히 묘사한다. 여유롭게 함께 시간을 보내는 분위기는 사랑할 때와 기도할 때 모두에 적합하다. 《월든 *Walden*》에 관한 에드워드 달버그Edward Dahlberg의 조언은 와시프의 분위기와 잘 들어맞는다. "〔이 책은〕 서둘러 사람들의 마음속을 파고드는 책이 아니다. … 설득하고 넌지시 말하는 책이다."[35] 친밀함은 약탈 공격에 굴복하지 않는다.

무엇보다도 이것은 강박적인 우리 사회에서 신성시하는 "바쁜 목회자"가 할 수 있는 일이 아니다. 목회 사역에서 서둘러야 한다는 생각을 가질 때, 개인적인 필요를 충족하는 관계를 계발하는 대화와 기도의 사역을 못하게 된다. 목회 사역이 큰 부담인 것은 사실이다. 감당하기 어려운 일이 있기도 하다. 그러나 목회자는 "바쁘지" 말아야 한다. 바쁘다는 것은 영혼의 질병이다. 그것은 소명을 성실히 수행하게 해주는 버팀목과 은총의 우선성에 대한 확신이 없기 때문에 한 가지 일에서 다른 일로 서둘러 넘어가려는 태도다. 친밀함에 대한 사람들의 욕구를 충족하는 목회 사역을 가능하게 해주는 대화와 기도를 하기 위해서는 조용한 여가를 넉넉히 누릴 수 있어야 한다. 그렇게 한다는 것은 곧 공동체 안의 다른 사람들에 의해 사람들에게 강요되는 여가에 대한 기능적, 기술적, 비인간적 의미 규정을 거부한다는 말이기도 하다. 헨리 나우웬Henri Nouwen은 이렇게 말한다.

> 마음의 고독이 없을 때 다른 사람들과 우리의 관계는 빈약하고 탐욕스러워지고, 성가시며 집착하게 되며, 의존적이고 감상적이고, 착취적이며 기생적인 것이 되기 쉽다. 왜냐하면 마음의 고독이 없을 때 우리는 다른 이들을 우리 자신과 다른 존재로 대할 수 없고 오직 우리 자신의 욕구, 많은 경우 우리의 숨겨진 욕구를 충족하기 위해 이용해도 되는 사람으로만 대하기 때문이다.[36]

성만찬

아가서를 유월절 예배의 맥락 안에 자리 잡게 함으로써 만들어진 상관관계는, 유월절에 크게 영향을 받은 기독교 예배 행위인 성만찬과의 관련성으로 발전되었다. 이런 대응 관계를 주장한다고 해서, 성만찬이 (공관복음에서 말하는 것처럼) 유월절 의례를 대체하는 것으로 (그리고 그것에 대한 성취로) 제정되었는지, 아니면 (요한복음의 설명처럼) 유월절 사건에서 그 상징과 절기만 가져온 별개의 행위인지를 미리 결정할 필요는 없다. 어떤 경우이든 유월절이 배경을 이룬다는 점은 이론의 여지가 없으며, 하나님을 예배하는 사람들을 위한 예언적, 목회적 연속성을 보장해준다.

유월절처럼 성만찬은 결정적인 구원의 행위를 기억하고, 의례적 식사를 통해 그 사건을 재현함으로써 사람들의 참여를 통해 하나님의 행위에 믿음이 중요한 일부를 차지한다는 사실을 드러내며, 완전하고 최종적인 성취를 기대하는 예배 행위다. 요한복음에서는 유월절 사건을 서술하기에 전에 긴 대화와 기도가 등장한다. 먼저 대화와 강화를 통해(14-16장), 마지막으로 기도를 통해(17장) 구원의 주님과 날마다 계속해서 친밀함을 누리며 사는 것이 무엇을 뜻하는지 자세히 설명한다. 대화와 기도 모두 분명히 목회적이며, 형식과 내용은 다르지만 기능에 있어서는 유사하다. 즉, 이 대화와 기도는 유월절 식사에서 아가서가 행하는 것과 비슷한 역할을 하며, 그렇게 함으로써 우리로 하여금 예배 행위 사이에서, "주일들 사이에서" 구원이 어떻게 작용하는지를 생각해보게 만든다. 요컨대, 아가서와 요한복음의 강화/기도는 "기도에 힘을 쓰십시오. 감사하는 마음으로 기도하면서, 깨어 있으십시오"(골 4:2)라는 말씀에 대한 지침을 제공한다.

성만찬은 아가서에 제시된 목회적 관심사에 관련해 특히나 중요하다. 왜냐하면 성만찬은 제도적인 것, 신비한 것, 개인적인 것을 결합시키며, 그중 어느 것이든 다른 것과 분리될 때 기괴하거나 아름답지 않은 무언가로 변해버리고 말기 때문이다. 목회자의 책무는 이 요소들의 연합을 유지하는 것이다. 성만찬은 이 연합을 상징한다. 역사적 자료라는 환원 불가능한 핵심과 살아 계신 주님의 임재에 대한 믿음, 개인적인 기도를 통한 내적 응답 사이의 상관관계가 유지되는 곳은 바로 성찬대 위이기 때문이다.

유월절의 맥락 속에서 그랬듯이 아가서는 성찬대의 영향력 아래서 새로운 통찰을 계속해서 제공한다. 기도의 형식을 띠는 목회 사역은 구원을 기념하는 예배 행위로부터 친밀함의 욕구에 부응하는 태도를 발전시킨다.

토마스 아퀴나스Thomas Aquinas는 모든 목회적 돌봄의 목적은 "그리스도인들로 하여금 성만찬에 참여할 수 있도록 준비시키는 것"이라고 주장했다.[37] 그러나 목회 사역은 성만찬을 위한 준

비인 동시에 성만찬으로부터 파생된 것이기도 하다. 왜냐하면 목회 사역은 자신들의 몸과 영혼 속으로 그리스도의 삶을 받아들인 사람들로 하여금 모든 관계의 모든 시시콜콜함 속에서 그 사랑을 실현하도록 돕는 일이기 때문이다. 성찬대에서 올리는 기도는 가정과 병원에서도, 교회 내 위원회 사무실과 일터에서도 계속된다. 목회 사역은 이 연속성에 가시성을 부여한다.

목회적 기도의 세 가지 측면은 성만찬에 그 뿌리를 두고 있으며, 아가서는 상상력을 통해 그 세 가지에 모양을 부여하는 데에 큰 도움이 된다. 이렇게 사용될 때 아가서는 "…모방해야 할 본보기"로서 기능하지 않는다. "그것은 자신과 닮았지만 똑같지 않은 자식을 낳은 부모이며, 새로 태어난 아이들은 저마다 가족과 닮아 있을 뿐 아니라 개인적인 특징을 지니고 있기도 한다."[38]

첫 번째로 아가서에서는 축제를 연상시키는 분위기 속에서 목회적 기도를 제시하며, 그렇게 함으로써 성만찬의 기쁨("이것은 하나님의 백성을 위한 기쁜 잔치입니다": 성만찬 전례문에서 회중을 성찬대로 초대하는 말—옮긴이)이 날마다 되풀이하는 중보의 사역 속에도 이어지게 한다.

나의 사랑 그대는
바로의 병거를 끄는 날랜 말과도 같소.
땋은 머리채가 흘러내린 임의 두 볼이 귀엽고,

구슬목걸이 감긴 임의 목이 아름답소.
금사슬에 은구슬을 박은 귀고리를
우리가 너에게 만들어주마.
(1:9-11)

우리가 사랑하는 이 때문에 즐거워할 때 좋은 것으로 정성스레 그를 꾸며주는 것과 마찬가지로, 하나님은 우리 때문에 즐거워하시며 그분의 피조물을 아름답게 꾸며주신다. 아가서에서 배운 어휘 덕분에, 우리는 엉망이 된 우리 자신의 감정이라는 더러운 렌즈를 통해서가 아니라, 흠을 들춰내는 다른 사람의 비판이라는 얼룩진 창을 통해서가 아니라 하나님의 말씀의 관점에서 하나님의 백성(과 우리 자신)을 바라볼 수 있다. 하나님이, 그리고 그분의 사랑을 우리에게 보여주는, 누군가가 사랑으로 우리를 부르시는 소리를 듣기 전까지는, 우리가 얼마나 아름답게 보일 수 있는지, 우리가 얼마나 기뻐할 수 있는지, 우리가 얼마나 강해질 수 있는지 우리는 결코 깨닫지 못한다. "그 자체로 가치가 없는 것은 하나님이 그것을 사랑하신다는 사실 때문에 가치를 획득한다."[39]

목회자가 돌보는 사람들 중 대다수는 자신이 부적합한 사람이라는 생각 때문에 힘들어하며 자신의 가치를 분명히 깨닫지 못하고 있다. 목회자는 어떻게 그들에게 하나님의 사랑을 재확인시켜줄 수 있는가? 어떻게 그들로 하여금 자신이 가치 있는 존재임을 다시금 깨닫게 할 수 있을까? 기도를 통해 성만찬의 기쁨을 나눈 것 외에 다른 방법이 있겠는가? 기도가 빠른 치료제나 즉각적인 요법이라서가 아니다. 기도는 평생 동안 해야 하는 일이기 때문이다. 그러나 기도는 변죽을 울리는 대신 실제로 한복판에서 시작한다는 이점이 있다.

그런 점에서 목회자가 한 사람을 위해 할 수 있는 가장 중요한 일은 바로 그 사람으로 인해 하나님께 감사하는 것이다. 도덕적 자질이나 영적 성숙도와 상관없이 그저 하나님의 특별한 창조물이 존재한다는 사실 때문에 기뻐하는 것이다. 아가서를 통해 성령께서 잉태하신 기도는 이런 행복함을 드러낼 것이다. 왜냐하면 그런 기도는 언약의 맥락 속에서, 따라서 구원의 여정 속에서 그 사람을 바라볼 것이기 때문이다. 그런 기도를 드릴 때 본회퍼Bonhoeffer가 준엄하게 경고했던 위험도 예방할 수 있다. "목회자는 자신의 회중에 관해 절대로 다른 사람에게 불평하지 말아야 한다. 하지만 하나님께도 불평하지 말아야 한다. 하나님은 그분과 사람들 앞에서 회중을 비난하라고 회중을 그에게 맡기지 않으셨기 때문이다."[40]

기도가 없다면 다른 사람의 아름다움과 가치가 항상 명백해 보이지는 않을 것이다. 왜냐하면 목회자 역시 죄로 인해 분명히 보지 못하는 경우가 많기 때문이다. 그러나 우리가 추함이라고 부르는 것은 제자리에서 벗어나 있거나 균형을 잃어버린 상태일 뿐이다. 목회자가 다른 사람과 함께, 그를 위해 기도할 때 그

균형이 바뀌고 새로운 지각을 얻게 된다.

아름다워라, 나의 사랑.
아름다워라,
비둘기 같은 그 눈동자.
나의 사랑, 멋있어라.
나를 이렇게 황홀하게 하시는 그대!
(1:15-16)

이런 기도는 우리가 가장 냉정한 목회적 평가와 판단을 근거로 계측할 수 있는 것보다 훨씬 더 나은 가능성을 볼 수 있게 해 준다.

거친 들을 헤치며,
연기 치솟듯 올라오는 저 사람은 누구인가?
몰약과 유향 냄새 풍기며,
장사꾼들이 가지고 있는 온갖 향수 냄새 풍기며 오는구나.
아, 솔로몬이 탄 가마로구나.
(3:6-7)

솔로몬, 최고의 연인! 온전함에 대한 성만찬적 본능, 즉 오직 최선의 것으로 만족하겠다는 다짐은 기도의 사역 속에서 확증된다. 코번트리 팻모어Coventry Patmore는 이렇게 말했다. "만약 하나님이 약속하신, 우리 모든 욕망의 온전한 충족이 그분 안에 있음을 깨닫고자 한다면, 우리는 터무니없을 정도로 믿어야만 한다."[41] 아가서에 표현된 과장된 기쁨은, 일부에서 두려워하듯이 기도를 피하고 환상을 추구하려는 태도가 아니라 참된 성경적 경이에 이르기까지 기도를 심화하려는 모습이다.

바닷물도 그 사랑의 불길 끄지 못하고,
강물도 그 불길 잡지 못합니다.
(8:7)

차이도, 의심도, 죄책감도 우리 안에 있는, 우리에 대한 하나님의 사랑이라는 불을 끌 수 없다. 그분의 사랑은 우리의 삶 속 깊은 곳에서 불타오를 것이며, 기쁜 경배라는 불꽃으로 타오를 때까지 우리의 습관과 꿈속에 파고들 것이다.

성만찬에서 기원하며 아가서에서 권면하는 목회적 기도의 두 번째 요소는 구속과 화해의 행위에 열정적으로 참여하는 모습이다. "이것은 죄를 사하여 주려고 많은 사람을 위하여 흘리는 나의 피, 곧 언약의 피다"(마 26:28). 이런 기도를 할 때 목회자는 냉정한 역사가처럼 구경꾼의 역할을 할 수가 없으며, 그저 다른 이들에게 설명하고 조언하는 관찰자에 머물 수가 없다. 이런 기도는 모험을 하듯이 의의 길에 참여하도록 이끈다. 목회자들은 죄의 무더기를 파내어 겹겹이 쌓인 갈등을 조사하고 책임과 죄책감이라는 딱지를 붙이는 고고학자가 아니다. 우리는 함께 싸우는 사람들이다.

> 임은 나를 이끌고 잔칫집으로 갔어요.
> 임의 사랑이 내 위에 깃발처럼 펄럭이어요.
> (2:4)

휘날리는 깃발은 전쟁이 벌어지는 장소를 표시한다. 또한 승리한 곳을 표시하기도 한다. 그 깃발이 사랑일 때, 날마다 우리에게 일어나는 일 속에서 겪는 갈등과 성취는 우리와의 관계에서 하나님이 승리하셨음을 나타내는 비유다. 하나님의 사랑은 우리의 무관심에 대한 공격이며 우리의 반역에 대한 승리다. 목회적 기도를 통해 우리는 지치지 않는 그분의 은총과 그분의 백성들 안에서 사랑의 일을 완성하겠다는 확고부동한 결의를 함께 나누고 거기에 동참한다. 이렇듯 아가서가 빚어낸 기도는 화해의 드라마로 더불어 호흡한다.

> 나의 사랑 그대, 일어나오.
> 나의 어여쁜 그대, 어서 나오오.
> 겨울은 지나고,
> 비도 그치고, 비구름도 걷혔소.

꽃 피고 새들 노래하는 계절이
이 땅에 돌아왔소.
비둘기 우는 소리,
우리 땅에 들리오.
무화과나무에는 푸른 무화과가 열려 있고,
포도나무에는 활짝 핀 꽃이
향기를 내뿜고 있소.
일어나 나오오. 사랑하는 임이여!
나의 귀여운 그대, 어서 나오오.
(2:10-13)

기도는 한 사람의 과거를 평가함으로써 그 가능성을 재보려고 하지 않는다. 약속의 말씀에 의해 깨달음을 얻을 때 우리는 기도를 행동으로 옮긴다. 그리스도의 사랑이 부활의 봄철을 알리듯 삶에 새로운 활력을 가져다준다. 기도는 절망과 실패에서 기인한 차디찬 의심이 제거되고 부활의 사랑에 대한 따뜻한 믿음이 생겨나는 공간이다.

기도할 때 목회자는 수동적이거나 초연하지 않고 능동적이며 헌신적이다. 기도할 때 사용하는 성적 열정의 언어는 전인적이며, 친밀한 관계에 대해 거의 폭력에 가까운 강렬함을 보여준다.

나의 임이여, 노루처럼 빨리 돌아와주세요.

베데르 산의 날랜 사슴처럼 빨리 오세요.

(2:17)

목회적 전문성과 교권적 제국주의로 굳어질 위험성은 언제나 존재한다. 그러나 아가서는 열정적 반응을 불러일으키며 기도에 아드레날린을 투여하여, 그 안에 표현된 욕망이 중보자이신 그리스도를 통해 흐르고 갈망을 만족시켜 성취에 이르게 한다. 아가서의 유명한 자리 바꿈—"임은 나의 것, 나는 임의 것"(2:16), "나는 임의 것, 임은 나의 것"(6:3)—은 성만찬으로부터 발전된 기도의 최종 결과물을 보여준다.

성만찬에 근거한 목회적 기도의 세 번째 요소는 강한 기대의 마음("그가 오실 때까지"〔고전 11:26〕)이다. 여기서 다시 한 번 아가서는, 믿음으로 이미 우리 주님을 영접했으며 따라서 그분의 성령에 의해 움직이는 사람들을 위해 소망 가운데 기도할 수 있는 원동력과 이미지를 제공한다.

북풍아, 일어라.

남풍아, 불어라.

나의 동산으로 불어오너라.

(4:16)

하나님의 성령(성경의 언어에서 "바람"과 "성령"은 같은 말이다)

에 의해 움직여지기 전까지 우리는 아무것도 할 수 없다. 하나님이 휘저어 움직이게 하시기 전까지 사랑은 숨어 있을 뿐이다. 하나님이 일깨워주시고 그에 대해 순종으로 반응하기 전까지 덕은 잠자고 있을 뿐이다. 여전히 잠든 채로 예배를 마치고 떠나는 사람들이 얼마나 많은가? 우리 안에서 기도하시는 성령은, 사람들이 교회에 들어올 때와 거의 다르지 않은 모습으로 교회를 나서는 것을 보면서 회의적인 태도를 갖는 사람들에 대한 선제공격이다. 하나님 그리고 다른 이들과 친밀함을 길러주기 위해 노력하는 목회자는 이런 당혹스러운 물음을 만나곤 한다. "너의 임이 다른 임보다 무엇이 더 나으냐?"(5:9) 다시 말해서, "그렇게 실용적이지 않은 것을 가지고 왜 그렇게 야단법석인가? 왜 실천이 있는 곳으로 가지 않는가?" 그러나 사랑과 믿음의 그 놀라운 친밀함은 그것에 참여하는 사람들만이 이해할 수 있다. 방관자들은 이 모든 소동이 무엇에 관한 것인지 이해하지 못한다. 그들은 아무것도 모른 채 그저 자기 생각을 이야기할 뿐이다. 이런 분위기에서 목회적 기도는 "신앙을 멸시하는 교양인들(cultured despisers, 슐라이어마허가 《신앙론》의 부제에 사용하여 유명해진 구절—옮긴이)"에 도전하여 한결같은 소망을 유지하고 믿음에서 자라도록 돕는다.

이런 기도는 미래를 빚어가는 일종의 꿈꾸기다. 현재를 조직하고 미래의 성취를 위해 그 힘을 모으기 때문에 꿈은 중요하다. 젊은 시절의 꿈이 살 집을 만들고 장년의 노력이 그 집에 이르는 계단을 만든다는 데이비드 소로의 말은, 성만찬의 말씀을 날마다 하나님나라에 참여하는 삶을 빚어가기 위한 재료로 삼는 기도에 관해 시사하는 바가 크다.

> 골짜기에서 돋는 움들을 보려고,
> 포도나무 꽃이 피었는지
> 석류나무 꽃송이들이 망울졌는지 살펴보려고,
> 나는 호도나무 숲으로 내려갔다네.
> 나도 모르는 사이에, 나는 어느덧 나의 마음이 시키는 대로
> 왕자들이 타는 병거에 올라앉아 있네.
> (6:11-12)

호두나무 숲의 꽃과 움이 아직은 열매가 아니지만 백일몽을 꾸는 여인에게는 열매의 징조이자 약속이었고 "왕자들이 타는 병거"에 올라앉을 그날 모든 것이 성취될 것이라는 꿈을 꾸게 해주었듯이, 고요한 기도와 외로운 꿈을 통해 묵상하는 사람은 하나님이 시작하신 일의 목적을 깨닫고 그 모든 일이 성취될 때 "하나님께서 나를 아신 것과 같이, 내가 온전히 알게 될" 그날을 믿음으로 이해하게 된다.

그러나 기대하는 기도가 일종의 꿈꾸기이기는 하지만 그렇다고 꿈처럼 몽롱한 것은 아니다. 그 속에는 급박함이 있다. 사랑에 대한 근원적 욕구, 하나님에 대한 근원적 욕구에 관해 우리

는 조금도 지체하지 않을 것이다. 아가서는 지체되는 것에 대해 조바심을 내며 열정적인 기대의 마음을 드러내는 말로 끝을 맺는다.

임이여,
노루처럼 빨리 오세요.
향내 그윽한 이 산의 어린 사슴처럼,
빨리 오세요.
(8:14)

이것은 신약 교회의 외침과도 동일하다. "우리 주님, 오십시오!"(마라나타, 고전 16:22) 그리고 계시록의 마지막 말씀과도 동일하다. "성령과 신부가 '오십시오!' 하고 말씀하십니다. 이 말을 듣는 사람도 또한 '오십시오!' 하고 외치십시오. 목이 마른 사람도 오십시오. 생명의 물을 원하는 사람은 거저 받으십시오"(계 22:17). 기도의 언어는 언제나 어느 정도는 급박하다. 지금이 바로 그날이다. 목회자들은 목소리를 높여 수사적으로 선언함으로써가 아니라 흥분과 급박함이 가득한 성경적 계시에 따라 기도하는 일에 몰두함으로써 이 메시지를 가장 잘 전달할 수 있다.

내가 내 행위를 생각하고

…

신속히 하고 지체하지 아니하였나이다.

(시 119:59-60, 개역개정)

기도는, 거역할 수 없는 하나님의 초대와 약속의 힘을 깨닫고 그것을 다른 이들과 함께 나누기에 가장 적합한 목회 사역이다.

2부

이야기를 만드는 목회 사역: 룻기

구원받아야 하는 것은 인간성이라는 추상적 개념이 아니다. 높고 거룩한 공간을 위해 창조된 것은 당신… 당신의 영혼, 그리고 아직까지도 제대로 이해하지 못한 어떤 의미에서는 당신의 몸이다. 장갑이 손에 잘 맞는 것처럼, 당신의 모든 것은… 당신 인격의 작은 부분 하나까지도 영원 전부터 하나님께 잘 맞도록 계획되었다. 다른 사람을 이해시키는 것은 말할 것도 없고 스스로도 이해하지 못하는 그 모든 은밀한 특수성조차 그분께는 전혀 신비로운 것이 아니다. 하나님은 우리 안과 밖의 모든 것을 만드셨고 세우셨다. 그런 다음에 그분은 우리의 영혼에 이토록 독특한 삶을 허락하셨다. 왜냐하면 그것은 그분 안에 있는 수많은 문들 중에서 생명의 문을 열도록 설계된 열쇠이기 때문이다. **_C. S. 루이스**[1]

매주 목회자는 내진(內陣, 예배당에서 성찬대와 강단이 있는 부분—옮긴이)으로부터 본당 입구까지 매우 짧지만 대단히 고통스러운 행진을 한다. 내진에서는 모든 것이 질서 있고 균형 잡혀 있다. 성경은 분명한 구원의 이야기를 들려주었다. 설교는 모인 사람들이 쓰는 말로 그 이야기를 다시 들려주었다. 찬송은 예배하는 이들의 목소리를 모아 모든 시간과 장소와 하나님 백성을 이어주는 기도와 찬양이 되게 했다. 성찬대와 세례반에서 취하는 행동은 하나님의 은총과 섭리를 실질적이며 모든 사람들이 누릴 수 있는 것임을 보여주었다. 기도는 인격적인 하나님과의 만남을 만들어냈다.

매주 주일 예배는 혼돈의 물을 나누고 그 물이 명령에 따라 좌우로 갈라져 사람들이 승리를 기뻐하며 그 사이를 지나갈 수 있게 한다. 한 시간 동안 모든 진리는 균형 잡혀 있고 동시대적이며 완전하다. 하나님의 말씀이 선포되고 확증되고 받아들여진다. 그런 다음 목회자는 완전한 구원에 대해 증언하고 한 주 동안 축복이 계속될 것을 약속하면서 손을 들어 축도한다. 그는 본당 입구로 가서 "그 땅을 차지하러"(수 1:11) 떠나는 사람들과 개인적으로 이야기를 나눈다. 한 시간 정도 더 지나면 예배당과 주차장이 모두 빈다. 그는 서재로 가서 심방과 상담이 필요한 사람들이 준 쪽지나 그들에 관한 쪽지를 살펴보기 시작한다. 전화벨이 울린다. 창밖을 내다보니 "물이 다시 원래대로 흘러 전과 같이 강둑에 넘치는" 게 보인다(수 4:18).

내진에서 목회자는 신앙을 인정하는 분위기 속에서 일한다. 모든 세부사항이 분명하며 균형 잡혀 있고 구속의 상징이라는 목적을 지닌다. 본당 입구에서는 사정이 전혀 다르다. 축도를 받은 사람들은 이제 엉망이 된 결혼 생활과 혼돈의 도시, 중년의 권태와 사춘기의 혼란, 윤리적 모호성과 정서적 고통으로 가득한 세상 속으로 어지럽게 되돌아간다. 사람들 앞에서 축복의 잔을 높이 들었던 목회자는 이제 아내에게 버림을 받은 남자와 악수를 한다. 아기의 머리에 세례의 물을 부었던 목회자는 이제 분노와 반항심이 가득한 10대 자녀를 둔 어머니의 눈을 바라보며 그의 고통을 느낀다. 자비로우신 아버지께 기도했던 목회자는 뜻밖에 해고를 당한 원한과 냉소로 가득한 회사 중역을 심방할 계획을 세운다. 확신에 찬 태도로 성경에 대해 이야기했던 목회자는 이제 불안으로 경직되어 있고 혹독한 속박으로 굳어져버린 손을 만진다.

물론 본당 입구가 혼돈이기만 한 것은 아니다. 많은—아마도 대부분은 아닐 테지만—사람들의 모습 속에서 구원의 징조와 축복의 연속성을 분명히 확인할 수 있다. 방문자에게는 그곳이 그리스도인들이 인사를 나누고 기쁨을 공유하는 행복한 공간처럼 보일지도 모른다. 그러나 목회자는 누군가에게서 절망의 징조를 발견하고, 또 다른 누군가에게서는 감추고 싶어 하는 고통을 느끼고, 간통하는 사람의 비밀과 알코올 중독자의 실패를 알고 있다. 그는 누군가가 아무도 예상하지 못한 죽음과 아무도 가능하리라고 생각하지 못했던 사고, 미리 진단할 수 없었던 병, 예배 시간 중에 아무도 예상하지 못했던 갈등이 앞으로 며칠 사이에 이들 가운데 벌어질 것임을 알고 있다. 본당 입구에서 목회자는 갑자기 전혀 다른 세상을 대면한다. 내진에서 불과 몇 걸음밖에 떨어져 있지 않은데도 이곳은 경배하는 마음으로 조용하지도 않고 모두 한마음으로 신뢰하지도 않고 사랑으로 순종하지도 않는 세상이다. 이제 구원은 명명백백하지도 않고 공개적으로 인정되지도 않는다. 내진에서는 하나님의 말씀이 예배 시간을 질서 있게 이끈다.

본당 입구에서는 교인들의 죄는 한 주간 목회자의 심방과 상담, 위로와 가르침을 위한 제목으로 바뀌기 시작한다. 이러한 전환은 갑작스러우며 폭력적이고 어렵다. 구전에 따르면 스코틀랜드의 학자이며 설교가인 데이비슨A. B. Davidson은 이 전환을 맞을 때면 언제나 "월요일 같은" 기분이 든다고 말했다고 한다. 한 여인은 에든버러의 거리에서 그를 만나 이렇게 하소연했다. "아, 데이비슨 박사님, 어제는 박사님 설교를 듣고 영적으로 고양되었습니다(uplifted, "들어 올리다"라는 뜻으로 쓰이기도 하는 말—옮긴이). 하나님께 그렇게 쓰임 받는다는 것은 정말로 놀라운 일이겠죠." 데이비슨은 "그래서 저는 〔당신을 들어 올리느라〕 허리가 아픕니다"라고 대답했다.

본당 입구는 언약 안에서 제자리를 찾지 못하는 사람들, 자신의 개인적 삶의 이야기가 하나님의 구원 이야기와 하나가 된다는 것을 깨닫지 못하는 사람들에게 목회적 관심을 집중하는 공간이다. 교회에서 선포하는 메시지는 대개 분명하다. 모든 사람을 구원하고, 하나님이 지으신 모든 남자와 여자를 하나님의 백성이 되게 하며, 모든 개인의 역사를 구원의 역사라는 줄기에 접붙이는 것이 하나님의 뜻이다.

그러나 많은 사람들은 스스로 하나님의 백성이 될 자격이 없다고 여기며, 자신의 개인적인 경험이나 독특한 상황 때문에 자신에게는 일반적인 진리가 적용되지 않다고 생각한다. 죄책감이나 고집, 우연한 사건을 핑계로 빠져나갈 구멍을 만들며, 그들은 다른 모든 이에게 해당되는 일이 자신에게는 해당되지 않는다고 생각한다. 그들은 제외된다. 결국 자신은 "종교적이지 않은 사람일 뿐"이어서 믿음의 길에 참여하는 게 어울리지 않는다고 결론 내린다. 그들은 부정적이거나 신경증적인 정체성, 하나님의 뜻과 사랑과 무관한 자기 이해를 형성한다. 그들은 혼란스러워하며, 소외감을 느낀다. 자신의 삶을 의미 있고 가치 있는 연결된 이야기로 이해하지 못한다.

목회자는 하나님의 계시 이야기가 모든 사람을 아우르는 포괄적인 이야기임을 알고 있다. 목회자는 어떻게 그런 사람들이 자신의 삶을 하나님의 구원 역사라는 장엄한 이야기의 한 장, 혹은 적어도 몇 단락으로 이해할 수 있도록 그들에게 통찰을 제공하고 동기를 부여할 수 있을까?

룻기와 오순절

룻기는 본당 입구를 위해 특히 유용한 책이다. 왜냐하면 이야기의 배경이 악명 높게 무질서했던 시대인 "사사들이 치리하던 때"이기 때문이다. (70인역을 따라) 영어 성경에서는 이 책이 "사람들은 저마다 자기의 뜻에 맞는 대로" 행했던, 사사기 19-21장에서 묘사하는 혼돈의 시대 뒤에 등장하며, 이 소란스러운 시대와 대조를 이루는 이상할 정도로 조용한 이야기를 들려준다. 히브리어 성경의 더 권위 있는 순서 배열을 따르면, 룻기는 '성문서'에 속하며 이 경우에는 사사기와 대조를 말하기가 어렵다. 그러나 최근 로버트 볼링Robert Boling은 사사기 19-21장과 룻기 사이의 관계를 암시하는 언어적 유사성이 많다는 점을 지적했다.[2] 사사기 19-21장과 룻기가 원래부터 연관이 있다는 점은 증명할 수 없지만, 볼링의 주석 작업 덕분에 충분히 그럴 가능성이 있음을 알게 되었다. 목회자에게는 이 연관관계가 시사하는 바가 매우 크다. 왜냐하면 그것은 주일들 사이에 완전한 무질서인 것처럼 보이는 상황 속에서 일어나는 일들을 바라볼 수 있는 시선을 제공하기 때문이다. 예전을 이끄는 사람도 설교하는 사람도 이 책에 그다지 큰 관심을 기울이지 않는다. 어떤 성구집에서도 룻기를 공동 예배에서 읽을 성경 본문으로 포함시키지 않았다. 룻기에는 두드러지거나, 역사적으로 뛰어난 인물도 없다. 화려한 왕도, 카리스마 넘치는 사사도, 열정적인 예언자도 등장하지 않는다. 일상생활의 평범한 행위를 통해 그들의 삶이 하나님의 구원의 구조 안으로 엮여 들어가는 두 과부와 한 농부의 이야기일 뿐이다.

그러나 정경 내에서 어떤 위치에 자리 잡고 있는가와 상관없이 정경 안에 들어 있다는 사실만으로, 믿음의 백성으로 태어나지 않았으며 당연히 그 백성 중 하나라고 느끼지도 않았던 사람인 이방인 룻의 이야기는 하나님 백성의 더 큰 이야기 안으로 통합된다. 성경은 그분의 백성 가운데서 하나님이 구원을 이루시는 방식을 보여주는 거대한 태피스트리다. 시내산에서 절정에 이르는 이야기에 등장하는 위대한 인물들(아브라함, 이삭, 요셉, 모세)과 그 속편의 위대한 인물들(여호수아, 사무엘, 다윗, 솔로몬)은 평범한 보통 사람들에게는 위협적으로 느껴질 수도 있다. "물론 이렇게 빛나는 별 같은 출연진 사이에서 내가 중요한 역할을 맡을 가능성은 전혀 없어."

가난한 이방인 과부 룻의 이야기는 그에 대한 반증이다. 그는 중요하지 않은 이방인이었지만, 완전한 구원의 이야기를 하기 위해서는 그의 삶이 필수적이다. 이 이야기는 오 헨리식의 놀라운 결말로 끝을 맺는다. "보아스는 룻을 아내로 맞이하였다…. 그가 임신하여 아들을 낳았다…. 그들은 그 아기의 이름을 오벳이라고 하였다. 그가 바로 이새의 아버지요, 다윗의 할아버지이다"(룻 4:13, 17). 이 이야기가 아무리 소박하고 수수하다고 해도 결코 중요하지 않다고 판단할 수는 없다. 룻은 다윗 왕의 증조할머니였다! 룻기는 뿌리를 잃고 비천하고 소외된 한 사람이 자신의 이야기가 보잘것없지만 하나님의 구원 계획에 따라 그 줄거리가 만들어진 거대한 서사시에 꼭 필요한 한 부분임을 깨닫는 과정을 보여준다.

오순절에 읽도록 정해진 룻기는 분명히 목회적인 문서가 되었다. 오순절의 케리그마적 주제는 시내산에서 받은 언약의 계시다. 이 절기에 읽도록 정해진 율법서에서는 출애굽기 19-20장의 시내산 계시의 이야기를 들려주며, 그날의 예전에서는 이 사건을 기억한다. 시내산에서 이스라엘은 구속 받은 삶의 구조와 방향을 알게 되었다. 과거가 규정되었고, 미래가 확립되었으며, 백성이 날마다 하는 행위가 언약의 테두리 안에서 질서 있게 행해졌다.

백성의 삶은 임의적이며 우발적이고 예측 불가능한 경험의 연속이 아니었다. 그것은 이야기였다. 줄거리와 구조, 목적, 의도가 존재했다. 각 사람의 삶의 모든 세부사항은 더 큰 이야기의 일부이며, 더 큰 이야기는 곧 구원이다. 시내산에서 하나님은 그분의 길을 계시하셨고, 모든 행동과 모든 관계가 어떻게 구속의 전체적인 구조 안에 포함되는지 보여주셨다. 백성은 하나님이 누구시며 그분과의 관계 안에서 그들이 어디에 서 있는지 알게 되었다. 많은 회중들(유대교와 기독교 모두)에서 오순절의 첫날을 여전히 젊은이들의 믿음을 확인하는 날로 삼고 있다. 이것은 우리와의 관계에서 하나님이 어떤 분이신지를 스스로 보여주신 바에 기초해 우리가 누구인지를 확인하는 정체성의 의례다.

시내산 사건은 두 기본적인 현실을 결합하는 일종의 회전축이다. 하나는, 하나님이 하시는 모든 일에는 내가 포함된다는 것(선택)이며, 따라서 내가 하는 모든 일은 중요하다는 것(언약)이 두 번째이다. 택함을 받았기 때문에 나는 중요하다. 선택은 독특한 정체성을 만들어내며, 언약은 책임 있는 관계를 묘사한다. 선택은 하나님이 나를 위한 계획을 갖고 계신다는 신언이며, 언약은 내가 하는 일들이 어떻게 이 계획에 맞아 들어가는지에 관한 설명이다.

시내산 계시의 첫 두 문장은 이 두 현실을 나란히 제시한다. "나는 너희를 이집트 땅 종살이하던 집에서 이끌어낸 주 너희의 하나님이다. 너희는 내 앞에서 다른 신들을 섬기지 못한다" (출 20:2-3). 첫 문장에서는 선택을, 두 번째 문장에서는 언약을 강조한다. 하나님의 행위가 우리 삶에 의미를 부여한다. 그러므로 우리 삶은 중요하다. 우리는 두 가지 점에서 중요하다. 즉, 우리는 하나님이 하시는 일의 결과(consequence, '결과'라는 뜻과 '중요성'이라는 뜻을 모두 가짐—옮긴이)이며, 그러므로 우리는 중요하나consequential. 우리는 "중요한 사람들"이기 때문에, 우리가 다른 신을 섬기는지 그렇지 않는지가, 우상을 만드는지 그렇지 않는지가, 살인하거나 도둑질하는지 그렇지 않는지 등등이 중요하다.

요컨대, 시내산 계시는 우리가 중요하며 우리가 하는 일이 중요하다는 깨달음이다. 역사가 의미 있는 까닭은, 그 안에 하나님의 의지와 인간의 의지가 드러나 있기 때문이다. 임의적이거나 중요하지 않거나 무의미한 것은 아무것도 없다. 시내산 계시에서 일상의 세계—말, 날씨, 지형—는 압도적일 정도로 현실적이다. 시내산 계시에서는 그 계시를 이해하기 위한 배경이 되는 이집트에서 보낸 과거가 있으며, 앞으로 맞이할 광야의 미래가 있다. 그리고 이 모든 일이 이집트를 빠져나오는 길에서도 불평을 늘어놓았던 다른 사람들, 각자 이름과 족보가 있는 사람들과 더불어 이뤄졌다. 시내산은 백성이 순례를 찾아간 특별하고 거룩한 장소가 아니었다. 하나님의 뜻이 명확히 드러나고 그에 대해 사람들이 응답했을 때 그들이 우연히 그곳에 있을 뿐이다. 거기서 결단이 이뤄졌으며, 그러므로 그것은 결정적인 사건이었다.

조지 어니스트 라이트George Ernest Wright는 이렇게 역사에 몰두하는 태도가 이스라엘의 신앙을 독특한 방식으로 형성했다고 설명한다.

> 삶이 선하고 유의미한 것이라는 관념, 인격의 참된 본성에 대한 관념이 친교와 상호의존, 관계성이라는 맥락 속에서 성취되었다. 인간의 가치를 타고난 재산이나 권리로 이해하기보다는 하나님이 주신 권리, 혹은 하나님께로부터 유래한 권리로 이해했다. 인격은 믿

음과 사랑, 하나님에 대한 철저한 순종이라는 관계 속에서 그 참된 깊이와 높이를 달성한다. 하나님은 사람에 대한 그분의 사랑을 보여주셨고, 사람은 감사의 마음으로 응답하며 그 사랑에 반드시 보답해야 한다고 생각한다. 그러므로 삶의 문제는 자연과 그 속에서의 안전이라는 물음에 비추어 분석되지 않고, 더 깊은 차원에서, 즉 자연을 창조하시고 사회를 세우신 하나님의 의지라는 관점에서 분석된다. 따라서 관심의 초점은 의지의 문제에 맞춰진다. 실존의 핵심적 문제는 하나님의 뜻과 사람의 뜻 사이의 관계다.[3]

그때 이후 하나님에 관해 이야기할 때 이스라엘은 역사를 이야기했다. 고대 세계의 다른 민족 사이에는 그런 사례를 찾아볼 수가 없다. 이스라엘의 이웃 나라들도 역사적 자료—왕들의 통치, 전투에서 정복한 도시의 목록, 조약의 의무 조항, 상거래 내역—를 남겼지만 그 어느 나라에서도 역사, 즉 사람들의 결단과 그들이 삶으로 보여준 반응을 하나님의 결정과 그분의 행위와 관련시켜 서술한 이야기를 쓰지는 않았다. 하나님에 관해 이야기할 때, 이스라엘의 동시대인들은 신화와 전설—신들에 관해 얻어들은 소문—을 이야기했을 뿐 사람들에 관한 실제 사건에 대해서는 이야기하지 않았다.

히브리인들은 세계 최초의 역사가들이었다. 날마다 그들이 있는 곳에서 하나님이 그들 가운데서 역사하신다고 확신했기 때문에 그들은 신앙이든 불신앙이든, 죄든 의로움이든, 순종이든 반역이든 자신들이 하는 일이 중요하다고 믿었다. 그것은 중요하기 때문에 이야기로, 즉 사람들이 하는 일이 결과를 초래하고 구조를 갖춘 목적의 일부가 되는 담화로 서술될 수 있었다. 이야기에는 시작과 전개, 결말이 있다. 그 속에서는 모든 것이 의미를 지닌다. 무관한 것은 아무것도 없다. 아무리 사소해도 모든 등장인물이 나름의 역할을 한다. 동시대인들이 사람의 형상에 따라 상상 속에서 만들어낸 신들의 신화를 이야기할 때, 히브리인들은 하나님의 형상으로 창조된 남자와 여자들의 역사를 이야기한 것도 바로 이 때문이다.

이런 역사의식에서는 실존을 외부로부터 한 사람에게 부과되었거나 있는 그대로 사물 안에 내재하는 것이 아니라 의지들 사이의 고도의 상호작용을 통해 하나님의 백성에게 주어진 선물로 이해한다. 그 선물을 받아들이느냐 거부하느냐에 따라 각각 다른 의미를 지닌다. 이야기가 전개되는 방식은 고정되어 있지 않다. 확실한 것은 이야기가 있다는 것이다. 즉, 하나님의 의지와 인간의 의지 모두가 의미를 지니며, 그 의미가 상호작용을 하고 이야기의 내용이 된다. 히브리인들은 이야기에 대해 생생한 감각을 가지고 있었기 때문에, 어떤 의미에서 이야기를 구성하는 구문이라고 할 수 있는 언약을 짊어져야 할 율법적 부담이라고 생각하지 않았다. 오히려 그것은 역사의 모든 세부사항이 중요하며 서로 연결된 의미를 지니고 있음을 보여주는 증거였다. 명사와 동사, 전치사가 대화하기 위해 져야 할 부담이라고 여기지 않는 것처럼, 히브리인들은 십계명을 믿음의 삶을 살고자 할 때 져야 할 짐이라고 생각하지 않았다.

선택과 언약이라는 재료로부터 형성된 이스라엘의 이런 역사의식에 대해 성서학자들은 철저히 연구해왔으며, 여기서 이에 관해 더 자세히 설명할 필요는 없다.[4] 룻기가 읽힌 맥락이 이런 종류의 축제, 즉 예배가 역사 안에 완전히 녹아든 축제였다는 점을 강조하는 것으로 충분하다. 룻기를 목회적으로 활용하는 것이 중요한 까닭은 바로 이 맥락이기 때문이다. 룻기를 오순절에 읽었다는 사실 그 자체는 역사적으로 뿌리가 깊은 시내산 계시에 아무것도 더할 것이 없다. 그러나 이 사실은 신학적으로 바라본 역사를 어떻게 이야기의 주류에서 벗어나 있는 사람들, 시내산에서 계시를 받은 사람들을 조상으로 두고 있지 않은 사람들, 쉽게 제외되거나 간과될 수도 있었던 사람들에게 적용할 수 있는지를 보여준다. 목회 사역의 많은 부분은 바로 이런 사람들에게 초점을 맞추기 때문에, 이런 맥락에서 룻기를 읽는 것은 그런 목회 사역을 해나가는 데에 큰 도움을 준다.

짧은 이야기

목회 사역에 관해 룻기의 가장 중요한 함의는 이 책의 형식이다. 즉, 이 책이 하나의 이야기라는 사실이다. 양식 비평가들은 그 발전 과정을 추적함으로써 이 책이 고대 문학에서 유래했음을 밝히려고 노력해왔다. 그러나 지금까지 그들의 노력은 성공적이지 못했다. 에드워드 캠벨E. F. Campbell, Jr.이 보여주듯이, 이 책은 "하나의 새로운 형식"이다.[5] 고대 문학에는 이 책과 비슷한 형식을 전혀 찾아볼 수가 없다.

자신의 삶을 역사적으로 이해하는 법을 배운 사람들, 즉 하나님의 의지가 자신의 자유의지와 어우러져 스스로를 목적을 드러내기에 의미 있는 존재라고 여기는 사람들은, 평범한 사람들 사이에서 지역적이며 일상적인 상황 속에서 이렇듯 목적과 일관성이 있는 역사의 사례들을 보여주기 위해 이야기 형식을 만들어냈다. 특히 오순절 예배의 맥락에서 읽혔던 룻기에 관해 놀라운 점은 "…이 책이 언약이라는 고상한 관념을 궁정이나 성전이 아니라 시골의 삶이라는 협소한 경계 안에서 펼쳐 보임으로써 일상생활과 밀착시키고 있다"는 것이다.[6] 히브리인들의 짧은 이야기는 천일야화처럼 그저 재미를 위한 것이 아니라, 언제나 인격적 의지들(하나님의 의지, 나의 의지, 내 이웃의 의지)의 상호작용이 "뭇 사람들의 일상"을 통해 어떻게 구체화되는지를 살펴보기 위한 노력이다.[7]

포괄적인 케리그마를 담은 이야기는 이스라엘의 신학적 역사가들, 이른바 야훼 기자Yahwist와 엘로힘 기자Elohist, 신명기 사가Deuteronomist, 제사장문서 기자Priestly writers들에 의해 형성되었다. 짧은 이야기는 시내산 언약 전통에 정통하며, 제한된 환경 속에서 평범한 사람들의 관점을 통해 하나님이 일하시는 방식을 설명할 필요가 있다고 느꼈던 사람들에 의해 만들어졌다.

이것은 목회자에게 중요하다. 이는 곧 아무리 보잘것없고, 아무리 중요하지 않고, 아무리 주류에서 벗어나 있다고 하더라도 각 사람을 진지하게 받아들여야 함을 보여주는 하나의 모형이 우리에게 있음을 뜻한다. 자신은 교회의 설교와 가르침을 통해 들은 것과 공통점이 없다고 생각하거나 자신의 내적 삶과 신앙 공동체의 예배를 통해 표현되는 것 사이에 유사점이 없다고 생각하는 사람들이 많다. 더 나쁜 것은, 선택적으로 관찰하고 들음으로써 그들은 마치 나오미가 하나님이 "나에게 벌을 내리셨다"(1:21)고 확신했던 것처럼, 의도적으로 배제되었다고 느낀다. 모세오경의 이야기만 들었다면 모압 사람인 룻은 자신이 하나님의 계획에서 배제되어 있다고 결론을 내릴 수밖에 없었을 것이다. 보잘것없으며 눈에 잘 띄지 않는 사람들, 혹은 정처 없이 떠돌며 적개심이 가득해진 사람들, 사회로부터 조직적인 거부를 당한 사람들은 더 큰 이야기를 들어도 그 안에서 자신의 위치는 깨닫지 못한다. 자신이 그 이야기 안에서 어느 부분과 맞아 들어가는지를 이해하지 못한다. 짧은 이야기에서는 그들이 살고 있는 곳에서 시작하고 그들이 실제 삶에서 부딪치는 문제(나오미의 불평, 룻의 소외)에 집중함으로써 그들의 특수한 고통이나 절망, 공허함을 더 큰 이야기의 한 측면으로 볼 수 있는 연결되고 질서 잡힌 이야기로 빚어낼 수 있다. 조지프 시틀러

Jo-seph Sittler는 "만약 우리가 그로부터 하나의 이야기를 만들어 낼 수 있다면 모든 것은 더 견딜 만해진다. 그리고 그 이야기가 궁극적인 이야기라면, 궁극적인 절망조차도 견딜 만해질 뿐만 아니라 중요해진다."[8]

짧은 이야기는 이스라엘 신학자들이 선포하는 핵심 메시지로부터 구원의 역사에서 배제되었다고 느끼는 변방의 사람들에게로 이동하기 위한 목회적 도구다. 그들의 삶의 이야기를 하는 과정에서(혹은 더 나은 방식으로 그들에게 그 이야기를 하도록 가르치는 과정에서), 그들의 이름과 분투, 그들의 죄와 실망을 하나님 안에서 시작되고 섭리를 통해 전개되며 구원으로 끝을 맺는 하나의 줄거리로 다시 엮어낸다. 누구의 이야기도 그저 이야기에 그치지 않는 것처럼, 어떤 성경의 이야기도 그저 이야기인 것은 없다. 각각의 이야기는 그 안에 창조주, 인도자, 구속주가 존재하며 역사 속에서 평범한 사람들이 그분과 상호작용하는 실제의 사건과 전통을 다룬다.[9]

짧은 이야기는 영적 역사*Seelsgeschichte*의 어휘로 구속사*Heilsgeschichte*를 서술하는 목회적 문학 양식이다. 예를 들어, 사사기의 구속사에서는 미디안 족속의 적의를 케리그마적으로 역사 서술 안에 통합시켜 그것이 구원의 일부가 된다는 것을 보여준다. 룻기의 영적 역사에서는 섭리의 원리를 통해 나오미의 비통한 공허함을 목회적으로 어루만지며 결국에는 충만함이라는 결말로 이끈다. 출애굽기의 구속사에서는 열 가지 재앙과 기적으로 홍해를 건너는 사건을 통해 강력하며 완악한 이집트인들이 심판을 받고 결국 패배하지만, 룻기의 영적 역사에서는 보리밭에서 이삭을 줍는 일상의 평범함을 수단으로 삼아 구속의 이야기를 들려준다. 여호수아의 구속사에서는 하나님의 백성 전체가 화려한 나팔 소리와 함께 형형색색의 모습으로 행진함으로써 거대한 요새 도시 여리고를 포위하고 정복하며 약속의 땅에 들어간다. 룻기의 영적 역사에서는 시골 베들레헴의 성문 곁에서 몇몇 나이 많은 남자들이 형사취수제라는 오래된 법을 끈질기고도 조용히 이행하고, 이를 통해 메시아의 족보를 이어주는 고리를 만들어낸다.

국외자에 대해 이야기꾼의 접근방식을 취함으로써, 두 가지 어처구니없는(그러나 불행히도 매우 흔한) 오류, 즉 도덕주의와 거짓된 겸손으로부터 목회 사역을 보호할 수 있다. 목회적 도덕주의에서는 잘 어울리지 못하는 사람이 무슨 문제를 가지고 있는지에 초점을 맞추며, 그 문제에 집중함으로써 그 사람을 더욱더 소외시킨다. 도덕주의를 잣대로 사람을 괴롭히는 태도는 도덕적 관계를 어설프게 흉내 내는 것에 불과하다. 물론 하나님 백성의 회중에서 편안함을 느끼지 못하는 사람은 무언가 잘못을 저질렀기 때문일 경우가 매우 많다. 그러나 모든 복잡한 삶의 정황을 다 건너뛰고 도덕을 그 증상에만 적용시킨다면 문제를 더 복잡하게 만들 뿐이다. 목회자는 도덕주의자가 아니라 역사가다. 목회자는 로마의 스토아주의자들이 남긴 금언을 수집

함으로써가 아니라, 시내산의 위대한 신학적 역사가들과 그들의 직계 제자인 네 복음서 기자들에서 목회 사역을 배운다. 만약 목회자가 자신의 주머니 속에 도덕적인 말만 넣어두고는, 교인들을 찾아다니며 꼬리표처럼 그것을 그 주週의 희생자에게 붙이려고 한다면, 그는 결코 좋은 목회 사역을 할 수 없을 것이다. 목회자는 복음의 이야기꾼이 되는 법을 배워야 한다. 룻기의 이야기꾼처럼, 예를 들어 신명기에서 배운 이야기의 구도와 어휘를 활용해 특수한 문제의 세부사항으로부터 노련하게 이야기를 만들어낼 줄 알아야 한다. 책임감 있는 의사가 약국의 점원과 다른 것처럼, 이야기꾼 목회자는 도덕주의적 목회자와 다르다. 아픈 사람이 의사를 찾아왔을 때, 그 의사는 진단을 하고 처방전을 쓰기 전에 "역사를 알아본다." 여기서 전제는, 한 사람이 경험한 모든 것이 병과 관계가 있으며, 이 병을 치료하고자 한다면 반드시 이를 고려해야 한다는 점이다. 약국의 점원은 한 사람의 고통의 특수한 세부사항과 무관하게 그저 선반에 진열된 의약품—이 약은 두통에, 저 약은 속쓰림에, 또 다른 약은 소화불량—을 판매할 뿐이다. 기근과 과부됨, 보리 추수, 형사취수제, 하나님의 한결같은 사랑, 섭리와 평화, 베들레헴 마을, 모압 땅을 재료로 룻의 이야기가 만들어진 것처럼 성경적 목회 사역은 "역사를 알아보고" 그것을 원료로 삼아 구원의 이야기를 만들어낸다. 이야기꾼은 시내산으로부터 발전된 역사에서 한 번도 언급되지 않는 수많은 개별 항목과 관련된, 지역적이며 인격적이고 겉으로 보이기는 이질적인 세부사항을 끌어모아, 중요하고 의미 있는 구속의 역사를 만든다.

또 다른 목회 사역의 오류인 거짓된 겸손 역시 이야기하기를 통해 예방할 수 있다. 목회자는 우둔한 사람들 때문에 지치고, 까다로운 사람들 때문에 화가 나고, 고집불통인 사람들 때문에 좌절하는 경우가 아주 많다. 찬송가를 진심으로 부르지 못하는 사람, 성실하게 십일조를 하지 않는 사람, 예배에 꼬박꼬박 참석하지 않는 사람, 성경을 바르게 읽지 않는 사람, 성숙한 태도로 사랑하지 못하는 사람—이런 사람들 모두가 목회적 삶을 파괴시키는 원인이다. 찬송가를 힘차게 부르며, 아낌없이 십일조를 하고, 잘 훈련된 지성으로 성경을 읽으며, 성숙한 태도로 사랑할 줄 아는 목회자는 자기 교인들의 대부분까지는 아니더라도 많은 사람들을 거짓된 겸손으로 대하기가 쉽다. 그러나 이야기꾼의 관심과 기대를 가지고 이들을 대한다면 모든 것이 달라진다. 만약 각 교인이 한 이야기의 핵심 인물이라면 모든 것이 생생하고 흥미진진하다. 하루 중 일어난 사소한 일 하나하나가 다 중요하다. 이야기꾼은 어떤 사람도 병력病歷에 관한 공식으로 환원시키거나, 이혼율 통계치로 비인격화하거나, 갱년기 우울증의 사례로 활용하지 않는다. 이야기는 고조되고 정교해지고 발전된다. 세부사항을 적합한 위치에 배치할 때 그 하나하나가 중요함을 인식할 수 있게 된다. 실존은 모눈종이에 그린 도표로 치환시켜 단조롭게 만들 수 없다. 실존은 더 써야 할 행동과 발화가 여전히 남아 있는 드라마의 움직임 속에서 생생하게 다가온다. 체스터턴Chesterton은 "…이야기가 흥미진진한 까닭은 그 안에 의지라는 요소, 즉 신학에서 자유의지라고 부르는 너무나도 강력한 요소를 지니고 있기 때문이다. 계산 문제는 당신이 원하는 대로 끝낼 수가 없다. 하지만 이야기는 당신이 원하는 대로 끝낼 수 있다"라고 말한다.[10]

목회 사역이 시내산에서 유래하고 룻기의 이야기하기의 기술을 통해 발전된 언약의 역사를 그 기초로 삼을 때, 도덕주의와 거짓된 겸손이라는 두 가지 오류에 빠지지 않는다. 그런 목회 사역은 이스라엘의 삶을 구성하는 본질적 요소였던, 건강하며 인격을 존중하고 목적을 상기시키는 목회를 이어간다. 이스라엘은 신앙에 관해 이야기하고자 할 때 도덕주의적인 관점을 통해서나, 사회학적 연구를 통해서나, 관념적인 논문을 통해서 말하지 않았다. 이스라엘에는 철학자도, 통계분석가도, 순수문학을 추구하는 작가도 없었다. "사람들은 그저 이야기를 들려주었을 뿐이다."[11]

시내산 역사가들이 이야기를 만들어내는 방식에 익숙한 사람들은 말하기를 목회적 이야기하기의 첫 단계로 삼지 않는다. 첫 단계는 듣기다. 그것은 목회적 짧은 이야기를 만들어내기 위한 전제조건이다. 즉, 그것은 한 사람이 소외라고 인식하고 서로 무관하며 중요하지도 않은 잡동사니라고 느끼는 것으로부터 일관성과 소속감이라는 감각을 만들어내기 위한 전제조건이다.

목회자가 인내심을 가지고 교인의 말에 귀를 기울일 때, 그렇지 않으면 시시한 소문이나 불평거리, 고립된 일화일 뿐이었던 것도 의미 있는 이야기가 된다. 꾸준히 주의를 기울여 들을 때 한 사람이 말한 것에 의미가 부여된다. 세부사항을 의미 있는 것으로 여기고 귀 기울여 듣는다면, 그것은 의미 있는 것으로 인식될 수 있다 그러나 뒤섞이고 잡다한 일상의 삶의 재료에 기꺼이 관심을 기울이고, 인내심을 가지고 그것에 대해 곰곰이 생각하고, 그 안에 담겨 있는 의미를 능숙하게 가려내고, 하나님의 섭리처럼 종종 생략되어 있지만 명백한 현실을 통해 빈틈을 지혜롭게 메우는 누군가가 없다면, 그 사람의 이야기는 제대로 전달되지 못할 것이다. 그러나 일상의 것을 진지하게 받아들일 때 그 안에 있는 내적 구조를 깨달을 수 있다. 모든 사람과 사건이 구원의 역사라는 구조 안에 깊이 새겨져 있다. 듣기라는 목회적 행위는 한 사람으로 하여금 다른 이들이 세속적이라고 부인하고 평가절하한 것이 하나님의 구속의 실질적 모형과 일치함을 깨달을 수 있도록 돕는다. 룻기의 이야기는 이 둘이 연결되어 있음을 보여주는 탁월한 사례다. 이 책에서 이야기꾼은 하나님이 행동하시는 방식과 이야기 속 인물들이 행동하는 방식이 연결되어 있음을 보여주기 때문이다. 보아스는 룻이 "그의 날개 아래에 보호를 받으러" 온 "이스라엘의 하나님"을 룻에게 소개한다. 나중에 타작마당에서 룻은 보아스에게 "당신의 옷자락을 펴 당신의 여종을 덮으소서"라고 말한다(2:12과 3:9, 개역개정).

"날개"와 "옷자락"은 히브리어에서 같은 말이며, 이는 하나님이 룻을 위해 행하실 것이라고 그녀에게 약속한 것이 보아스가 룻을 위해 행하도록 그녀가 부탁한 것을 통해 이루어졌음을 깨닫게 해준다. 즉, 하나님의 섭리는 평범한 인격적 만남의 형태로 나타난다.

그렇다면 목회자는 그저 이야기꾼이 아니라 할 이야기가 있다고 믿으며, 다른 사람의 삶에 관심을 기울일 호기심을 가지고, 줄거리가 떠오르기 시작할 때까지 산만해 보이는 지엽적인 사항을 다 읽어내겠다는 결심을 한 사람으로서 이 일을 시작한다. 목회자는 감상적인 통속극으로 오락거리에 굶주린 무리들을 감탄하게 만드는 사람이 아니라 막혀 있고 폐쇄된 삶에 구멍을 파내는 편을 선호하는 우직한 일꾼이다. 목회자는 모든 평범한 것을 색다르게 대함으로써 그 속에서 이야기의 새로운 양상을 발견하려고 노력한다. 19세기 프랑스의 임상의학자인 라에넥Laënnec은 학생들에게 이렇게 말했다. "환자의 말에 귀를 기울이라! 그가 너에게 진단을 말해주고 있다." 라에넥은 좋은 의사였다. 그리고 청진기를 발명한 사람이기도 하다.

상담과 심방

듣기라는 목회적 행위는 목회자가 이야기를 만들어내는 데

중대한 기여를 하는 부분으로서 상담과 심방이라는 미리 계획된 활동을 통해 평범한 방식으로 이뤄진다. 이야기를 만들고 말하기 위해서는 일정 정도의 시간적 여유와 사적 공간—주의를 집중할 수 있는 시간과 방해로부터 자유로운 공간—이 필요하기 때문에, 필요한 준비가 없으면 이런 행위는 이뤄질 수 없다. 이야기하기는 내진에서 이뤄져서는 안 된다. 목회자가 강단에서 즉석으로 자기 이야기를 하기 바라는 사람은 아무도 없기 때문이다. 그리고 너무 산만하고 시간도 별로 없는 본당 입구도 좋은 장소가 아니다. 하지만 심방과 상담은 대화를 통해 드러나는 일상의 재료로부터 짧은 구원의 이야기를 만들어낼 수 있는 조건을 제공한다.

나는 외부적 준비라는 관점에서만 상담과 심방을 구별한다. 상담은 대개 누군가가 도움을 구할 때 시작되며, 목회자가 편한 시간에 그의 서재에서 이뤄진다. 심방은 대개 목회자의 제안으로 시작되며, 교인이 편한 시간에 그의 집에서 이뤄진다. 상담에서는 대개 목회자의 주도권이 더 크지만, 심방에서는 교인의 주도권이 더 크다. 내 서재에서 나는 방해받지 않을 수 있으며 관계를 규정할 수 있지만, 누군가의 거실에 있을 때 나는 마음대로 텔레비전을 끄거나 수화기를 내려놓거나 진공청소기 외판원에게 다른 날 다시 찾아오라고 말할 수 없다. 물론 그렇기 때문에 많은 목회자들이 심방보다는 상담을 선호한다. 그들은 상담이 필요하다고 생각하는 누군가로부터 전문가로 인정을 받으며, 명확히 주도권을 행사하고, 관계의 조건을 원하는 대로 규정할 수 있다. 이는 또한 대부분의 교인들이 심방을 더 귀하게 여기는 이유이기도 한다. 심방이라는 목회적 행위를 통해 교인들은 특별한 관심의 대상이 되며 중요하다고 인정받는다. 또한 그들은 대화에서 친밀함의 수준을 원하는 대로 통제할 수 있다. 즉, 원하면 마음을 드러낼 수도 있지만, 원하지 않으면 피상적이고 단편적인 대화를 이어갈 수도 있다. 그러나 목회자가 교인들과 적극적으로 협력하여 이야기를 만드는 창조적인 일을 시작할 때, 상담과 심방이라는 구조를 활용할 때, 이 두 목회적 활동의 인습적인 정형은 이런 식의 자아 구별 짓기(누가 가장 중요한가? 누가 주도권을 갖는가?)를 탈피해 동일한 일, 즉 이야기를 찾아가는 일을 이루기 위한 상호보완적인 활동이 된다.

그렇다면 어느 하나를 다른 하나보다 더 선호할 까닭이 없다. 그 안에서 무슨 일이 일어나느냐에 관해서는 둘 사이에 차이가 없고 다만 그 일이 일어나는 상황이 다를 뿐이기 때문이다. 어느 경우이든, 일상적인 대화를 의미 있는 방식으로 터놓고 나눌 수 있는 여건을 마련하기만 하면 된다. "우리가 함께 이야기를 나눌 것이고, 대화를 통해 하나의 이야기를 만들 것입니다. 우리가 하나님의 이야기라는 구도 안에서 어디쯤에 들어맞는지를 알아낼 것입니다"라고 말할 수 있을 정도로 협력 의식이 세워지기만 하면 된다. 이런 상황에서 목회자는 이야기를 들려주지 않으며, 그저 할 이야기가 있다는 사실을 확인할 뿐이다. 그리고 교인들이 언약적 구원이라는 이야기의 개인적이며 지역적인 사례로서 자신의 이야기를 만들어내고 말할 수 있는 기회와 자극을 계속해서 제공할 뿐이다.

이런 식으로 접근할 때, 주중에 하는 상담이나 심방과 주일 설교 사이의 관계는 룻기와 오순절 사이의 관계와 같다. 즉, 그것은 짧은 이야기와 신학적 역사 사이의 관계다. 이야기 만들기라는 은유는 세속화 시대에 이르러 잃어버렸던 상담과 심방의 성경적 배경을 회복하게 해준다. 상담이 인기를 얻고 심방이 인기가 없어진 것은 모두 상당 부분 세속화 때문이다. 그로 인해 그 성서적 환경과 단절되어 그 나름으로 존재의 이유를 지니는 행위처럼 취급되고 있다. 상담은 심리학의 영향 아래, 심방은 홍보 산업의 영향 아래 세속화되었다. 상담과 심방을 이야기하기와 이야기 만들기의 수단으로 활용하는 법을 배울 때, 이 두 목회 활동은 쉽게 그 본래적 배경으로 회복되고 성경에 충실한 목회 사역에 크게 기여할 수 있다.

상담자로서 목회자가 세속화되면 더 이상 그리스도 안에서의 친구가 아니라 하나님을 대신하는 사람 노릇을 하게 된다. 사실상 이것은 우상숭배다. 이것은 저항하기가 매우 어려운 과정이다. 신처럼 대우 받기를 좋아하지 않는 사람이 어디 있겠는가? 상담을 받으러 찾아온 사람은 약자인 자신이 강한 목회자에게 도움을 받을 것이라는 기대를 갖는다. 열등한 사람이 우월한 사람을 찾아온 것이다. 사람들은 스스로 진실하고 책임감 있는 삶을 살 역량을 획득할 필요가 없이 자신의 문제를 대신 해결해줄 전문가를 찾는다. 그들은 삶의 다른 모든 영역에서 전문가를 따르는 데 익숙하다. 여기도 다를 바 없다.

예수님은 자신에게 달려와 무릎을 꿇고 "선하신 선생님, 내가 영원한 생명을 얻으려면, 무엇을 해야 합니까?"라고 묻던 그 남자의 열정적인 아첨에 대해 대답하시면서 이런 식의 세속화에 대한 탁월한 논박을 제시하셨다. 예수님은 그의 말이 만들어낸 우상숭배적인 입장을 거부하시며 "어찌하여 너는 나를 선하다고 하느냐? 하나님 한 분밖에는 선한 분이 없다"라고 말씀하셨다(막 10:17-18). 나중에 분명히 드러날 기독론을 근거로 그 남자의 호칭이 정당화될 수도 있지만, 이 상황에서 그의 말은 예수님으로 하여금 책임 있는 전문가의 역할을 하게 만들고 자기 스스로는 무력한 비전문가의 역할을 맡고자 하는 시도로 볼 수밖에 없다. 영리를 위해 사고파는 일을 해온 사람으로서 그는 필요한 것을 얻기 위해, 즉 예수님을 그분으로부터 영생에 관한 조언을 살 수 있는 상담자로 만들기 위해 스스로 열등한 입장을 취하는 법을 알고 있었다. 예수님은 그 역할을 거부하시며 둘 다 같은 수준에 있다고 주장하셨다. "너는 계명을 알고 있을 것이다." 즉 우리 두 사람 다 동일한 계시에 접근할 수 있다. 예수님께 다가올 때 처음에는 정직하지 않은 태도를 가지고 있었지만, 그 남자의 대답은 그가 선함에 대한 정직한 열망을 가지고 있음을 보여주었고, 예수님은 그 때문에 그를 사랑하셨다. 예수님의 사랑은 거짓 겸손의 연민이나 소외시키는 비판과 구별되어야 한다. 그분의 사랑은 그들을 동료로 삼고, 창조적인 협력을 위한 여건을 제공했다. 그런 다음 예수님은 그 남자의 삶 속에 있는 빈자리를 찾아내셨고, 잃어버린 재료를 채워줄 명령을 내리셨다. 두 사람은 함께 그 재료로 지금까지는 강박적인 목록 만들기—얼마나 많은 계명을 지켰고 얼마나 많은 재산을 획득했는가—에 불과했던 것으로부터 이야기를 만들어낼 수 있었다. 그 남자는 예수님과 더불어 새로운 자료를 섞어 생명으로 만들어내기만 하면 된다. 그러나 그는 그 제안을 거절하는 편을 택했다. 좋은 상담은 '성공적'이기를 목표로 하지 않으며, 새롭게 발견하거나 발견되지 않은 현실을 어떻게 활용할지를 통제하려고 하지 않는다. 목회자는 이야기를 혼자서 '써나갈' 수 없다. 이야기를 쓰고 말할 때 상대방과 협력할 수 있을 뿐이다.

목회자는 교인들의 적응을 돕는 일이 아니라 이야기를 만드는 일에 참여한다. 일차적인 관심은 활용할 수 있는 진리를 발견한 다음 그 사람을 자신과 다를 바 없는 인격체로 진지하게 대함으로써 그가 그 재료를 가지고 창조적으로 이야기를 만들 수 있는 확신과 자유를 갖게 한다. '세속화'에 저항함으로써, 즉 하나님과 별개로 혹은 그분 대신에 사용되기를 거부함으로써 목회자는 그 사람으로 하여금 직접 하나님과 대면하도록 만든다. 목회자의 목적은 하나님을 비롯해 모든 유관한 현실을 수집하도록 돕고, 그런 다음 일관성을 지닌 이야기로 진술하도록 격려하는 것이다. 목회자는 모든 것을 행복한 결말 속으로 비틀어 넣거나 그것을 단순화시켜 설교로 만들어서는 안 된다. 어떤 이야기는 행복하고, 어떤 것은 슬프고, 어떤 것은 희극적이고, 어떤 것은 비극적일 것이다. 그러나 그 모두가 진실할 것이다.

목회자가 순례의 길에서 교인들의 동반자가 되는 불확실하고 다소 소박한 일을 포기하고 회중을 위한 홍보 대리인을 맡으려고 할 때 목회자의 심방은 세속화되고 만다. 그럴 때 심방은 약해진 열정을 일깨우고, 교회 예산을 위해 돈을 모으고, 새로운 프로그램을 선전하고, 마치 투표를 독려하듯이 주일마다 교회 나오라고 재촉하는 일이 되고 만다. 사람들은 그런 심방이 조작적인 성격을 띤다는 것을 알고 있을 때조차도 개의치 않는 것처럼 보인다. 그들은 광고업자, 정치인, 판매원들에게 그런 식의 취급을 받는 데에 너무나도 익숙해져서 그것을 마치 성공한 사람의 표지라고 여기며 그렇게 하는 목회자의 열정에 감탄하는 것처럼 보이기도 한다.

그런 식의 심방이 성공을 거둘 때 큰 보상이 따른다. 그러나 잘못될 경우에는 목회자는 해고를 당하고 다른 목회자가 부임한다. 어떤 경우에는 밖으로 공표된 심방의 목적은 종교적이며, 그렇게 함으로써 그 수단의 세속화를 은폐한다. 그러나 명백한 사실은 그런 기대에 짓눌릴 때 심방은 더 이상 목회 사역으로서의 기능을 멈춘 것이다. 심방의 세속화를 지각하는 목회는 그런 심방을 거부하는 것이 마땅하다. 마틴 손턴Martin Thornton은 "사람들의 가정을 심방하는 동기가… 그저 사람들을 예배당으로 더 많이 모으기 위해서일지도 모른다. 나는 그런 동기에 반대하지 않을 수 없다. '심방하는 목사가 사람들을 교회에 나오도록 만든다'는 말이 거짓이라면 다행이고, 참이라면 심히 유감스러운 일이다"라고 말한다.[12]

목회자의 책무는, 다른 목회자가 어떻게 심방을 하는지, 교인들의 어떤 기대를 갖고 있는지에 개의치 않고 심방의 본래 목적을 지킴으로써 충실히 성서적 사역에 임하는 것이다. 사도 바울 역시 소피스트들—도시와 마을, 장터를 찾아다니며 수수료를 받고 종교적 프로그램을 선전하던 순회 종교 전문가들—로 넘쳐나던 도시에 심방을 갔다. 물론 목회자의 심방과 정확히 일치하지는 않는다. 목회자는 한곳에 머무는 반면, 소피스트는 순회했기 때문이다. 그러나 두 경우 모두 사람들을 "찾아가고" 평신도가 "그것으로부터 무언가를 얻을" 것이라고 기대한다는 점에서 유사하다. 바울은 소피스트들이 했던 방문과는 무관함을 부단히 강조했다. 심방을 이야기 만들기를 위한 도구로 교정하기 위해 바울이 했던 일 중 하나는 심방이 "전문적"인 활동이 아니라는 사실을 매우 분명히 한 것이다. 그는 사람들을 위해 공적이며 어려운 종교적 직무를 수행하도록 고용된 사람이 아니라는 것이다. "우리는 여러분의 믿음을 지배하려는 것이 아닙니다. 우리는, 여러분이 기쁨을 누리게 하려고 함께 일하는 일꾼일 따름입니다"(고후 1:24). 그는 그들에게 무언가를 팔려고 하지도 않았다. "우리는, 저 많은 사람들처럼 하나님의 말씀을 팔아서 먹고살아가는 장사꾼이 아닙니다. 우리는, 하나님께서 보내신 일꾼답게, 진실한 마음으로 일하는 사람들입니다. 우리는 하나님이 보시는 앞에서, 그리스도 안에서 말하는 것입니다"(고후 2:17). 그는 심방을 통해 그들과 더불어 제자도라는 공통의 소명에 참여할 뿐이라고 주장한다. 자신의 지위는 전혀 고귀하지 않으며, 그는 그들 위에서 군림하거나 그들을 능가하지 않는다. "우리는 이 보물을 질그릇에 간직하고 있습니다"(고후 4:7).

바울이 그리스도인의 소명을 일컫는 말에 접두사 *syn*을 붙이길 좋아했다는 점 역시 이를 입증해준다. 흠정역 성경에서는 이 접두사가 "동료fellow"로 번역되어 있다(동료 시민, 동료 상속자, 동역자, 동료 일꾼, 동료 죄수, 함께 종된 사람, 동료 군인 등). 바울이 어떤 인물이든지, 사람들이 어떤 존재이든지, 그들은 함께 일했으며 신앙의 동료다. 목회적 심방은 우월한 사람이 겸손한 체하며 열등한 사람을 찾아가는 것이 아니며, 무언가를 가진 사람이 그렇지 못한 사람을 찾아가는 전문적인 활동이 아니다. 그것은 기독교의 제자도가 지닌 상호성을 드러내기 위한 협력 활동이다. 에베소 교인들에게 보낸 편지의 한 문장 속에서 동료 *syn*-로 시작하는 복합어 세 개를 연이어 사용하는 것을 보면, 바울이 이를 얼마나 창의적으로 표현하려고 노력했는지 알 수 있다. 그는 이방인들을 "복음을 통하여 그리스도 예수 안에서 유대 사람들과 공동 상속자*synkleronoma*가 되고, 함께 한 몸*syssōma*

이 되고, 약속을 함께 가지는 자*symmetocha*"라고 묘사한다(엡 3:6).

심방을 진실한 목회적 행위로 재정립하기 위해 바울이 했던 두 번째 일은 심방을 통해 그리스도 안에서 자신이 경험한 것을 성도들과 나누는 것이다. 바울의 모든 저작 중에서 가장 자전적인 책인 고린도후서는 이를 가장 잘 보여주는 사례다. 바울은 이 편지로 자신의 고민과 절망, 상처를 나눈다. 자신이 연약하고 불안한 동료 그리스도인임을 기꺼이 인정하는 태도 덕분에 고린도 교인들은 그와 더불어 믿음의 삶에 참여할 수 있다. 심리치료사인 셸던 콥Sheldon Kopp은 이러한 개인적 나눔에 관한 현대적인 사례를 제시한다. 그는 뇌수술을 했던 끔찍한 경험을 환자들에게 들려주면서 자신이 보였던 부절적하고 잘못된 반응까지 이야기하기로 결정했다.

> 어떤 사람들은 불쾌한 부분을 듣고 싶었지만, 그렇지 않은 사람도 있었다. 그러나 내 경험을 나눈 덕분에 내가 그들에게 더 인간적으로 보였다는 점에는 대부분이 동의했다. 사실 나 스스로 가지고 있는 여전히 해결되지 않은 감정과 문제들을 그렇게 많이 노출시킴으로써 나는 일부 환자들로 하여금 더 자유롭게 느끼고 그들 스스로에 관해 더 희망을 가질 수 있게 했다. 만약 내가 아직도 그토록 불완전하다면, 어쩌면 그들도 그렇게 힘들어할 필요가 없었던 것이다.[13]

위대한 고백의 구절인 고린도후서 4:7-18("우리는 이 보물을 질그릇에 간직하고 있습니다…"), 6:1-13("우리는 속이는 사람 같으나"), 11:16-30("나는 내 약점들을 자랑하겠습니다…")은 바울의 동료 순례자들에게 바로 이런 영향력을 미쳤다. 왜냐하면 그는 자신이 제안한 심방은 그들을 위해, 혹은 그들에게 행해진 무언가가 아니라고 분명히 말하고 있기 때문이다. 그것은 공통된 신앙의 표출이며, 그리스도를 따르는 평범한 일 속에서 동료 의식을 실천하는 행위다. 협력과 동반자 관계를 실천하는 행위가 될 때 심방은 이야기 만들기를 위해 활용될 수 있다.

목회자는 은총의 길을 찾아내는 하나님의 스파이다. 그가 찾은 것과 다른 사람이 찾은 것을 결합함으로써 그들은 함께 하나의 이야기를 써간다. 목회자는 듣고, 자료를 배열하도록 돕고, 주목하지 않았던 재료에 주의를 기울이게 하고, 여기서 문장을 재배치하고 저기에서 조사를 바꾸라고 제안한다. 바울의 사역의 결과, 장사꾼이며 선전하는 사람들이었던 소피스트들의 손에서 심방을 빼앗아 그것에 대한 통제를 확립할 수 있었다. 그렇게 함으로써 심방은 그리스도인의 삶에 대한 지역적이며 개인적인 참여(여기서 "당신 자신의 이야기를 만드는" 일이라고 부르는 바로 그것)를 증진하는 데에 효과적으로 사용될 수 있었다. 심방이 목회자를 위한 것이 되고 목회자가 심방을 위한 사람이 되지 않기 위해서는, 바울이 그랬듯이 심방의 목적을 거듭 바로 잡아야 한다.

어떤 점에서 상담과 심방은 최소한의 목회적 활동이다. 목회자가 하는 일은 별로 많지 않다. 우리가 전면에 나서기 전에 하나님이 일하고 계시며, 우리가 떠난 뒤에도 그분은 계속 일하신다. 목회자는 누군가의 삶에 하나님을 소개하지 않는다. (하나님이 "내 영혼보다 훨씬 먼저" 계셨다.)[14] 목회자는 이미 거기 있는 것에 대해 주의를 환기할 뿐이며, 한편으로는 능숙하게 들음으로써 다른 한편으로는 "세속화"에 완강히 저항함으로써 복음의 이야기를 할 수 있는 조건을 제공한다. 우리는 억압당했던 재료(예를 들어, 인정하기 어려운 죄나 받아들이기 어려운 실패)를 사용하라고 부추긴다. 우리는 지금까지 의식적으로 생각해보지 않았던 은총을 인정하도록 격려한다. 목회자는 하나님이 이 사람을 위한 계획을 가지고 계시며(선택) 하나님이 구원을 경험할 수 있는 구조를 제공하신다고(언약) 전제함으로써, 시내산으로부터 그 사람이 그 순간에 자리하고 있는 곳까지 다리를 놓으며, 섭리나 구원, 성화에 관해 해야 할 좋은 이야기가 있다는 확신을 제시한다.

모든 심방과 상담 활동이 완결된 이야기를 제공하지는 않을 것이다. 결코 그럴 수 없다! 그러나 모든 목회적 상담과 심방은 이야기 만들기의 한 양상이 될 수 있다. 목회자는 부르심을 받아 행하는 일을 통해 하나의 이야기를 위한 재료가 있다는 신념을 제공한다. 목회적 상담과 심방은 평범한 개인의 특이성을 보호하고 긍정하며, 그렇게 함으로써 시내산에서 선포된 위대한 이야기의 천둥과 번개 속에서 삶의 독특성과 의미를 잃어버리지 않게 해준다. 이런 목회 사역은, 기독교의 "놀라움과 탁월함은 대단하지만, 알려지지 않은 성도들이야말로 기독교의 능력이다"라고 했던 찰스 윌리엄스의 말을 통해서도 확증된다.[15]

이런 사역에 동참하려고 하는 사람은 많지 않다. 설령 제대로 수행된다고 해도 상담이나 심방은 하나의 이야기가 만들어질 것이라고 결코 보장해주지 않는다. 상담과 심방에서 목회자는 사람들에게 이야기를 만들고 말하라고 초대하며 스스로를 그 일의 숙련된 협력자로 제시할 수 있을 뿐이다. 만약 그 사람이 그 일에 참여하기를 원하지 않으면, 그에 관해서 목회자가 할 수 있는 일은 아무것도 없다. 우리가 하지 말아야 하는 일은 성급하게 서둘러 우리 마음대로 하나의 이야기를 해버리는 것이다. 그것은 참된 이야기가 아닐 것이며 그 사람 역시 알고 있을 것이다. 그것은 어떤 대의를 홍보하는 선전이거나 교리를 예증하는 반쪽 진리의 일화일 뿐, 이야기는 될 수 없을 것이다.

나오미와 룻, 보아스

이스라엘과 교회의 위대한 구원 이야기라는 맥락에서 지역적인 이야기를 만드는 한 예로서 룻기는 그 가능성을 보여주는 표본일 뿐이다. 이 책은 그런 이야기 만들기가 가능하며 다른 이들로 하여금 그렇게 하게 하는 자극을 제공한다. 그러나 모든 사람이 스스로 이야기를 만드는 방법을 찾아야 한다. 교회는 사람들이 제한된 수의 역할을 맡기 위해 찾아오는 경연장이 아니다. 선택을 받으면 목회자의 지도 아래 그 역할을 수행하고, 거절당하면 나가서 스스로 최선을 다해 평범한 삶을 살아가야 하는 게 아니다. 목회자의 책무는 역할을 정해주거나 감독하는 것이 아니라, 사람들로 하여금 "이야기 안으로 들어가서" 각자에게 적합한 일을 하고 그들과 함께 그 이야기 안에 있는 다른 사람들에게 반응하도록 돕는 것이다. 룻기의 세 주요 인물—나오미, 룻, 보아스—은 이야기 안으로 들어가는 세 가지 방식을 보여준다. 각각은 전혀 다른 출발점으로부터 전혀 다른 길을 통해 서서히 이야기의 전면으로 나서며 내적 절박함을 통해 개별적인 의미를 발전시킨다. 창조적인 차이를 위한 여지가 충분한 구원의 역사라는 광대한 장 속에서는 전형적인 것으로부터 개별적인 것이 만들어진다는 것을 보여준다. 이 방식 중 어떤 것도 혹은 다른 어떤 방식도 성경적 역할로서 다른 사람에게 강요해서는 안 된다.

나오미는 불평을 하면서 이야기 속으로 들어왔다. 그는 상실을 겪었으며, 그에 대해 쓰라린 마음으로 불평했다. 이야기꾼은 나오미의 불행을 심각하게 받아들여 그것을 하나님에 대한 불평으로 표현할 정도였다. 복음의 이야기에 사용된 원 자료 중에서 룻기의 첫 장에 제시된 것—기근과 세 사람의 죽음, 세 명의 과부, 무정부 상태—보다 더 절망적으로 보이는 것은 없었을 것이다.

10년이 지나 나오미가 고향 땅 베들레헴으로 돌아왔을 때, 사람들은 흥분하며 그녀의 귀향을 기뻐할 준비를 했다. 그러나 나오미는 환영 받기를 거부했다.

> 나를 '기쁨의 사람'이라고 부르지 마세요.
> 샤다이께서 나에게 쓰라림을 가득 안겨주셨으니,
> 저를 '쓰라림의 사람'이라고 부르세요.
> 떠날 때는 풍족했는데,
> 야훼께서는 나를 빈손으로 돌아오게 하셨습니다.
> 야훼께서 저에게 불리한 증언을 하셨고
> 샤다이께서 저에게 끔찍한 판결을 내리셨는데,
> 왜 나를 '기쁨의 사람'이라고 부르시나요?
> (1:20-21)[16]

나오미는 이렇게 하나님 앞에 불평을 늘어놓았다. 예레미야 역시 법적 형식을 취해 이런 식으로 불평했다. 그는 하나님과 그분의 백성 사이의 소송과 항소를 맡았으며, 하나님이 의롭고 공평하지 않으셨다는 증거를 대며 하나님에 대해 반대 주장을 제기했다.

불경건해 보이고, 어떤 사람들에게는 심지어 신성모독처럼 들리지만, 분명한 사실은 이런 공식화된 불평이 성경에 꽤나 자주 등장한다는 것이다. 목회자는 불평을 공식화하도록 도움으로써, 즉 불만의 내용을 목록화하고, 어디서 하나님이 그분의 역할을 하는 데 실패하셨는지를 명확히 하고, 그분에 대한 기소장을 작성하는 일을 도움으로써 한 사람이 "이야기 안으로 들어가도록" 도울 수 있다. 목회자가 언제나 하나님 편에서 그분을 변호할 필요는 없다. 고소인의 편을 드는 것이 성경적 입장일 때도 있다. 목회자가 불평에 힘을 실어주는 경우가 있다. 그는 다음의 사실을 알고 있기 때문이다.

> …하나님은 불평을 용인하실 뿐만 아니라, 더 나아가서 불평하는 것이 하나님을 진지하게 받아들이는 사람이 취할 올바른 입장일 수도 있다! 의롭고 자비하신 하나님이 완전한 주권을 가지신다고 믿는 사람이라면 누구나 신정론의 문제에 부딪칠 것이다. 그리고 심지어는 이 문제로 하나님을 심판대 위에 세우려고 하는 경우에도 그 문제로 씨름하는 것은 죄가 아니다. 성마른 요나, 진지한 예레미야, 끈질긴 욥이 그랬다. 나오미는 혼자가 아니었다.[17]

나오미의 불평이 진지하게 받아들여짐으로써—거부당하지 않고, 그 어조를 약화시키지 않고, 영적인 것으로 만들지도 않고—이야기의 일부가 되었다. 그녀의 삶의 공허함은 이야기의 구도 안으로 통합되었고, 그 과정에서 하나님의 섭리를 드러낼 기회가 있었다. 보아스가 넉넉히 선물로 안겨준 보리를 가지고 룻이 타작마당에서 돌아올 때 나오미의 공허함이 상징적으로 채워진다. "어머님께 빈손으로 가서는 안 된다"(3:17).[18] 빈손으로 베들레헴에 돌아온 나오미는 더 이상 빈손이 아니었다. 섭리가 움직이고 있었다! 이야기의 결말에서 오벳이 태어난 후 마을의 여인들이 "나오미가 아들을 보았다!"라고 외칠 때, 마침내 공허함이 역전되었다. 나오미는 자신의 불평을 이야기 안으로 가지고 들어감으로써 하나님의 방식을 설명하기보다 자신이 미래까지 확장되는, 살아 있으며 발전해나가는 관계들 속에 있음을 깨달았다. 때로는 사소하고 때로는 극적인 방식으로 그는 모든 외적 상황에도 불구하고 신실하신 하나님이 여전히 자신의 일을 이루고 계심을 깨달았다. 그리고 그런 깨달음 덕분에 그는 마음껏 자신의 일에 열중할 수 있었다.

만약 그의 불평을 (혹은 그것이 누구의 불평이든지) 편집하여 이야기에서 제외했다면—무의미한 푸념이라며 거부하고, 구원에 관한 이야기에 포함되기에 부적합하다고 판단했다면—그것은 곪아서 하나님을 제외한 모든 사람들의 신랄한 비판의 대상이 되었을 것이다. 이야기 안으로 들어감으로써 그것은 하나님의 섭리를 경험하는 수단이 되었다.

룻은 자신이 원하는 것을 요구함으로써 이야기 안으로 들어갔다. 이야기가 절정에 가까워지는 한 시점에서 룻은 시어머니로부터 어떻게 보아스에게 다가갈지에 관해 조언을 들었다. 그들은 모두 보아스가 그들에게 기업 무를 자kinsman-redeemer임을 알고 있었으며, 만약 그들의 계획대로 일이 진행된다면 두 사람 모두가 가난에서 구제를 받고 룻은 남편을 얻을 수도 있다는 것을 알았다. 그들이 만날 장소는 타작마당으로 정했다. 나오미는 룻에게 이렇게 일렀다.

> 네가 함께 일했던 여종들의 주인 보아스는 우리의 친척이 아니냐? 잘 들어라. 오늘 밤에 그가 타작마당에서 보리를 까부를 거란다. 지금 너는 목욕을 하고 기름을 바르고 고운 옷으로 차려입은 다음 타작마당으로 내려가거라. 그가 다 먹고 마실 때까지 너는 그의 눈에 띄지 않도록 하거라. 그리고 그가 잠자리에 들면 너는 그가 누운 자리를 잘 보아두었다가 다가가서 그의 발치 이불을 들고 누워라. 그러면 네가 어떻게 해야 할지 그가 일러줄 것이다(3:2-4).[19]

이 이야기에서 재미있는 점은, 룻이 정확히 시어머니가 시키는 대로—마지막 항목만 제외하고—했다는 것이다. 그날 밤 룻이 타작마당을 찾아가 보아스 옆에 누웠을 때 이야기는 이렇게 계속된다.

> 자정쯤, 그는 깜짝 놀라 주변을 손으로 더듬었다. 그런데 자기 옆에 웬 여자가 누워 있는 게 아닌가! 그는 "누구시오?"라고 물었다. "저는 당신의 여종 룻입니다"라고 룻이 대답했다. "당신은 기업 무를

분이시니, 이제 당신의 '날개'를 펴 저를 덮어주십시오"(3:8-9).[20]

나오미는 룻에게 "…네가 어떻게 해야 할지 그가 일러줄 것이다"라고 말했지만, 때가 왔을 때 룻은 먼저 나서 보아스에게 원하는 바를 말했다. "…당신은 기업 무를 분이시니, 이제 당신의 '옷자락'을 펴 저를 덮어주십시오." 여기서 2:12의 야훼의 "날개"와 보아스의 "옷자락" 사이의 언어유희를 확인할 수 있다. "주석가들은 흔히 고대와 현대의 아랍의 관습이 여인 위에 옷을 덮는 것이 결혼을 요구하는 상징적인 행위임을 보여주는 추가적인 증거라고 주장한다."[21] 다시 말해서, 룻은 "나는 당신이 나와 결혼하기를 원합니다"라고 말했다. 에스겔 16:8과 룻기 3:9에서 사용하는 용어가 정확히 일치한다는 점 역시 룻이 보아스에게 결혼을 요구했음을 뒷받침하는 강력한 증거다.

이야기에 주의를 기울이고 있는 사람이라면 이렇게 룻이 갑자기 자유의지를 개입시켜 단호하게 주도권을 잡는 이 장면을 놓치지 않을 것이다. 룻은 희생자가 아니다. 하나님의 이야기 안에 있다는 것은 수동적으로 무언가가 우리에게 일어나도록 내버려두는 것을 뜻하지 않는다. 그것은 무기력한 복종이나 맹목적인 순종이 아니다. 그는 비록 이방인이며(그리고 룻기에서는 그가 이방인이라는 사실을 반복적으로 강조한다. 여섯 차례나 그는 "모압 여인"이라고 불린다) 정해진 언약의 경계 바깥에 있었지만, 다른 사람들에 의해 주어진 사회적 역할—며느리, 모압 여자,

이삭 줍는 사람의 역할—바깥으로 걸어 나가 자신의 생각을 분명히 밝힘으로써 이 이야기 안으로 들어간다. 그 결과 그는 이야기의 중심으로 진입하고 메시아의 조상이 된다.

사람들로 하여금 경계 바깥으로 걸어 나가 자신의 생각을 밝히도록 격려함으로써—그저 어머니와 아버지, 배우자와 교사, 심지어는 목회자가 충고한 것을 앵무새처럼 그대로 따라하는 대신—목회자가 이야기 만들기에 협력하는 때가 있다. 이야기를 만들고자 할 때, 재료의 배열이나 남들은 간과했지만 숨겨진 하나님의 방식을 보여주는 현실에 주의를 기울이는 일에 관해 창의적일 뿐만 아니라, 때가 왔을 때 스스로 목소리를 높이고 원하는 것을 요구하는 일에 관해서도 창의적이어야 한다.

보아스는 새로운 책임을 떠맡음으로써 이야기 안으로 들어갔다. 다른 모든 일이 일어나기 전에 그는 이 이야기에서 평판이 좋고 상당한 부를 쌓은 인물이었다. 그는 자기 밭에서 일하는 사람들을 선대했다. 모두가 그의 곁에서 일하기를 좋아했던 것처럼 보인다. 그는 "재력이 있는 사람"(2:1)으로 그려진다.[22] 그의 이름은 "그에게 힘이 있다"라는 뜻이다.[23]

우리는 이 이야기의 역사적 배경이 되는 시대에 "사람들은 저마다 자기의 뜻에 맞는 대로 했음"을 알고 있다. 모든 사람이 자기만 생각했으며, 뒤로 처지는 사람은 아무도 돌아보지 않았다. "힘이 곧 정의"였던 시대에 힘 있는 사람은 모두 약한 사람을 괴롭히지 않는가? 재력이 있는 사람들은 과부와 가난한 이들을 희생시켜 자기 배만 채우지 않는가? 룻기의 배경이 되는 주제는 "기업 무를 자"의 의무와 형사취수제를 통해 표현된 언약적 책임과 연관이 있다. 이런 고대의 법률과 관습에서 말하는 책임이 정확히 무엇을 뜻하는지는 분명치 않다. 분명한 것은 지켜야 할 의무가 있었다는 것이다. 그리고 이 이야기의 흥미로운 부분은 보아스가 그 의무를 지킬 것인지, 그렇지 않을 것인지와 맞물려 있다. 보아스는 책임을 피하면서도 자신의 좋은 평판을 유지할 수 있었다. 그보다 더 책임이 큰 다른 사람이 있었기 때문이다. 그는 룻의 문제를 더 가까운 친척인 '아무개 씨'에게 떠넘김으로써 율법 조문을 자구대로 이해할 수도 있었다.

성문에서 기업 무를 자의 의무를 명확히 하는 장면을 보면, 재력가 보아스는 자기 명성에 부합하는 삶을 살고자 했음을 분명히 알 수 있다.

> 그러자 보아스는 장로들과 모든 사람들에게 이렇게 말했다. "여러분은 오늘 이 일의 증인입니다. 나는 엘리멜렉에 속했던 모든 것과 기룐과 말론에게 속했던 모든 것을 나오미의 손에서 사겠습니다. 그리고 더 중요한 것은, 내가 말론의 아내 모압 여인 룻을 내 아내로 '사겠다'는 것입니다.
>
> 그렇게 하여 고인의 기업에 그의 이름을 세우고,
> 그의 형제들 가운데서나 그의 고향 마을에서 그의 이름이 끊어지지

않게 하겠습니다.
오늘 여러분이 이 일의 증인입니다!"
(4:9-10)[24]

보아스처럼 어떤 사람들은 책임을 떠맡음으로써 이야기 속으로 들어온다. 그들은 율법 조문을 뛰어넘어 다른 사람들을 위해 자신의 부와 지위를 사용할 수 있는 방법을 꾸준히 그리고 넉넉한 마음으로 모색함으로써, 하나님의 의로운 관계를 모형으로 삼는 의로운 삶 속으로 뛰어든다. 보아스가 그렇게 행동하기로 결단했기 때문에, 이야기 속 인물들은 보아스의 "옷자락"을 통해 하나님의 "날개"를 경험한다(2:13과 3:9). 보아스가 옛 모세 율법의 법적인 세부사항을 꼼꼼히 살폈기 때문에 이야기 속 인물들은 구속을 경험할 수 있었다. 자신의 힘과 자신의 부, 자신의 영향력을 당연한 것으로 여기고 결코 다른 이들을 위해 사용하지 않는 '재력가'들이 있다. 목회자들은 이런 사람들의 이야기를 만드는 일에 협력자가 되어, 그들이 더 이상 자신을 명성과 재산, 권력이 당연히 집중되는 중심으로 여기는 대신 스스로 다른 이들을 책임지고 돌보아야 할 중심이 되어야 한다고 생각할 수 있도록 도와야 할 위치에 있다. 보아스는 이야기에서 "기업 무를 자들 중 하나"(2:20)로 불린다.[25] 그는 기업 무를 자의 역할이 무엇인지 알고 있었다.

> 친척 중에서 사람들과 그들의 재산을 위해 일할 책임이 있는 사람… 불행한 이들을 책임져야 하며 그들의 지지자와 대변자가 되어야 하는 사람… 비양심적인 사람들에 의해, 심지어는 율법 조문대로 사는 사람들에 의해 불의를 당하는 사람들을 돌보아야 할 책임이라는 기본 원리를 실천해야 하는 사람.[26]

이 이야기는 그에게 주어진 책임감이라는 특권에 걸맞게 살 수 있는 기회를 그에게 제공했으며, 그는 그 기회를 붙잡았다.

얼핏 단순해 보이는 이 이야기 속에는 훨씬 더 많은 내용이 담겨 있다. 이 이야기는 놀라울 정도로 복잡하며, 미묘한 상호 관계와 세심하게 구성된 강조점들로 가득하다. 노골적으로 불평하는 나오미와 연약하지만 용감한 룻, 믿음직하며 책임감 있는 보아스 외에도 이름을 알 수 없는 마을 여인들, 추수꾼들을 감독하던 이름 없는 청년, 1장에 나오는 오르바와 4장에 나오는 더 가까운 친척처럼 자신의 의무를 지키며 살지만 딱 그만큼만을 지키려고 하는 사람들도 있다. 이들 역시 "이야기 속으로 들어간다." 사실 누구든 이야기 속으로 들어갈 수 있다. 목회자는 하나님의 구속이라는 포괄적인 이야기를 철저히 이해하고 있기 때문에, 사람들로 하여금 그들이 그 모습 그대로 있는 그 자리에서, 조금씩 룻의 이야기만큼 위대해져가는 이야기들을 진술하기 시작하도록 도와야 할 매우 중요한 위치에 있는 경우가 많다. 신학적 역사라는 거대한 흐름 속에서 룻기를 계속해서 읽을 때, 그 안에 담긴 미묘한 의미를 이해하게 될 것이며, 목회 사역을 통해 사람들로 하여금 자신의 삶에 관해 말하게 하고 자신이 그 이야기의 일부임을 깨닫게 할 수 있다는 통찰을 얻을 수 있을 것이다.

족보

룻기가 목회자들에게 중요한 이유는, 마치 천둥이 내리치는 듯한 오순절 예배의 케리그마와 달리 조용하고 사적인 공간을 마련하며 평범한 사람들이 사랑과 구원, 섭리와 축복에 관한 자신의 이야기를 하는 법을 배울 수 있게 해주기 때문이다. 이 책은 산꼭대기에서 조망하는 풍경이 아니라 아늑한 장소와 시간을 찾아서 한 번에 몇 사람에게만 주의와 관심을 집중하고, 그들로 하여금 특별할 것 없는 그들의 삶의 일상적이며 중요하지 않아 보이는 자료를 점검하고 그 안에서 은총의 임재와 구속의 이야기를 발견하도록 권면하는 목회 사역의 한 사례다. 하시드(Hasid, 유대교 신비주의 운동인 하시디즘에 참여한 사람—옮긴이)였던 베르디체프의 레비-이착Levi-Yitzhak of Berditchev에 관해 "가난한 사람, 무지한 사람, 사회적 부적응자들이 그를 따랐다. 그와 함께 있을 때 그들은 자신이 중요하다고 느낄 수 있었다. 그는 그들에게 가장 필요했던 것, 즉 존엄성을 부여했다"라고 전해진다.[27] 그러나 그렇게 한 다음 목회자는 다시 그들을 산으로 이끌어야 한다. 그곳에서 그들은 구속 받은 이들과 더불어 더 큰 기쁨을 나누고 하나님 백성의 더 큰 사명을 배울 수 있다. "말뚝을 견고히 한" 후에는 "장막 줄도 길게 늘여야 한다"(사 54:2).

처음 읽었을 때 룻기의 결론은 얼핏 진부하게 들린다. "…그들은 아기에게 오벳이라는 이름을 지어주었다. 그가 바로 이새의 아버지이자 다윗의 할아버지였다"(4:17).[28] 그런 다음 이런 부록을 덧붙인다.

> 베리스의 계보는 이러하다. 베레스는 헤스론을 낳고, 헤스론은 람을 낳고, 람은 암미나답을 낳고, 암미나답은 나손을 낳고, 나손은 살몬을 낳고, 살몬은 보아스를 낳고, 보아스는 오벳을 낳고, 오벳은 이새를 낳고, 이새는 다윗을 낳았다. (4:18-22)[29]

처음에는 이렇게 생동감 넘치는 이야기에 전혀 걸맞지 않게 무기력해 보이던 결말은 깊이 묵상할수록 살아 숨 쉬는 맥박을 느낄 수 있다. 이 결론부에서는 너무나도 짧고 간결한 문체로 개인적인 구원에 대한 이렇게 놀랍도록 친밀한 깨달음을 하나님의 길에 관한 더 위대한 그림 안에 끼워넣는다. 룻기는 그 자체로도 하나의 이야기지만, 그것만 읽으면 복음의 이야기가 아니다. 이 책은 우주적 구원 서사 속에 들어 있는 하나의 탁월한 세부항목이다. 족보는 동떨어진 장소에서 동떨어진 사람들 사이에서 하나님이 어떻게 일하시는지를 미시적으로 검토하는 것으로부터 하나님의 방식의 광대한 영향력을 거시적인 전망으로 전환하도록 도와주는 문학적 장치다. 족보는 그 자체에 대해 주의를 환기하지 않으며, 이야기의 강렬함과 중요성, 온전함을 약화시키지 않으면서 그런 목적을 달성한다. 그것은 그저 "이제 하나님이 행하신 모든 일, 그분이 하실 일, 그분이 다른 모든 민족과 더불어 다른 모든 곳에서 하고 계신 일에 대해 듣고 찬양하는 오순절의 공예배로 돌아갈 시간이다"라고 말할 뿐이다. 에밀리 디킨슨Emily Dickinson의 말처럼 "쌀먹이새를 찬양대로 삼고 과수원을 보좌로 삼아 집에 머물며"[30] 안식일을 지키는 것이 매력적으로 들릴지는 몰라도, 그것에 탐닉할 때 편협하고 독단인 영성, 쉽게 물리고 마는 감상적인 영성에 빠지고 만다.

따라서 룻기에 부록처럼 덧붙인 족보는, 쓸모가 없다고 우리 몸에서 떼어버리는 맹장과 달리 매우 중요한 기능을 한다. 이것을 덧붙인 이야기꾼은 그것이 어떤 영향을 미칠지 매우 잘 알고 있었다.

너무나도 많은 사람들이 지루하게 느끼는 성경의 족보는 사실 이야기의 가장 흥미진진한 부분을 기록하고 있다. 왜냐하면 복음은 얼굴 없고 이름 없는 군중이 아니라 인격체들에 관해 이야기하고 있기 때문이다. 구원의 역사 속에는 숱한 이름이 등장한다. 이름을 부르는 것은 인격적인 사랑, 독특한 친밀 관계, 정확한 책임을 위해 한 사람을 부르는 이야기 형식이다. 성경에서 족보를 선호하는 것은 젠체하는 의고주의擬古主義가 아니라, 인격적 접촉에 대한 모색, 즉 그 안에서 하나님이 구원을 이뤄가시는 관계의 망 속에서 사람들이 어떤 위치를 차지하고 있는지를 알아보고자 하는 노력이다.

위대한 이야기꾼인 조지 맥도널드George MacDonald는 이름이 얼마나 중요한지를 알고 있었다. 계시록 2:17("이기는 사람에게는 내가… 흰 돌도 주겠다. 그 돌에는 새 이름이 적혀 있는데, 그 돌을 받는 사람밖에는 아무도 그것을 알지 못한다")을 강해하면서 그는 이렇게 썼다.

> 새 이름이 적힌 흰 돌을 준다는 것은, 그 사람에 관한 하나님의 생각을 그 사람에게 전달한다는 말이다…. 참된 이름은 그 이름을 가진 사람의 성품, 본성, 의미를 표현하는 이름이다…. 누가 사람에게 그 사람의 참 이름을 줄 수 있겠는가? 오직 하나님뿐이시다. 그 사람이 어떤 사람인지를 아시는 분은 하나님밖에 없기 때문이다…. 하나님이 한 사람이 적힌 돌을 주는 것은, 그 사람이 그의 이름에 걸맞은 사람이 될 때뿐이다. 그때 처음으로 그는 자신의 이름이 뜻하는 바를 이해할 수 있기 때문이다.[31]

예수님의 족보를 이야기하는 마태복음 1장은 룻기 4장과 비슷하다. 마태의 족보는 다말과 라합, 룻, 밧세바 등 네 사람의 여인을 끼워넣음으로써 남성의 이름만을 열거하는 전통적인 족보에 혼란을 초래한다는 점에서 매우 이례적이다. 이 이름들은 이방인이거나 부도덕하거나 바람직하지 않지만 (그럼에도 불구하고, 혹은 그렇기 때문에?) 메시아의 족보에 포함되었다. 구속사는 창의적이며 통합적이다. 당신의 어머니가 누구였는지는 전혀 중요하지 않다. 누구든 이 가족 안으로 들어올 수 있다. 누구의 개인적 이야기이든지 이 가족의 이야기로 통합될 수 있다. 족보의 목적은 하나님이 그분의 피조물 안에서 구속을 이루어 가시는 방식이 무한히 광범위함을 보여주는 것이다.

현대 히브리 역사가인 예헤즈켈 카우프만Yehezkel Kaufmann은 "메시아에 대한 계시에는 족보에서 잃어버린 정보에 관한 계시도 담겨 있을 것"이라는 오래된 유대교 전승에 관해 이야기한다.[32] 이것은 목회 사역에 시사하는 바가 매우 크다. 왜냐하면 목회적 대화에서는 이름 자체에 주의를 기울여 정체성을 강화시키는 것뿐만 아니라 사람들로 하여금 그들의 이름이 이 족보에 포함되어 있음을 깨달을 수 있도록 돕는 것이 중요하기 때문이다. 즉, 비록 국외자일지라도, 무가치하다고 느낄지라도, 그들은 여전히 하나님의 구원 계획 안에 있기 때문이다. 그들의 이름이 메시아의 족보 안에 적혀 있다. 전체적으로는 "지금도 계시고 전에도 계셨고 앞으로 오실… 알파요 오메가[처음과 끝]"이신 메시아의 이야기지만(계 1:8), 그들이 참여하는 이야기이기도 하다. 그들 역할이 아무리 작을지라도 결코 흥미롭지 않거나 중요하지 않은 것은 아니다.

"이야기하기는 언제나 한 사람의 기원을 찾는 방법이 아닌가?"[33] 나의 기원이 하나님 안에 있음을 확신할 때, 내 미래 역시 그분 안에 있음을 굳게 확신할 수 있으며, 그런 확신은 내가 현재 믿음으로 살 수 있는 조건을 제공한다. 만약 이야기를 통해 진지하게 받아들여야 할 바를 경험할 수 있고, 족보를 통해 내 삶이 구원의 이야기의 일부임을 깨달을 수 있다면, 나는 확신을 갖고 살아갈 수 있다. 내 삶의 몇몇 세부사항이 분명히 서술된 구원의 이야기와 결속되어 있음을 인식할 때 나는 이제 모든 세부사항의 의미를 알지 못해도 괜찮다. 만약 내가 분명한 의미를 지닌 실존의 한 부분임을 알고 있다면, 나는 더 이상 모든 느낌과 몸짓, 고통의 의미를 꼼꼼하게 알아내야 할 필요가 없다. 만약 이야기가 존재한다는 확신만 있다면, 나는 이야기 전체를 알아야 할 필요가 없다. 다시 말해서, 족보는 룻과 나오미, 보아스를 목회적 상황으로부터 구원의 역사 속으로 밀어넣음으로써 이 이야기가 그들이 우연히 말려들어간 사랑 이야기가 아니라 하나님이 오랫동안 써오셨으며 앞으로도 계속 써내려가실 구속의 이야기임을 보여준다.

자신의 이야기가 이처럼 다른 이들의 이야기와 연결되어 있는 모든 사람들은 믿음으로 살아갈 힘을 얻는다. 더 이상 의미와 일관성, 목적과 목표가 존재하는지 확신하기 위해 모든 것을 알아야 하거나 주위의 모든 사람을 통제할 필요가 없어진다. 왜냐하면 C. S. 루이스가 말했듯이, "우리는 전방을 등진 채 차에 올라 타 있다. 우리의 여정이 어느 단계에 와 있는지 우리는 도무지 알 수가 없다…. 이 이야기는 전체를 다 듣고 난 후에야 비로소 이해할 수 있는 바로 그런 종류의 이야기다."[34]

족보는 이름을 강조하는 동시에 기원(이는 목적지도 내포한다. 우리에게 조상이 있다면 후손도 있을 것이다)에 대한 관심을 집중하기 때문에, 개인의 이야기가 그 자체에만 몰두하지 않도록 해준다. 아무리 매력적이며 복잡하더라도 룻기는, 심지어는 그 속에 등장하는 인물에게도 이야기의 전부가 아니다. 마을 여인들이 룻이 "라헬과 레아처럼" 되기를 기도할 때, 베들레헴의 작은 동네는 하나님의 광대한 구원 사역이라는 신학적 역사의 주류 안으로 들어와, 예배에서 행하는 언약에 대한 설교와 찬양을 통해 선포되고 기념되었다.

목회 사역에서는 사람들과 협력해 그들의 이야기를 만든 후에 그들로 하여금 강단과 성찬대, 세례반 가까이로 되돌아오게 한다. 그곳에서 그들은 자기 신앙의 계보가 뒤로는 베레스로부터 다윗(과 그리스도!)으로 이어짐을 발견한다. 더 장기적인 관점에서 이해할 때만 기독교 신앙은 성숙해진다. 복음은 개인적인 성공과 만족보다 훨씬 더 많은 것이 포함된다. 그 안에는 십자가라는 거대한 사업이 포함된다. 예배당 안에서는 모든 것이 여전히 개인적이지만 그 어느 것도 누군가의 환경이라는 한계 속에 갇히지 않는다.

이것은 무엇을 뜻하는가?

몇 백 년 동안 목회자가 맡은 임무는 "사람들로 하여금 좋은 죽음을 맞도록 준비시키는 것"이었다. 여전히 그것은 목회 사역에서 무가치한 목적이 아니다. 그러나 정말로 터무니없는 것은 죽음 자체가 아니라 그토록 많은 사람들이 끔찍한 삶을 영위하고 있다는 점이다. 사람들이 자신의 삶을 이야기하도록 목회자가 도울 때 우리는 일관성 있는 자아감에 기여한다. 이 사람들은 자신의 노력과 삶이 그 순간 그들이 살아가는 실제의 환경 속에 의미가 있는 것임을 깨닫게 된다. 심지어 베들레헴에서도. 일상생활에 대한 충족되지 않는 배고픔을 가지고 있는 목회자들은 다른 사람들 역시 그런 욕구를 갖도록 돕는다. 그리고 그들로 하여금 가장 예상하지 못했던 곳에서 의미를 발견하고, 자신의 가정과 동네 안에서 극적인 이야기를 발견하며, 자신의 부모와 자녀의 삶 속에서 구원으로 이어지는 고리를 알아차릴 수 있도록 해준다.

폴 굿먼Paul Goodman의 〈작은 기도〉는 형식과 내용 모두에 있어서 목회 사역이 룻기에서 배워야 할 이야기 기법을 잘 포착하고 있다.

주님, 페이지마다 펼쳐지는 이야기 속에서
주님의 세계를 살았습니다.

나 자신의 목소리로 주님의 이야기를 합니다.
말할 필요도 없이 나는 부러워합니다.

주님의 이야기 속 장면들을
극적으로 연기하는 사람들을.
그렇기에 이야기는
나의 비참함이자 위대함*misère et grandeur*입니다.

우리 중 어떤 이들은
우리의 관점에서 그것이
우리의 유익을 위한 것이라고
주장하기도 합니다.[35]

주후 1세기에도 해마다 오순절 예배 때 룻기를 읽었다는 증거는 없다. 이런 관행에 대해 처음으로 언급한 기록은 주후 8세기가 되어서야 비로소 나타난다. 그러나 사도행전 2장에서 묘사하는 오순절에서는, 룻기 이야기를 시내산 계시와 더불어 읽었던 후대의 유대교 목회 전통이 보여주는 것처럼 장엄한 것과 평범한 것 사이의 결합이 일어났다. 성령이 강림하시고 모여 예배하는 이들을 기독교 교회로 만드신 오순절은 시내산 사건과 마찬가지로 모든 것이 웅장하고 극적이었다. 그러나 그 사건은 공적이며 장엄하기만 한 것은 아니었다. 그것은 내향적이며 인격적이기도 했다. 거기 있던 "이방인들"(열일곱 족속이 열거되고 있다)이 "우리가 다 우리의 각 언어로 하나님의 큰 일을 말함을 듣는도다"라고 말했기 때문이다(행 2:11, 개역개정).

"하나님의 큰 일"(오순절의 주제)을 "우리의 각 언어로"(릇기의 형식) 말할 때 교회가 생겨난다. "아주 오래된 이야기"가 순종과 신뢰, 사랑과 축복이라는 새로운 이야기를 통해 참신하게 표현되는 신앙 공동체가 생겨난다. "이야기를 듣는다는 말은 그 이야기와 함께 살아간다는 것을 뜻하지 않는가?"[36]

3부

고통을 나누는 목회사역
: 예레미야애가

고통은 피조물이 하나님께 버림받았다는 증거일 뿐 아니라 존재의 깊이에 대한 증거이기도 하다. 만약 타락하고 죄로 가득한 세상 속에 고통이 없다면, 세상은 결국 존재로부터 단절되고 말 것이다. 존재의 깊이는 고통 가운데 드러난다. 실존의 신비는 고통 속에서 계시된다…. 고통은 죄의 결과이자 징후인 동시에 죄로부터의 구속이자 해방이다. 이것이 바로 십자가에서 당하신 그리스도의 고통이 뜻하는 바다. 이것은 고통당하시는 하나님에 관한 모든 사상 속에 내재되어 있다. 그러므로 고통에 대한 우리의 태도는 복잡하다.

_니콜라스 베르쟈에프 Nicolas Berdyaev[1]

다른 많은 것들 중에서도 목회 사역은 고통을 가장 인격적이며 친밀한 방식으로 대하겠다는 결단이다. 목회 사역에서는 고통을 최소화하거나 피할 방법을 찾으려고 하지 않는다. 고통을 설명할 방법을 찾는 데 별로 관심이 없다. 고통을 치유할 방법을 찾으려고 하지도 않는다. 목회 사역에서는 고통에 참여한다. 그것은 고통의 경험 속으로 뛰어드는 의식적이며 의도적인 행위다. 그런 결단은 목회 사역을 만들어낸 성경에서 기원하며 성경 안에서 그 온전한 모습을 유지한다.

성경 계시에서는 고통을 설명하지도 않으며 제거하지도 않는다. 대신 하나님이 고통당하는 인간의 삶 속으로 들어오셔서 고통을 받아들이고 나누시는 것을 보여준다. 성경은 하나님의 강연이 아니다. 하나님은 불행하게 고통당하는 이들을 향해 손가락을 가리키며, "내가 그러지 않았더냐. 여기, 여기, 여기서 네가 잘못을 했다. 이제 넌 그 대가를 치러야 해"라고 말씀하지 않으신다. 또한 5개년 계획(혹은 더 광대한 규모로는 경륜)을 통해 한 단계씩 고통을 차츰 제거할 수 있도록 하나님이 주신 계획도 아니다. 더 많은 고통으로부터 더 작은 고통으로 넘어가는 진보 같은 것은 없다. 이집트 노예 상태로부터 광야의 방황으로, 왕이 없는 무정부상태로, 아시리아에 의한 함락으로, 바벨로니아 유수幽囚로, 로마에 의한 십자가형으로, 네로 황제와 도미티아누스 황제에 의한 대학살로 이어졌을 뿐이다. 고통은 거기에 있으며, 고통당하는 이가 있는 곳에 하나님이 계시다.

> 그는 실로 우리가 받아야 할 고통을 대신 받고,
> 우리가 겪어야 할 슬픔을 대신 겪었다.
> (사 53:4)

하나님이 역사하시는 방식에 대한 이해로부터 그 자체에 대한 정의를 발견하고 그 지침을 얻는 목회 사역은 성경의 기록을 통해 하나님이 고통에 대해 어떻게 반응하시는지를 대단히 분명히 인식한다. 더 나아가 그에 대한 인식을 고통에 대한 목회적 반응의 방향성과 그에 대한 관점으로 삼고, 목회 사역을 고통의 경험을 나누는 일로 이해한다.

그러나 이것은 어려운 과제다. 특히 목회자가 위신이 실추되거나 영적으로 실패했다는 의심을 받지 않으면서 추구할 수 있는, 문화적으로 용인된 대안이 존재하기 때문에 더욱더 그러하다. 사실 대안을 추구할 때, 대개 공동체 안에서 위신이 더 높아지며 교회 안에서 더 존경을 받게 된다. 대안은 더 쉬우며, 고통당하는 이들도 예상하고 있고(심지어는 이를 부추기기도 하고), 거의 언제나 더 수지가 맞다. 우리는 고통에 관해 필립 리프Philip Rieff가 "심리 요법의 승리"라고 부른 것에 의해 특징이 지워지는 문화 속에서 사역하고 있다.[2]

인간으로서 고통에 참여하기가 어렵다는 점과 고통을 기피하라는 문화적 압력에 직면해 고통에 대해 성경적, 목회적 반응을 유지하고자 한다면, 원천으로부터 지속적으로 자양분을 공급받아야 한다. 뚜렷한 입장을 견지하고 활기찬 반응을 유지하기 위해서는 끊임없이 성경으로부터 피드백을 받아야 한다.

배경

예레미야애가는 고통에 참여하는 사역에 특히나 적합한 문서다. 주전 587년에 거룩한 도성 예루살렘이 바빌로니아 군대에게 함락되었다. 지도자들과 많은 사람들이 960킬로미터의 망명길을 걸었다. 그것은 기념비적인 규모의 재앙이자 고통이었다. 예레미야애가는 죽음을 애도하는 장례예식이다.

예루살렘 함락으로 인한 고통의 강도와 복잡성은 도저히 과장할 수 없을 정도로 엄청났다. 상실은 전면적이었다. 학살이 횡행했다. 식인과 신성 모독은 파괴된 예루살렘 거리에 만연한 쌍둥이 공포였다. 자포자기에 빠져 무고한 아이들을 죽이는 모습을 통해 인간의 가치에 대한 희망을 완전히 잃어버렸음을 알 수 있고, 성난 사람들이 제사장들을 죽이는 모습은 하나님의 뜻을 존중하는 태도를 철저히 잃어버렸음을 알 수 있다. 몸과 영혼, 개인과 민족에게 일어날 수 있는 최악의 상황이 여기서 일어나고 있다. 그야말로 고통의 가장 밑바닥이었다.

주님, 살펴주십시오.
주님께서 예전에 사람을 이렇게 다루신 적이 있으십니까?
어떤 여자가 사랑스럽게 기른 자식을
잡아먹는단 말입니까?
어찌 주님의 성전에서,

제사장과 예언자가 맞아 죽을 수 있습니까?

젊은이와 늙은이가
길바닥에 쓰러지고,
처녀와 총각이
칼에 맞아 넘어집니다.
주님께서 분노하신 날에,
그들을 사정없이 베어 죽이셨습니다.

주님께서는 내가 두려워하는 것을,
마치 명절에 사람을 초대하듯,
사방에서 불러들이셨습니다.
그래서 주님께서 분노하신 날에,
피하거나 살아남은 사람이 아무도 없습니다.
내가 사랑으로 고이 기른 것들을
내 원수들이 모두 죽였습니다.
(2:20-22)

이스라엘은 해마다 예배 행위—아빕월 제9일에 행하는 금식—를 통해 예루살렘의 함락을 기억함으로써 공동체의 삶 속에서 이 사건을 계속해서 새롭게 경험했다. 이 금식에서는 참회의 예식을 통해 큰 심판을 국가적 치욕과 고통의 시간으로 해석한다. 황폐해졌던 경험을 기억하고 하나님의 심판이라는 현실을 묵상하는 시간이다. 심판의 하나님의 능력을 선포한다는 점에서 이 금식은 케리그마적이다. 즉, 하나님은 죄를 심각하게 여기신다. 죄를 범할 때 우리는 자연적인 결과(바빌로니아 군대가 가한 고통)뿐만 아니라 하나님의 진노(하나님의 분노와 우리의 죄책감)라는 문제도 다뤄야 한다. 해마다 아빕월 제9일에는 이 사건을 기억하며 진리를 선포했다. 애가가 목회 사역의 지침이 되는 것은 바로 이 맥락에서다.

아빕월 제9일에 읽는 말씀으로 정해진 예레미야애가는, 일반적으로 고통의 문제를 다룰 때 하나님으로부터 벗어나려는 죄책감이 아니라 그분을 향한 죄책감을 수반하는 절망을 이끌어내고자 한다는 점에서 목회 사역의 기능을 한다. 그렇게 함으로써 애가는, 기쁘시게 하기 어려운 하나님을 기쁘시게 해야 한다는 강박적인 염려 때문에 지나치게 양심의 가책에 시달리는 태도를 갖지 않도록 막아준다. 고통 자체가 한 개인으로 하여금 하나님과 더 깊은 관계로 나아가도록 이끌지는 않는다. 그 반대의 작용을 해 사람을 비인간화하고 쓰라린 마음을 품게 하기가 쉽다. 고통을 경험하는 사람은 그 경험을 하나님의 거부로 잘못 해석하여, 하나님이 죄를 미워하기 때문에 죄인도 미워한다고 결론을 내릴 수도 있다. 하나님의 심판을 진지하게 받아들이는 모든 종교에서는, 심판과 자비가 서로 반대되지 않고 보충한다는 것을 믿을 만하게 증명함으로써 하나님의 자비를 생생하게 그려내는 목회적 책무를 강조한다.

목회 사역의 책무는, 절대로 죄책감이라는 인간적 현실을 피하거나 심판이라는 신적 현실을 부인하지 않으면서 사람들을 위로하는 것이다. 그렇게 하는 법을 배우기에 애가보다 더 좋은 것은 없다. 고통 가운데서 애가는 그분의 백성을 사랑하시는 하나님께 주의를 집중하며, 그렇게 할 때 심판이 비인격적이지도 않고, 신경증 환자의 죄책감도 아니며, 그저 일반적인 불운도 아님을 깨닫게 해준다. 이 책에서는 고통이 정확히 어떻게 일어나는지에 세심한 주의를 기울인다. 심판 직후에 뒤따라오는 감정을 정말로 진지하게 받아들인다. 그런 다음 이 고통과 감정을 하나님에 대한 반응으로 승화시킨다. 따라서 고통은 긍휼에 다가갈 수 있는 기회가 된다. 애가에서는 상처를 입히고 상처를 싸매시는 하나님, 십자가와 부활의 하나님과 구원의 관계를 맺도록 돕는 목회적 공감을 형성한다.

형식

애가의 형식은 그 기능과 밀접하게 연결되어 있다. 즉, 이 책의 문학적 형식은 그 내용만큼이나 중요하다. 애가는 각 행의 첫 글자가 히브리 알파벳 순서로 되어 있는 답관체踏冠體, acrostic로 구성된다. 다섯 탄원시는 시편 119편과 더불어 성경에서 가장 정교한 답관체 구조를 가지고 있다. 첫 네 시는 각각 온전한 답관체를 이룬다. 다섯 번째 시는 답관체는 아니지만, 히브리 알파벳의 개수와 일치하는 22행으로 이뤄져 있어 답관체 형식을 암시한다. 가운데 장인 3장에서는 각 연의 첫 행뿐만 아니라 세 연 모두가 그 연에 해당되는 알파벳으로 시작한다.

고통보다 더 즉각적이고 개인적인 감정은 없다. 그렇다면 어떻게 이렇게 정교한 구조를 갖춘 답관체가 애가에 적합한 것일까? 답관체라는 기교가 고뇌에 찬 애가에 필요했을까?

답관체를 사용하는 가장 흔한 이유는 기억하기 쉽게 하기 위함이다. 그러나 여기서는 그것이 이유일 리가 없다. 그 이유는 슬픔과 절망을 완전히 표현해내기 위해서다.[3] 답관체에서는 끈기 있게 그리고 주의 깊게 알파벳의 각 글자를 하나씩 짚어가며 고통의 이유를 살펴본다. 고통의 모든 세부사항을 검토한다.

다른 사람의 고통을 대하는 가장 흔한 방식 중 하나는, 그것을 가벼이 여기며 그럴싸하게 그것을 설명해버리고 지름길을 통해 그것을 지나쳐가려고 하는 것이다. 그것이 너무나도 고통스럽기 때문에 우리는 서둘러 반대쪽에 이르려고 한다. 애가는 그런 태도를 확실히 막아주는 구조를 가지고 있다. 탈무드에서 자주 사용하는 관용구 중에 율법(토라)을 알레프에서 타브까지, 즉 A부터 Z까지 지킨다는 말이 있다.[4] 애가에서는 고통에 주의를 집중하는 일에 이 관용구를 적용한다. 하나님이 하시는 모든 말씀에 주의를 집중하는 것은 중요하다. 그러나 특히나 그 감정이 고통처럼 아픔과 당혹감으로 가득하다면, 남자와 여자들이 느끼는 모든 것에 주의를 집중하는 것 역시 중요하다.

답관체는 고통을 진지하게 받아들일 수 있게 해주는 구조다. 끝없는 인내심을 가지고 고통에 귀를 기울이고 주의를 집중하는 태도는, 애가가 답관체 구조의 시라는 사실뿐만 아니라 답관체 형식을 반복한다는 사실을 통해 강조된다. 애가에서는 그 이야기를 다시, 다시, 다시, 다시, 다시—다섯 번—한다.

첫 시는 바깥에서 볼 때 시온의 고통이 어떤 모습인지를 묘사하는 것으로 시작된다.

예전에는 사람들로 그렇게 붐비더니,
이제는 이 도성이 어찌 이리 적막한가!
(1:1)

이 시는 안으로부터 그 고통이 어떻게 느껴지는지를 울부짖어 이야기함으로써 마무리된다.

길 가는 모든 나그네들이여,
이 일이 그대들과는 관계가 없는가?
주님께서 분노하신 날에 내리신 이 슬픔,
내가 겪은 이러한 슬픔이, 어디에 또 있단 말인가!
(1:12)

이런 울부짖음은 연민의 마음으로 위로하는 태도에서 고통을 공감하는 태도로 바뀌었음을 보여준다.

2장에서는 고통의 범위를 하나님의 진노의 영역으로 확장시킨다. 분노보다 더 불쾌하며 더 대면하기 어려운 감정은 없다. 하나님의 분노를 대면해야 할 때 그 어려움은 엄청나다. 답관체 형식은 주의를 기울이는 자세를 유지하게 해준다. 생각할 수 없던 것도 하나씩 나열하게 해준다. 감추거나 피하거나 에둘러 말하고자 하는 욕망—이 모든 것이 거부당하며, 하나님의 진노와 그 결과로 파괴된 도시를 대면해야만 한다.

주님께서 어찌 이렇게 진노하셔서
도성 시온의 앞길을 캄캄하게 하셨는가?
(2:1)

주님께서 이스라엘의 원수라도 되신 것처럼,
그를 삼키시고,
모든 궁을 삼키시고
성채를 부수시어,
유다의 도성에
신음과 애통을 더하셨다.
(2:5)

3장은 세 행으로 이뤄진 연의 각 행이 같은 글자로 시작하게 함으로써 답관체를 더욱 강화시킨다. "…3장에서 갑자기 한 남자가 나타난다! 결국 한 사람은 자신이 개인적으로 경험한 것을 가장 깊이 애도할 수 있다. 그 결과는 절망의 표현—세 번째로—이지만, 이것이 가장 깊은 절망의 표현이다."[5] 이 장은 가장 개인적인 애가이며, 개인의 목소리가 매우 뚜렷이 들린다.

나는 하나님의 진노의 몽둥이에 얻어맞고,
고난당하는 자다.
(3:1)

더 이상 바깥에서 방관자처럼 애도하지 않는다. 이제 안으로부터 애도가 시작된다. 40-47절에서("우리가 스스로 우리의 행위들을 조사하고…", 개역개정) 1인칭 복수로 짧게 확장하는 것을 제외하면, 이 장 전체에서는 1인칭 단수를 사용한다. 몇 문장이 지나면 다시 1인칭 단수를 사용하면서("나의 눈에서 눈물이 냇물처럼 흐릅니다…"[48절]) 집중적으로 고통을 당하는 개인의 감정을 강조한다.

4장에서는 이전 시들의 강렬한 감정을 누그러뜨리며 3인칭으로 돌아간다. "더 평범한 어조를 띤다."[6] 이런 변화는 시의적절하다. 인간의 가슴은 3장에서 보여주는 그런 강렬한 감정을 유지할 수가 없다. 답관체라는 장치는 고통을 계속해서 탐구하게 하지만, 이제는 고통을 멀리에서 바라보게 한다.

> 아, 슬프다. 어찌하여 금이 빛을 잃고,
> 어찌하여 순금이 변하고,
> 성전 돌들이
> 거리 어귀마다 흩어졌는가?
> (4:1)

이미지는 반복되기 시작한다. 비유는 익숙한 모습을 띤다. 고통의 복잡성과 공포를 표현하기 위해 처벌과 병, 전쟁, 투옥, 야수의 이미지가 사용된다. 고통에 이름을 붙이는 것은 그것으로부터 회복되기 위한 첫 단계다. 비유는 고통을 손잡이를 달아 그것을 쥐고 하나님께 건네드릴 수 있게 해준다.

> 고통이라는 감정에 대해 우리가 분명하고 정확한 그림을 그리자마자 그 감정은 고통이기를 그친다.[7]

5장은 기도다. 앞에서도 탄원시에 기도가 가끔 끼어들었지만 길게 이어지지 않았다. 마지막 애가에서는 모든 문제를 하나님 앞에 내어놓는다. 이 애가는 세 가지 점에서 앞의 애가들과 다르다. 이 애가는 더 짧다. 22행밖에 되지 않는다. 엄밀히 말해 답관체 형식이 아니다. 알파벳 순서를 따르지 않지만, 히브리 알파벳 개수와 같은 22행으로 구성된다는 점에서 답관체의 영향이 느껴진다. 그리고 격정적인 키나 운율(각 행의 전반부가 후반부와 3대 2의 비율로 더 긴 운율—옮긴이)을 버리고, 평범한 기도에 사용하는 더 부드럽고 균형 잡힌 3/3조를 취한다. "인간의 가능성이 소진될 때 하나님의 가능성이 분명해진다."[8]

답관체는 바로 이런 기능을 한다. 슬픔을 체계화하고, 슬픔의 원인을 하나씩 끈기 있게 되짚으며, 고통의 세부사항이 각각 중요한 의미를 지닌다고 주장한다. 아픔을 명명한다. 그것을 규정하고 객체화한다. 답관체 구조로 배열할 때 고통은 더 이상 집착하는 마음이 아니고, 더 이상 통제하려는 마음이 아니다. 마음속의 무정부상태를 표현하는 키나*kinah* 운율의 거친 리듬은 하나의 예술작품이 되는 질서 안에 끈기 있게 배열된다. 손턴 와일더Thornton Wilder의 《테오필루스 노스*Theophilus North*》의 등장인물인 에드위나Edweena는 "우리가 그것을 속속들이 이해할 때… 우리가 하는 실수는 우리를 별로 다치게 하지 않는다"라고 말한다.[9]

애가의 답관체 형식은 작은 고통 하나하나에 공감하는 동시에 그 고통의 끝을 바라볼 것을 권면하는 목회 사역의 본보기를 보여준다.

주님의 진노는 잠깐이요, 그의 은총은 영원하니,
밤새도록 눈물을 흘려도,

새벽이 오면 기쁨이 넘친다.

(시 30:5)

답관체 형식은 아무것도 빠뜨리지 않게 해주지만, 동시에 반복의 한계를 설정해준다. 만약 악에 시작이 있다면 끝도 있다. 히브리 알파벳에는 22개의 글자밖에 없다. 그 글자를 다 사용했다면 처음으로 돌아가 다시 시작할 수 있다. 그러나 몇 차례 반복을 하고 나면, 그 영역을 모두 다루었음을 깨닫게 된다. 슬픔과 고통은 무한하지 않다. 모든 심각한 불안과 질병, 상처, 상실은 당하는 그 순간에는 영원히 계속되고 끝없이 악화될 것처럼 느껴진다. 그러나 사실 그렇지 않다. 치유나 죽음이 찾아올 것이다. 삶이 끝나거나 고통이 끝날 그 시간이 올 것이다. 고통이 끝나지 않을 것 같은 주관적인 감정은 사실 틀린 것이다. 그러나 어떻게 그것을 전달해야 하는가? 그저 누군가에게 내일은 더 나아질 것이라고 말하거나 충분히 오랫동안 견뎌내기만 한다면 모든 것이 괜찮아질 것이라고 말하는 것은 전혀 유익이 되지 않는다. 애가는 고통을 답관체 형식 안에 담아냄으로써 고통이 끝이 없을 것 같다는 느낌을 다루는 하나의 본보기를 제시한다. 셀 수 있으며 알파벳 순서로 된 하나의 도식이 있다. 즉, 당신이 지금 A에 있다면, 비록 아직 갈 길이 아주 멀지만 당신은 Z가 존재한다는 것을, 결국 이 또한 끝이 나리라는 것을 안다. 애가의 답관체 형식은 경계를 지닌 고통에 하나의 배경을 제공한다. 간접적이며 비언어적인 수단을 통해 고통의 유한함을 전달한다. *Fluant lacrimae, sed eadem et desinant*! 눈물이 흐르게 하라. 하지만 또한 눈물이 멎게 하라!

목회자들은 여러 방식으로 이를 행한다. 그 사람을 다시 만날 약속을 잡고 비극이나 슬픔의 이야기를 다시 듣는 단순한 행위를 통해 그의 경험에 경계를 설정하기 시작한다. 그로부터 3일이나 7일 후에 또 다른 약속을 잡는 매우 평범한 행위를 통해 고통당하는 이의 혼돈 속으로 질서가 침투하기 시작한다. 예정된 약속을 달력에 표시해둠으로써 산산이 부서지고 엉망진창이 된 삶의 무질서 속에 순서가 끼어든다. 고통의 경험을 거듭 돌아보는 시간의 꾸준한 반복으로 온전함을 회복하기 시작한다. 그런 시간에는 말하는 내용만큼이나 그 말을 하는 구조("매체가 곧 메시지다")도 중요하다.

또한 답관체 형식은 고통에 끝이 있다는 생각을 전달함으로써 목회적 기능을 수행한다. 처음에는 사람들이 이야기하기 원하는 만큼 오랫동안 이야기하게 하고 그들의 말에 귀를 기울여야 할 이유가 있다. 그러나 두 번 이상은 안 된다. 그후에는 약속한 시간 내에 대화를 끝내야 한다. 목회자는 해야 할 일이 너무 많으므로 시간을 미리 정해두어야 한다는 말이 아니라, 슬픔을 끝내고, 한계 안에 두고, 정해진 틀 안에서 이야기해야만 하기 때문이다.

예레미야애가가 고통을 진지하게 받아들인다는 사실은 이론의 여지가 없다. 고통의 내용 하나하나에 주목한다. 고통의 내용을 끈질기고 자세히 추적한다. 그러나 마침내는 "이제 충분하다"라고 말한다. 악은 끝없이 계속되지 않는다. 그것은 무한하지 않다. 그것은 평생 우리가 주의를 집중할 만한 가치가 없다.

타이밍이 중요하다. 만약 너무 일찍 끝내자고 하면, 사람들은 자신의 고통이 진지하게 받아들여지지 않았음을 알 테고, 따라서 그 고통이 의미 없는 것이라고 결론 내릴 것이다. 그러나 만약 너무 오래 지속될 때, 목회자는 신경증적 반응에 대한 부속물, 온전함을 방해하는 삶의 불완전한 조정 장치에 불과한 존재가 되고 말 것이다. "어떤 이들은 건강하지 않은 몸을 중요한 사람으로 대우받기 위한 수단으로 삼는다."[10]

악을 진지하게 여길 뿐만 아니라 그것을 제어하고자 한다면, 목회자에게 이러한 통찰은 필수적이다. 창세기와 욥기, 시편, 이사야에는 혼돈에 질서를 부여한다는 성경적 주제가 반복적으로 등장한다. 바빌로니아의 괴물 라합(혹은 티아맛)은 온 하늘에서 몸부림을 치며 깊은 바다를 휘젔지만, 마침내는 결박당해 제자리에 놓인다(계 20:1-3). 악을 인정하고 악에 대담하게 맞선다. 그러나 악이 하나의 집착이 되도록 내버려두지 않는다. 악에 관해 염려하기를 그칠 때가 온다. 고통당하는 이에 대한 목회에서는 그가 당하는 고통의 의미를 인정해야 한다. 그러나 그 고통이 궁극적인 의미를 갖는다고 생각하도록 내버려두어서는 안 된다.

역사

격정으로 가득한 문서인 애가가 언제나 역사와 맞닿아 있다는 사실은 놀랍다(그리고 중요하다). 성경 안에서 애가만큼 많은 감정을 담고 있는 책은 없다. 그러나 감정은 다 실제 사실로 거슬러 올라갈 수 있다. "애가의 시들과 587년의 사건 사이의 관련성은 잘 입증된 바 있다."[11] 고통은 초현실주의적인 악몽이 아니다. 그것은 냉정한 산문으로 묘사할 수 있으며 평범한 사람이 논의할 수 있는 제재題材로부터 시작되었다. 고통은 위치를 파악할 수 있는 장소와 연대를 추적할 수 있는 시간 속에서 발생한다.

애가에서 감정은 강렬하지만, 사실은 확고하다. 각각의 감정이 사실에 단단히 고정되어 있다. 다시 말해서 고통을 어느 한 순간에도 단순한 감정이 되도록 내버려두지 않는다. 절대로 불안에 독립적인 현존을 부여하지 않는다. 노먼 고트월드Norman Gottwald는 열왕기하 25장의 예루살렘 함락 이야기 속에 묘사한 열한 개의 역사적 일화를 애가에서도 확인할 수 있음을 꼼꼼히 추적했다. 포위, 기근, 도망치는 왕, 성전 약탈, 성전과 왕궁 및 주요 건물의 화재, 성벽의 파괴, 지도자들에 대한 살육, 유배당하는 주민, 외국의 도움에 대한 기대와 그 기대의 좌절, 유다의 불안정한 정치적 동맹, 속주로 전락한 유다에 관한 이야기가 바로 그것이다.[12]

그러나 애가와 관련해볼 때 열왕기하 25장의 기능은 고통을 설명하는 것이 아니라 그 위치를 파악하는 것이다. 왜냐하면 역사적 자료로부터 단절될 때, 고통은 마치 기체가 방을 가득 채우듯이 사방으로 퍼져버리기 때문이다.

인명과 지명, 건물, 날짜는 고통을 결박하여 역사라는 틀 안에 가두는 수단이다. 고통은 고통이 일어난 장소를 많은 장소들 중 하나라고 가정한다. 그곳은 세상의 전부가 아니다. 그것은 역사 전체가 아니다. 예루살렘 함락보다 더 기념비적인 고통은 없다. 그러나 이것은 단 한 해에 걸쳐, 열한 항목으로 구성된 일련의 사건을 통해 발생했다. 물론 그 결과는 그해가 지나도 계속 영향을 미치지만, 그렇다고 그 영향력이 무한히 지속되는 것은 아니다. 예루살렘 함락 전에 수세기의 역사가 있었으며, 그 후에도 수세기의 역사가 있을 것이다. 아브라함과 모세가 배경에 있었으며, 전경前景에 해당하는 미래에는 메시아가 있을 것이다. 애가는 우주적인 상태가 아니라 역사적 사건이다.

목회자가 어려움을 당하는 사람을 만날 때, 목회 사역의 첫 단계는 고통 속으로 들어가 그 사람과 더불어 고통을 나누는 것이다. 그다음 책무는 정서적인 잔해를 치워내고 역사적인 기초를 드러내는 것이다. 모든 고통은 무언가에 의해 촉발된다. 고통의 행동 배후에는 연대를 추적할 수 있는 사건이 있다. 경멸의 말에 상처를 입혔던 것을 기억할 수 있고, 불의로 인해 해를 당했던 것을 묘사할 수 있으며, 상실의 시간을 정확히 짚어낼 수 있는 죽음이 있었고, 사람에 대한 거부를 법적으로 규정하는 이혼 판결이 있었다. 고통은 삶을 내파하며, 유산탄처럼 아픔을 흩뿌린다. 그 순간에는 상실이 절대적인 것 같지만, 점차 여전히 견고하고 안정된 많은, 아주 많은 것들, 사람들, 영역들을 인식하고 접촉할 수 있게 된다. 약함을 발견하고, 죄책감을 받아들이고, 책임을 인정하고, 살아남은 것에 감사할 수 있게 된다. 그러나 특정한 역사 속에서 터전을 유지하는 데 실패할 때, 고통은 헬륨이 가득한 풍선처럼 우리를 땅에서 끌어올려 감정이라는 기류와 호르몬 분비라는 기압에 따라 방향을 잃고 이리저리 떠다니게 만든다. 역사라는 버팀목이 없을 때 슬픔은 불안이 되고 마침내는 정신병이나 정서적으로 쓰라린 마음으로 변하고 만다. 역사가 필요한 것은 설명하기 위해서가 아니라 마음을 붙들어 매기 위해서다.

애가에서 역사의 기층을 드러내고 개별적인 고통의 경험 속에서 그 기층을 노출시키려고 하는 이유는, (고통당하는 이가 소망하고 목회자가 기도하는) 구원 자체가 언제나 그리고 어디에서나 나타나는 역사적 현상이기 때문이다. 구원은 결코 역사 바깥에서 일어나지 않는다. 신비한 황홀경이나 영지주의적인 각성을 통해 일어나지 않는다. 모든 선포는 역사적이다. 출애굽과 시내산에 나타나신 하나님, 가나안 정복, 시온의 대관식, 베들레헴에서의 탄생, 골고다에서의 십자가 죽음, 빈 무덤, 오순절 방언 등 모두가 역사적이다. 고통이 역사와 분리된다면 선포되는 메시지를 듣기가 쉽지 않을 것이다. 성경에서는 원시적인 순수함이라는 신화가 아니라 주전 1250년에 일어난 출애굽 사건으로부터 구속을 연역해낸다. 심판이란 묵시적인 대재앙을 가리키지 않으며, 주전 587년 예루살렘을 통해 심판의 현실을 인정한다. 따라서 하나님의 자비의 행위 역시 두 사건을 통해 발견되었고 하나님 백성의 평범한 나날 속에 충만하다.

어떤 점에서 그저 우리가 인간이기 때문에 고통을 받는다는 것도 사실이다. "불꽃이 위로 타오르듯이 인간은 고통 받기 위해 태어난다." 아담과 하와의 타락은 그 후손을 계속해서 괴롭히는 상처와 피해를 초래했다. 그러나 구체적인 고통의 사례—죽음, 우울증, 이별, 거부—에 대해서는 실제적이며 지역적이고 개인적인 역사의식을 발전시킬 수 있다. 애가에서 애통함의 배후에 존재하는 것은 아담의 타락이 아니라 예루살렘 함락이다. 이처럼 애통한 눈물을 흘리게 만든 것은 인류의 타락이라는 일반적인 상황이 아니라 바빌로니아의 침공에 따른 포위와 기근, 강간, 살인이라는 구체적인 조건이다. 역사로부터 단절될 때 고통은 그 원인에 비해 더 크게 부풀려진다. 사건으로부터 분리될 때 고통은 지적인 장난(고통의 문제에 관한 철학들)으로 변해버리거나 정서적인 문제를 일으켜 "현실 감각을 잃어버리는" 정신병에 이르게 한다. 역사에서 동떨어진 고통은 자기 연민에 빠지게 만든다. 주변 상황과 단절된 고통스러운 감정은 (이런 경우에는 어떤 감정이든지) 현실과의 접촉을 잃어버리게 하고, 정서적으로 혼란하거나 감각적으로 퇴폐적인 온갖 증상을 초래한다.

그러므로 애가의 시가 계속해서 역사라는 제재를 다루고 있다는 사실은 목회 사역에 유익하다. 폰 라트는 이렇게 말한다. "시는—특히 고대인들에게—탐미적 오락보다 훨씬 큰 의미를 지닌다. 그 안에는 역사적, 자연적 환경에 의해 제시된 자료를 지향하는 지식에 대한 절절한 갈망이 담겨 있다."[13] 폰 라트의 통찰은 애가와 잘 들어맞는다. 이 책에서 우리는 고통당하는 사람들이 끔찍한 경험으로부터 아름다운 예술 작품을 만들어내어 "자신을 표현하는" 모습을 볼 수 없다. 애가는 파괴적인 심판 속에서 구속의 뿌리를 찾고자 하는 노력이다.

역사에 흠뻑 잠겨 있는 애가를 깊이 묵상함으로써 목회자는 가용한 모든 비역사적 심리 요법으로부터 목회 사역을 방어하고 보호할 수 있다. 재노브의 "원초 울음" 요법(미국의 심리학자 아서 재노브[Arthur Janov]가 사용한 심리 요법으로서 원초 울음이란 아기가 태어나자마자 터뜨리는 최초의 울음을 말함—옮긴이)은 이런 유의 이른바 심리 요법의 대표적인 예다. 재노브와 수많은 그의 모방자들은 고통당하는 이로 하여금 그들의 인격에 겹겹이 쌓여 있는 분노와 원한, 상처를 분출하라고 권하며 그렇게 할 수 있는 분위기를 제공한다. 피상담자는 여름에 폭풍우가 내릴 때의 천둥과 번개처럼 질펀하게 감정을 쏟아낸다. 그런 다음 햇빛이 비치며 새가 노래한다. 놀라운 행복감이 뒤따른다. 감정의 정화가 있다. 그러나 치유는 없다. 있을 리가 없다. 왜냐하면 고통의 사실, 즉 장소와 인명, 날짜를 존중하지도 주목하지도 않기 때문이다. 한 친구가 개인적 문제, 결혼 생활의 문제, 직업의 문제 때문에 어찌할 바를 모르다가 주말마다 '울음' 요법에 참석하기 위해 뉴욕 시를 방문하기 시작했다. 결과는 놀라웠으며, 이틀에서 7일 정도 지속되었다. 한번은 그에게 "주말 동안 방 안에서 애가와 이사야 53장만 읽어보는 게 어때?"라고 말했다. 그는 무슨 말인 도무지 모르겠다는 표정으로 나를 쳐다보았다.

비록 더 힘들기는 하겠지만 그것이 훨씬 더 유익했을 것이다. 고통의 감정을 불러일으키고 그것을 직면하게 하는 데는 애가만한 책이 없다. 그 속에는 모든 추하고 까다롭고 고통스러운 감정이 있으며, 정화의 능력으로 그런 감정을 표현하고 있다. 하지만 거기에는 개인적인 역사도 있다. 애가의 모든 행은 열왕기하 25장에 대한 각주라고 말할 수 있다. 삶에서 평범한 것을 이루는 것들, 즉 장소와 날짜, 사건과 결정을 받아들인다. 하나님이 구원을 이루시는 것과 똑같은 조건 아래서—"본디오 빌라도에게"와 "3일 만에"—그 고통으로 울부짖는다. 만약 고통의 시가 고통의 산문으로부터 분리되어 있다면, 그것은 하나님이 그분의 일을 행하시는 공간으로부터 분리된 것과 마찬가지이며 감정적인 충동이자 탐미주의의 결과물일 뿐이다.

목회자가 ("잘 지내시나요?"라고 물은 후에) "무슨 일입니까?"라고 물을 때, 그것은 고통을 최소화하거나 "상황을 제대로 파악하기" 위함이 아니다. 오히려 그것은 고통을 실제적인 것에 고

정시키고 그렇게 함으로써, 우리가 성경의 이야기를 통해 알고 있듯이 역사적인 것 속에서 작동하고 있는 은총에 접근할 수 있게 하기 위함이다. 목회자는 슬픔에 동참할 뿐만 아니라, 공감과 대결, 긍휼과 증언을 결합함으로써 그 슬픔을 이미 일어난 일의 일상적 실체들과 연결시킨다.

분노

어떤 측면에서 애가가 인간의 고통에의 침잠이라면, 다른 측면에서 이 책은 하나님의 분노와의 대면이다. 애가 전체에서 하나님의 분노를 계속 언급하고 있고, 그에 대해 변호하지도 않으며 그로 인해 자기 연민에 빠지지도 않는다(1:12; 2:1-3; 2:6; 2:21; 2:22; 3:1; 3:43; 3:66; 4:11; 5:22). "많은 사람들이 진노를 표현하는 구약성서 어휘의 풍성함과 다양성을 지적해왔으며, 이 책에서는 그 표현들이 두루 사용되고 있다."[14]

목회에서 고통의 문제를 다룰 때 애가가 이토록 유용한 까닭은, 이 책이 하나님의 분노를 철저하게 다루고 있기 때문이다.

고통을 설명하는 가장 흔한 방식은 "삶이 다 그런 거지"라는 말로 가볍게 넘기는 것이다. 이런 말은 고통을 근원적으로 비인격성 탓으로 돌린다. 삶은 잔인하고 어리석고 흉포한 힘에 의해 침략을 받는다. 그런 힘을 설명하는 것은 불가능하다. 그것은 비합리적이며 예측불가능하다. 그러나 그런 힘이 존재하기에 그것을 견뎌내야 한다. 애가는, 고통당할 때 우리가 강력한 인격적인 무언가—하나님의 분노—를 경험한다는 성경적 관점의 정수다. 분노를 통해 하나님께 속한 무언가를 설명한다는 것은, 우리 자신의 경험으로부터 이해할 수 있는 바를 다룬다는 뜻이다. 그러나 이것은 고통을 심오하고 희망적으로 이해할 수 있게 해주는 동시에, 오해의 가능성을 열어놓기도 한다.

그런 오해와 관련해, 우리가 경험하는 분노는 신경증적인 형태를 띠는 경우가 많다. 우리는 성숙하고 건전한 분노를 경험하는 경우가 매우 드물다. 계시된 사랑이나 위반된 공의의 정직한 표현으로서의 분노를 경험하기가 어렵다. 우리가 경험하는 분노는 대개 하찮은 일에 대해 짜증을 내거나 버럭 화를 내거나 마음대로 안 된다고 신경질을 부리는 모습일 뿐이다.

그러나 인간들 사이조차도 분노가 위엄이 있으며 건전한 것일 때가 있다. 도덕적인 염려를 쏟아내는 분노, 열정적인 반응을 불러일으키는 분노, 약자들을 돌보고자 하는 마음으로 인한 분노도 있다. 그런 분노를 접할 때, 비록 그런 분노 앞에서 편안한 마음을 가지기는 어렵지만 적어도 우리가 인격과 의도, 의로움, 자유를 다루고 있음을 안다.

분노를 사용해 하나님께 속한 무언가를 묘사하기를 좋아하는 히브리인들의 태도는 분노에 대한 이러한 이해로부터 유래한다. 히브리인들에게 하나님의 분노는 언제나 그분이 관심을 갖고 계신다는 증거다. "하나님의 관심은 그분의 분노의 전제조건이자 근원이다. 인간에 대한 그분의 분노가 타오를 수 있는 것은 그분이 인간을 소중히 여기시기 때문이다."[15] 하나님은

> …세상에서 일어나는 일에 의해 움직이고 영향을 받으시며, 그에 따라 반응하신다. 사건과 인간의 행동은 그분 안에 기쁨이나 슬픔, 즐거움이나 진노를 불러일으킨다. 그분을 초연하게 세상을 심판하시는 분이라고 생각해서는 안 된다. 그분은 친밀하며 주관적인 방식으로 반응하시며, 그에 따라 사건의 가치를 결정하신다.[16]

성경에서 하나님의 분노에 관한 언급을 다 삭제하려는 사람들은 자신이 무슨 일을 하려고 하는지도 모르는 사람들이다. 그들은 자신들이 의도하는 '개선'이 어떤 결과를 초래할지 철저히 생각해보지 않았다. 하나님에게서 분노를 제거하는 그 순간, 고통은 탈인격화된다. 왜냐하면 분노는 인격적인 것을 강조하기 때문이다. 그것은 비인격적인 운명이나 추상적 법에 대한 반명제이기 때문이다.

기술 문화 속에서 살아가는 우리는 기계적인 유비와 비인격적인 추상을 매우 좋아한다. 20세기에 이 문제에 관해 그 누구보다 더 길고 깊게 생각했던 C. S. 루이스는, 우리가 우리의 왕을 화나게 한 것이 아니라 전기가 통하고 있는 "활선"에 얽혀 있다는 관념으로 고통을 설명하려는 시도는 단순히 어리석은 정

도가 아니라 그보다 더 나쁜 태도라고 말한 적이 있다. 비인격적이며 기계적인 유비로 인격적이며 위계적인 유비를 대체하고자 할 때 그 결과는 순손실일 뿐이다. "분노한 왕의 이미지를 활선의 이미지로 대체함으로써 무엇을 얻는다고 생각하는가? 당신은 우리 모두를 절망 속에 갇히게 했다. 성난 왕은 용서할 수 있지만 전기는 그럴 수 없기 때문이다."[17] 카를 바르트 역시 비슷하게 증언한다. "…인간이 자신의 불행이 하나님께서 그를 위해 예비하신 것임을, 자신이 그분께 죄를 저지른 것임을 깨달을 때, 따라서 그에게 하나님 외에는 아무런 소망도 없을 때, 그제야 비로소 그에게 절대로 잠기지 않을 가능성이 열린다."[18]

애가의 마지막 문장은 단호하고 직접적이다. "주께서 우리를 아주 버리셨사오며 우리에게 진노하심이 참으로 크시니이다"(5:22, 개정개역). 그러나 가장 개인적인 관계, 즉 기도를 통해 이 분노에 대해 이야기한다. 기도는 고통이 빚어낸 최선의 결과다. 기도할 때 우리는 하나님의 분노를 감상적으로 설명해 넘기지도 않고, 냉소적으로 그 정체를 폭로하지도 않는다. 대신 우리는 구속의 문을 들어올리기 위한 지렛대로서 그분의 분노를 꽉 붙잡는다. 고통당하는 사람은 기도함으로써 하나님께 자신을 잘 봐달라고 부탁하지 않는다. 오히려 그분이 구속을 이루시어 모든 사람을 위해 고통당하고 죽으신 예수 그리스도를 통해 "회개에 합당한 열매"를 맺도록 도우시기를 간구할 뿐이다.

고통을 비인격적이거나 추상적인 것으로 이해할 때 우리는

"악의 형이상학"을 다루는 철학자나 신정론을 연구하는 신학자, 무의식을 도식화하는 심리학자를 찾아갈 수밖에 없다. 그러나 하나님의 분노라는 관점에서 이해할 때 고통이 주는 통찰력을 통해 책임 있는 신앙인이 된다는 것이 무엇을 뜻하는지를 이해할 수 있게 된다. 이것이 바로 애가에서 일어나고 있는 일이다. 번영할 때에는 사람들이 해롭지 않은 가벼운 죄라고 여겼던 것을 예루살렘 함락이라는 황폐한 상황에서는 중대한 죄로 본다. 폐허가 된 시온의 성전 경내에서 어슬렁거리는 여우들(5:18)은 하나님 백성의 삶 속에 조용하고도 은밀하게 파고든 흉악한 악의 증거다. 수십 년 동안 마음속에 숨어 있다가 이제야 거리로 나온 죄를 바라볼 때 회개할 수밖에 없다. "오호라, 우리의 범죄 때문이니이다"(5:16, 개역개정). 우리의 고통 자체가 하나님이 우리를 기억하신다는 신호다. 소름끼치는 고립 상태에 남겨지는 것이 훨씬 더 나쁘기 때문이다. 포사이스P. T. Forsyth는 "하나님이 당신에게 화를 내실 만큼 당신을 소중히 여기신다는 것에 대해 감사하라"고 충고했다.[19] 분노는 고통이라는 재료를 사용해 사랑의 관계를 강화한다. 분노는 무관심을 깨뜨린다. 그것은 냉담을 박살낸다. 그것은 추상적 관념을 혼란스럽게 만든다. 그것은 하나님이 절망을 넘어 회개로, 믿음으로, 소망으로 나아갈 수 있는 자유로운 인격체들을 인격적으로 대하신다고 주장한다. 히브리어에서 "원수"와 "연인"은 글자 하나가 다를 뿐이다(*ahb*, *'ayb*). "원수들이 형통하다"고 말하는 애가 1:5의 말씀은

"〔너〕를 사랑하는 자는 형통하리로다"라는 시편 122편 6절의 말씀과 자음 하나의 차이밖에 없다. (또한 애가 2:5-10을 보라.)

하나님의 분노라는 관념에서 무언가를 발견하도록 도와주는 것이 고통의 특징이라고 말한다. 즉, 고통은 하나님의 인격적 속성, 피조물에 대한 돌보심, 그분의 긍휼하심을 발견하도록 자극을 준다는 것이다. 아브라함 헤셸Abraham Heschel은 이런 통찰을 열정적으로 표현한다.

> 고뇌는 마지막 시험이다. 모든 희망이 박살나고 모든 계획이 산산조각 났을 때, 인간은 오랫동안 경멸해왔던 것을 그리워하기 시작한다. 어둠 속에서는 하나님이 더 가깝고 더 분명해진다. "그들은 괴로움과 굶주림으로 이 땅을 헤맬 것이다. 굶주리고 분노한 나머지, 위를 쳐다보며 왕과 신들을 저주할 것이다. 그런 다음에 땅을 내려다보겠지만, 보이는 것은 다만 고통과 흑암, 무서운 절망뿐일 것이니, 마침내 그들은 짙은 흑암 속에 떨어져서, 빠져나오지 못할 것이다. 어둠 속에서 고통받던 백성에게서 어둠이 걷힐 날이 온다…. 어둠 속에서 헤매던 백성이 큰 빛을 보았고, 죽음의 그림자가 드리운 땅에 사는 사람들에게 빛이 비쳤다"(사 8:21-9:2).
>
> 모든 가식을 포기할 때, 죄책의 무게를 느끼기 시작한다. 선한 양심이라는 자기도취에 빠져 있거나 거짓으로 가까이 있을 때보다는 극도로 먼 곳으로부터 되돌아오는 것이 더 쉽다.[20]

목회자는 예배 공동체의 지도자라는 이유로 역사를 통해 구속자로 알려진 하나님과 "가시적 관계를 지닌 사람"이다. 목회자가 심방과 상담을 통해 고통의 상황에 참여하는 것을 보면서 교인들은 부조리하다고 느꼈던 것을 의미 있다고 선포된 것으로 변형시킨다.

하나님의 분노에 관한 성경 구절을 살펴봄으로써 얻는 가장 중요한 깨달음은 "진노를 뜻하는 명사들을 언약의 하나님 야훼와 밀접하게 연결시키는 것이 신학적으로 대단히 중요한 의미를 지닌다"는 것이다.[21] 이것은 고대 근동에서 흔히 볼 수 있던 관념과 대조를 이루는 이스라엘의 독특한 요소다. 하나님이 그분의 백성을 대하시는 방식은 시내산 경험에 근거하고 그 경험에 의해 입증되며, 언약의 유지라는 관점에서 이해해야 한다. 따라서 하나님의 진노에 대한 경험은 언약의 위반과 관련이 있다. 하나님의 분노는 예측할 수 없거나 변덕스럽지 않다. 그것은 분명하게 규정되고 잘 알려진 구조 안에서 일어난다. 그분의 백성은 하나님의 구원에 대해 자주 이야기했다. 찬양과 전례를 통해 언약의 하나님에 관해 이야기했다. "하나님은 결코 무턱대고 화를 내며 사람들을 내려치는 폭군이 아니다."[22] 가장 절망적인 곤경에 빠져 있을 때조차도 그 백성은 애가에 제시된 것과 같은 목회 사역의 도움을 받아, 하나님을 잔인한 악마적 힘으로서 불확실하게 이해하는 것이 아니라 언약을 통해 그분을 확실히 이해한다.

때때로 우리는 쉽게 언짢아하는 사람에게 "개인적으로 받아들이지 말라"라고 말한다. 목회 사역에서는 그와 다른 메시지를 전달한다. 즉, "개인적으로 받아들이라"고 말한다. 고통은 개인적인 것을 강화한다. 여기서 목회 사역의 중요성은 이중적이다. 첫째, 목회 사역에서는 위대한 구원이라는 광대한 배경에 비추어 고통을 경험할 수 있는 맥락을 제시한다. 목회 사역에서는 라훔 베-하눈, 즉 "자비와 은혜*rahum ve-hannun*"(출 34:6; 시 86:15; 103:8), 혹은 하눈 베-라훔*hannun ve-rahum*(욜 2:13; 욘 4:2; 시 111:4; 112:4; 116:5; 145:8; 느 9:17, 31; 대하 30:9)이라는 실로 태피스트리를 짠다. 성경에는 하나님이라는 관념과 결코 뗄 수 없는 속성이 있다. 그분의 분노는 지나가지만, 그분의 사랑은 영원하다. "나는 영원한 사랑으로 너를 사랑하였고…"(렘 31:3). "그때에 내가 너를 영원히 아내로 맞아들이고,… 너에게 변함없는 사랑과 긍휼을 보여주고…"(호 2:19). 성경에서는 우리에게 하나님의 사랑과 인자하심*hesed*이 영원하다고 거듭 말한다(렘 33:11; 시 100:5; 106:1; 107:1; 118:1-4; 136:1-26; 스 3:11). 그분의 분노가 영원하다고는 결코 말하지 않는다.

둘째, 목회 사역에서는 자비롭고 은혜로우신 언약의 하나님과의 인격적 관계를 제시한 다음 계속해서 친밀한 동반자 관계를 제공한다. 목회자는 교인들의 동반자가 되어 그들이 하나님의 분노에 직면하고 대처하며, 고통을 받아들이고, 필요하다면 회개를 촉발하고 언제나 믿음을 불러일으키는 그 영향력에 순종할 수 있도록 돕는다. 이 동반자 관계를 통해 하나님이 그들에게 계속해서 관심을 기울이고 계심을 확신하게 하고, 하나님의 진노가 감정적인 폭발이나 비합리적인 격노가 아니라 그분의 끈질긴 돌보심의 한 양상임을 깨닫게 한다. 목회 사역에서는 고통당하는 이와 더불어 그들이 경험하는 하나님의 분노를 공유하고 고통과 상처, 불합리하다는 생각, 나락으로 떨어지는 것 같은 마음속으로 들어간다. 목회자의 책무는 고통을 견디기 쉽게 해주거나 최소화하거나 완화시켜주는 것이 아니라 우리 주 메시아를 본받아 그 고통을 함께 나누는 것이다. "그는 실로 우리가 받아야 할 고통을 대신 받고, 우리가 겪어야 할 슬픔을 대신 겪었다"(사 53:4). 그렇게 함으로써 목회자는 고통에 대처하는 성도의 능력을 강화시키고, 그로 하여금 "고통 속으로 들어가고,"[23] "삶과 고통 사이에 놓인 장막을 찢어버릴"[24] 수 있도록 돕는다.

이를 기피하는 목회자는 고통당하는 이들 가운데서 사역하기를 포기할 것이다. 기운을 북돋는 상투적인 말로 "사망의 음침한 골짜기"를 함께 걷는 동반자 관계를 대체하려고 하는 목회자는 겁쟁이라는 비난을 받아 마땅하다. 사망의 음침한 골짜기에 있는 바위에 기운을 북돋게 하는 낙서를 하는 것으로 어둠 속을 걸어야 하는 사람과의 동반자 관계를 대신할 수는 없는 노릇이다. 존 업다이크John Updike는 자신의 소설 주인공인 유명한 보통 사람 래빗 앵스트롬Rabbit Angstrom을 이렇게 묘사한다.

> 해리는 기독교의 어둡고 혼란스러우며 심오한 측면, 무언가를 뚫고 나가는 기독교의 특징, 죽음과 고통 속으로 들어가 구속하고 마치 바람이 불어 뒤집어진 우산처럼 그것을 뒤집어놓는 태도를 전혀 좋아하지 않는다. 그에게는 역설이라는 곧은 선을 걸을 만한 주의력과 의지가 부족하다. 아무리 망막을 찔러도 그의 눈은 빛을 향한다.[25]

담대하게 그리스도의 십자가를 그 메시지의 중심에 두는 복음은 또한 제자도라는 십자가를 그 일상의 일부로 용기 있게 받아들인다. 어려움과 고통은 복음을 통해 그에 대한 도피 수단을 제공해야 할 문제가 아니라 그리스도인이 경험하는 현실의 일부, 그리스도인들이 소망 안에서 서로 격려하며 그 속에서 믿음을 나누며 사는 현실의 일부다. 목회 사역에서는 이처럼 서로를 떠받치는 삶을 설명하고 표현한다.

고통 속의 목회 사역은 브니엘에서 야곱이 천사와 했던 씨름과 비슷하다. "나에게 당신의 이름을 말해줄 때까지는 당신을 보내주지 않을 것입니다." 목회자는 어둠의 공격자들과 씨름하며 그들에게 그들의 의미를 실토하라고 요구한다. 여명이 왔을 때 야곱은 비록 다리를 절지만, 목적이 있고 의미가 있으며 온전해진 모습으로 걷는다. 상처 입은 치유자.[26] 그날 밤 브니엘에서 야곱은 하나님 앞에서의 절망과 하나님에 대한 확신을 꽉 끌어안았다. 아침과 더불어 축복이 찾아왔다.

존엄

고통에 대한 반응보다 목회 사역과 인본주의 전통의 차이를 분명히 보여주는 것도 없다. 근대적 인본주의 전통에서는 고통을 결함으로—대개는 병이라는 유비를 통해—이해한다. 무언가가 잘못된 것이고, 의사는 그것을 바로잡아야 한다. 이것은 근대적인 태도일 뿐이다. 이반 일리히Ivan Illich는 고통과 통증을 부인하는 미국적 신화가 존재한다고 주장하면서 고통을 결함으로 보는 것에 반대했다. 우리는 고통이 존재해서는 안 되는 것처럼 행동하며, 따라서 고통의 경험을 평가절하한다. 그러나 이 신화는 우리가 현실과 대면한다는 것을 부인한다.[27] 이런 접근방법에서는 정신분석을 통해서나 환경의 변화를 통해서나 사회정치적 개혁을 통해서 고통의 원인을 찾아 그것을 제거한다. 고통 그 자체는 아무런 가치도, 아무런 의미도 없다. 그것은 무언가가 잘못되었음을 말해주는 신호일 뿐이며, 선의와 창의력을 통해 인류가 바로잡아야 할 문제일 뿐이다.

이 점에 관해 (보이슨[Anton Boisen, 목회적 돌봄의 영역에 심리학과 정신분석학을 적극적으로 수용할 것을 주창한 목회상담학 분야의 선구적 인물—옮긴이] 이래로) 임상목회훈련 운동이 미친 영향력은 양가적이다. 긍정적인 면에서 이 운동은 목회자로 하여금 고통의 각 사례에 면밀하게 주의를 기울이고, 상처가 된 사건을 바르게 이해하고 함께 아파하는 마음을 갖도록 가르쳤다. 상처를 도덕적으로 설명하려는 시도가 무익하다는 이 운동의 경고는 적절했다. 그러나 부정적인 면에서 이 운동은 고통을 이해하는 데에 세속적이며 의학적인 모형을 활용할 것을 권장했으며, 그렇게 함으로써 심리 요법의 신화를 영속화했다.[28] 이 운동은 고통을 "아버지들의 죄" 탓으로 돌리는 대신 어머니들의 신경증 탓으로 돌리면서, 한 세대 목회자들로 하여금 영혼에서 고통을 제거하는 일에 몰두하도록 만들었다. 신학적으로 이해해야 할 문제를 심리학적 전제로 대체함으로써 아무것도 얻지 못하고 많은 것을 잃어버렸다.

목회자들을 정신의학이라는 신전으로 몰아넣고 이 신전의 주문과 의례를 훈련시켰으며, 그런 다음 교회로 돌려보내 그들이 배운 것을 실천하게 했다. 그들은 병원과 진료소에 '원목'으로 배치되었으며, 영혼을 치료하는 법을 배우기 위해 의료계 사제들의 문하로 들어갔다. 의료 엘리트의 명성과 급여, 거대한 기술, 엄청난 권력에 압도된 목회자들은 자신들이 현대 과학의 전문가보다 열등하다고 철저히 확신하면서 교회로 돌아온다. 그들은 안수를 받음으로써 중얼거리며 기도하고 미리 정해진 성경구절을 나눠주며 고통당하는 이들 사이에서 아마추어처럼 어색하게 살도록 벌을 받은 반면, 그들보다 우월한 의사들은 과학적으로 약을 처방하고 (소크라테스가 그토록 분노에 차 독설을 퍼부었던) 그리스 소피스트들의 시대 이래로 그 누구와도 비교할 수 없을 정도로 오만한 자세로 돈을 받고 충고를 판다.

임상목회훈련 쪽에서는 목회자들에게 그들이 의사, 간호사들과 더불어 "치유하는 팀"의 일원이라고 말해왔다. 이 말은 뻔뻔한 거짓말이다. 목회자는 그들이 가까스로 참고 견디는 성가신 사람들일 뿐이다. 드문 예외를 빼면, 목회자들은 이방인 취급을 받을 뿐이다. 그리고 그래야만 한다. 그들의 전제와 목표가 다르기 때문이다.

퓨지와 키블(에드워드 퓨지Edward B. Pusey와 존 키블John Keble은 19세기 영국 성공회 내에서 성례전과 전통을 강조하며 교회 갱신을 주창했던 옥스퍼드 운동의 주요 지도자였음—옮긴이)의 성공회 고교회 전통에 속한 미국인으로서 탁월한 영적 상담의 편지로 유명했던 제임스 오티스 사전트 헌팅턴(James Otis Sargent Huntington, 1935년 사망)은 위로의 말을 할 때 실용주의를 완전히 배제했다. "이 고통의 존엄성에 걸맞게 살기 위해 노력하라."[29]

이런 사역을 받아들이는 목회자는 고통을 설명하려 하지도 않고 고통을 제거하기 위한 프로그램을 운영하지도 않는다. 목회적 돌봄을 다루는 최근의 책에 등장하는 가장 모욕적인 문구 중 하나는 "슬픔의 관리"라는 말이다. 가장 인간적이고 가장 취약한 시간을 보내는 사람들에게 관료제의 기교를 적용하려 하고, 심리학적인 속임수와 학문적인 조작으로 죽음의 고통이 경감되고 상실의 슬픔이 완화될 수 있다고 가정하는 것은 몰지각일 뿐이다.

목회자는 다른 사람의 슬픔에 간섭하거나 그것을 조작할 권리가 없다. 고통은 우리가 특별히 은총에 쉽게 노출되고 하나님의 여러 차원과 깊은 자아의 내면을 인식할 수 있는 기회다. 고통을 하나의 '문제'로 취급하는 것은 인격에 대한 모독이다. 인접한 문명권과는 달리 애가에서는(성경에서는!) 신적 분노의 결과로부터 사람들을 보호해준다는 주문이나 주술적 행위에 대해 전혀 언급하지 않는다. 그리고 이 사실은 고통을 완화하기 위한 '기교'를 습득하려는 태도에 대한 경고나 다름없다. 애가는 슬픔의 관리에 대해 가르치는 책이 아니다. 물론 고통을 나눔으로써 슬픔의 시간을 통과하는 데에 도움을 준다. 하지만 그것을 해결하지 않는다. 그것을 제거하지 않는다. 그리고 그렇게 하려고 노력하지도 않는다. 고통은 이 책에서 결코 외면하지 않는 책무다.

고통을 다루는 대부분의 사람들, 특히 목회자들은 훈련이나 기질에 의해 행하는 사람, 고치는 사람들이다. 그들은 세상의 문제에 관해 무언가를 하고 싶어 한다. 고통은 한 사람의 문제다. 그리고 그들은 이에 관해 무언가를 하고 싶어 한다. 그러나

…고통이 언제나 병리적 현상인 것은 아니다. 고통은 신경증의 증상이라기보다는, 특히 고통이 실존적 좌절에서 생겨난 것이라면 인간적 성취일 수도 있다. 한 사람의 실존의 의미에 대한 추구나 그 의미에 대한 회의가 언제나 질병에서 기인하거나 질병의 원인이 된다는 생각을 단호히 거부한다.[30]

이디스 웨이스코프-조엘슨Edith Weisskopf-Joelson은 "현재 우리의 정신위생 철학에서는 사람들이 행복해야만 하며, 불행은 부적응의 증상이라는 관념을 강조한다. 이런 가치 체계 때문에 불행하다는 것에 대해 불행하게 생각하는 태도 때문에 피할 수 없는 불행의 짐이 더 무거워지고 있다." 그는 누군가 나서서 "…치유할 수 없는 고통을 당하고 있는 사람이 자신의 고통을 자랑스러워하고 그것을 모욕으로 여기기보다 고귀한 것으로 여길 수 있는 기회가 거의 주어지지 않는 현대 미국 문화의 건강하지 못한 경향에 대항할 것"을 촉구한다.[31]

이런 경향에 맞서 애가에서는 어떻게 해야 고통을 고귀한 것으로 여길 수 있는지 보여준다. 애가에서는 고통을 마주한다. 고통을 대면한다. 고통에 관해 아무것도 하지 않는다. 대답을 주지 않는다. 치료제를 제공하지 않는다. 고통을 진지하게 받아들임으로써 고통에 의미를 부여한다. C. S. 루이스는 이렇게 말한다. "모든 기록을 놓고 볼 때 그분은 자주 우리를 꾸짖고 책망하셨지만, 한 번도 우리를 멸시하지 않으셨다. 그분은 가장 깊고, 가장 비극적이며, 가장 변치 않는 의미에서 우리를 사랑하심으로써 우리에게 도저히 견딜 수 없는 찬사를 보내셨다."[32]

애가는 "심리 요법의 승리"에 대한 저항세력으로 남아 있다. 애가에서는, 목회 사역의 피할 수 없는 일부인 고통에 대해 "도우려고" 노력하는 대신 고통스럽고 끈질기게 그것을 대면하는 일을 목회 사역의 기초로 삼는다. 이 책에서는 고통을 조작하거나 완화하려는 경향에 맞선다. 그런 경향에는 언제나 거짓된 겸손과 비인간화하는 태도가 도사리고 있기 때문이다. 목회자로 하여금 고통을 진지하게 받아들이는 태도를 확실히 익히게 함으로써 애가에서는 목회 사역에서의 "오래 참음"을 권면하며, 고통당하는 사람에게 의미와 존엄성을 부여하고, 치유하는 일을 십자가에 달리신 그리스도 안에서 하나님께 맡긴다.

애가의 권면을 따를 때 목회자는 고통에 관해서 훨씬 덜 하면서도, 목회 사역에는 훨씬 더 큰 힘을 얻을 것이다. 목회자는 고통당하는 사람을 고치라는 유혹에 굴복하지 않고 고통당하는 사람을 존중하는 목회 사역에 임할 수 있을 것이다. 결국 거짓된 겸손으로 고통당하는 사람을 고치는 일에 몰두하는 것보다 그 사람에게 더 모욕적인 행동은 없으며, 단호하지만 고요하고 신실한 태도로 고통을 진지하게 받아들이며 아침을 기다리는 그 시간 내내 동반자가 되어주는 것보다 고통에 더 많은 의미를 부여하는 행동은 없다.

공동체

1929년에 헤르만 궁켈Herman Gunkel은 애가의 다섯 시를 분석하면서 1, 2, 4, 5장이 모두 공동체 탄원시라고 말했다. 3장은 공동체적 요소가 일부 섞여 있는 개인 탄원시다.[33] 이런 일반적인 양식 비평 분석이 더 정교하게 다듬어지기는 했지만, 그 기본적인 통찰은 지금까지도 유지되고 있다. 즉, 애가는 공동체적이다. 고통은 공동체의 행위가 된다. (3장처럼) 개인적인 요소가 존재하더라도 그것은 공동체의 탄원시 안으로 통합된다. 이는 애가에만 적용되는 것이 아니다. 그것은 곧 성경적 양식이다. 성경에서는 사람들이 울 때 친구들과 더불어 울었다.

이것은 목회 사역에서도 중요하게 고려해야 할 사항이다. 목회 사역의 전략 중 하나는 개인적인 슬픔 안으로 들어가 그것을 공동체가 더불어 나누는 사건으로 만드는 것이다. 고통을 다루는 성경적 방식은 개인적인 것을 공동체적인 것으로 변형시키는 것이다. 예루살렘 함락으로 초래된 고통은 한 사람의 죄 때문이 아니었으며, 그 고통을 애도하는 것 역시 한 사람이 아니었다. 고통에 대한 반응은 회중의 몫이다.

대부분의 문화에서는 이를 즉각적으로 이해하고 있음을 알 수 있다. 한 사람이 고통을 당할 때 공동체적인 애도를 통해 친구들이 그와 더불어 눈물 흘리고 기도한다. 그들은 울음소리를 조용하게 만들지 않고 오히려 더 크게 만든다. 고통당하는 사람을 보이지 않게 숨기지 않고 오히려 모든 사람이 볼 수 있도록 그 사람을 공적인 광장으로 데리고 간다. 《일리아드*Iliad*》 23권의 첫 장면에서는 고대 문화가 슬픔을 대하는 전형적인 방식을 그린다. 전투 중 대부분의 시간 동안 혼자 배를 타고 잠행했던 아킬레우스Achilles가 나타났을 때 자신의 가장 친한 친구 파트로클로스Patroclus가 트로이 전사 헥토르Hector와의 전투에서 살해당한 상황이었다. 그는 이전에 상처 입은 허영심을 달래기 위해 그렇게 했던 것처럼 사람들을 떠나 홀로 애도하는 대신에 아카이아 군대 전체와 더불어 그의 죽음을 애도한다.

> 전차병들이여, 내 마음의 친구들이여, 우리는 우리의 훌륭한 말들에게서 마구를 벗기지 않고 파트로클로스 주위에 전차로 줄을 지어 행진하며 그를 애도할 것이다. 쓰러진 장군에게 그렇게 경의를 표하는 것이 마땅하다. 애도를 통해 위안을 얻은 후 우리는 대열을 풀고 여기서 저녁 식사를 할 것이다.[34]

개인적인 슬픔이 공동체적인 애도로 통합될 때 몇 가지 일이 일어난다. 그중 하나는, 고통당하는 행위가 의미를 갖게 된다는 것이다. 다른 이들이 나와 함께 울 때, 고통은 나의 하찮은 약함이나 이기적 상실감보다 훨씬 더 큰 의미를 지니게 된다. 다른 이들이 고통당하는 사람과 함께 할 때, 고통이 무언가를 의미한다는 "정당성에 대한 합의"가 이뤄진다. 공동체는 눈물을 통해 그 고통이 울 만한 가치가 있는 것임을 인준한다.

더 나아가 공동체의 참여는 인간적인 환경을 보장해준다. 모든 고통은 우리를 비인간화의 위협—우리를 "멸망하는 짐승"의 수준으로 전락시키는—에 노출시키지만, 그 인간성이 명백히 드러나는 다른 사람들과 함께 할 때 우리는 그 위협에 맞설 수 있다. 완고함이나 위선 때문에 홀로 슬퍼하기를 고집하는 사람들은 스스로를 비인격화할 뿐만 아니라, 공동체가 그저 폭도가 아님을 확인하고 인간적 공동체로서의 독특성을 확장시킬 수 있는 일에 참여할 기회를 빼앗는 셈이다.

다시 말하거니와, 공동체는 애도에 참여할 때 상실을 표현하는 행위를 인준한다. 감정을 쏟아내는 행위는 감정의 정화淨化와 갱신을 제공하기 위한 방법으로서 정당화된다. "슬픔과 거부의 정화가 애도 의례의 목적이다."[35] "애도 불능"(알렉잔더와 미처리히A. and M. Mitscherlich가 함께 쓴, 제2차 세계대전 이후 유럽에 널리 퍼진 "정신적 마비"에 관한 연구서의 제목)은 공동체가 없는 사람들 사이에서 나타나는 정신의학적 문제로서 무기력과 우울증을 초래한다. 고통을 정서적으로 표현할 수 없을 때 회복할 능력도 잃어버리게 된다. 2차 대전 이후의 상황을 다룬 귄터 그라스Günter Grass의 소설 《양철북*The Tin Drum*》의 희비극적인 한 단락에서는 공동체의 삶이 약화된 문화에서 애도 불능이 얼마나 만연해 있는지, 눈물을 만들어내려고 얼마나 필사적으로 노력하는지, 상실을 보충하기 위해서는 비인격화된 사회에서 무엇을 해야 하는지를 이렇게 묘사한다.

> 마음이 가득 차면 반드시 눈으로 흘러넘친다는 말은 사실이 아니다. 특히 그 모든 고통과 슬픔에도 불구하고 후대에 눈물 없는 세기로 알려질 우리의 세기에는 결코 울지 못하는 사람들이 있다. 사람들은 슈무Schmuh의 양파 저장실을 찾는 것도 이런 가뭄, 이런 눈물 없음 때문이다. 그곳에 가서 80페니히를 내면 주인이 그들에게 작은 도마—돼지고기나 생선을 위한—와 과도를 준다. 그리고 12마르크를 내면 밭이나 정원, 부엌에서 볼 수 있는 평범한 양파를 하나 준다. 그러면 그들은 즙이 나올 때까지 양파를 잘게 더 잘게 썰었다. 그 양파즙은 어떤 효과를 발휘할까? 그것은 세상과 세상의 슬픔이 이루지 못한 것을 이뤘다. 둥글고 인간적인 눈물을 만들어낸다. 양파는 그들을 울게 했다.[36]

목회 사역이 사적인 위로와 개인적인 위무에 국한된다면 그것은 제 기능을 발휘할 수 없다. 이웃을 방 안으로 끌고 들어와야 하며 회중이 모이게 해야 한다. 그럴 때 비로소 고통당하는 이들은 도저히 혼자서 견딜 수 없는 고통을 다른 이들이 이해하고 있음을 깨닫게 된다. 그렇게 할 때 공동체의 기도를 통해 애도와 항의를 하나님 앞에 쏟아놓을 수 있다. 그런 시기에 공동체적 애도라는 정해진 형식을 활용함으로써 고통당하는 사람들은, 그저 전형적으로 이런저런 고통을 당했던 사람들과 하나가 될 뿐만 아니라 궁극적이며 근본적인 고통을 당하신 그분과 하나가 된다. 그리고 그들은 비슷하거나 같은 고통을 당한 사람들, 살아남아—살아남는 것 이상을 이뤄내고—높임을 받은 사람들의 보이지 않는 모임에 들 수 있게 된다.[37]

20세기의 고통을 경험하고, 이해하고, 설명했던 엘리 위젤Elie Weisel은 그의 소설 《숲의 문*The Gates of the Forest*》에서 한 등장인물의 입술을 통해 이런 열정적인 충고를 던진다.

> 자신을 마치 감옥 안에 가두듯이 고통과 기억 안에 가두는 것은 비인간적이다. 고통당할 때 우리는 자신을 다른 사람들에게 열어둬야 한다. 우리는 고통 때문에 그들을 거부해서는 안 된다. 탈무드에서는 하나님이 인간과 더불어 고통당하신다고 말한다. 왜? 피조물과 창조주 사이의 유대를 더 강하게 만들기 위해서. 하나님은 인간을 더 잘 이해하시고 인간으로 하여금 자신을 더 이해할 수 있게 하기 위해 고통당하는 편을 택하신다. 그러나 당신, 당신은 홀로 고통당하겠다고 고집을 부린다. 그런 고통은 당신을 오그라들게 하고 작아지게 만든다. 친구여, 그것은 잔인한 일이다.[38]

고통당하는 이들 사이에서 목회 사역을 행할 때 집과 예배당 사이에 난 길을 부지런히 오간다. 개인적으로 쏟아내는 슬픔에 귀를 기울이고, 그것을 예배당으로 가지고 들어와 공동체의 슬픔의 일부가 되게 하며, 그것을 십자가 아래에 놓아 모든 속죄의 신학이 제시하는 구원의 능력에 내어맡긴다.

따라서 목회 사역은 미겔 우나무노Miguel Unamuno가 모든 거리에서 일어나길 바랐던 그 일이 모든 예배당 안에서 일어나게 한다.

> 나는 우리 모두가 거리로 가서 우리의 슬픔들을 발견한다면, 그것이 단 하나의 공통된 슬픔임을 깨닫고 함께 슬퍼할 수 있다면, 많은 문제를 해결할 수 있을 것이라고 확신한다…. 운명에 의해 고통당하는 많은 사람과 함께 부르는 미제레레(*miserere*: 다윗의 참회시 시편 51편에 곡을 붙인 노래-옮긴이)는 하나의 철학만큼 가치 있다. 역병을 치료하는 것으로는 충분치 않다. 우리는 그에 대해 함께 우는 법을 배워야 한다…. 아마도 그것이 최고의 지혜일 것이다.[39]

위로

아팠거나 슬픔을 당했거나 상처를 입어본 사람은 누구나 다른 사람의 도움을 경험했을 테고, 도우려는 노력이 얼마나 자주 엉망이 되고 마는지 알고 있다. 우리가 우울한 기분으로 고통 속에서 병상에 누워 있을 때, "모든 게 다 잘 될 거야"라는 말로 기분을 북돋으려고 하는 목회자나 가까운 이들의 밝지만 부자연스러운 쾌활함은 사실 도움이 되지 않는다. 그런 생각을 하고 싶은 마음이 들 때는 모든 것이 다 잘 될 것임을 우리도 이미 알고 있다. (혹은 그렇지 않을 때는 모든 것이 다 잘 되지 않을 것임을 알고 있다.) 그러나 그 순간에 만약 누군가 인내심과 용기를 가지고 그저 우리가 겪고 있는 일을 함께 나눠준다면—우리를 있는 그대로 중요한 사람으로 대하고 우리에게 관심을 집중함으로써 우리를 존중하고 있음을 표한다면—그것은 우리에게 도움이 될 것이다. 상실과 상처에 관한 최악의 감정은 그로 인한 외로움과 거절당한다고 느끼는 것이다. 상실은 행복한 설교로 결코 채워질 수 없다. 에릭 러틀리Erik Routley는 이렇게 말했다.

> 한 대학 선교단체에서 강연하던 유명한 목회자가 했던 냉소적인 말을 들으며 나는 흐뭇해했다. 그는 "마냥 밝기만 한 그리스도인들을 만나면, 나는 차라리 시무룩한 그리스도인이 낫다고 확신하게 됩니다"라고 말했다. 낙천적인 기독교에는 무서울 정도로 비정한 무언가가 있을지도 모른다.[40]

고린도후서의 위대한 구절 "그리스도 안에는 '예'만 있을 뿐입니다"(고후 1:19)는 모든 목회 사역의 기초가 되는 근원적 쾌활함이다. 그러나 만약 그것을 적절하지 않게 표현한다면, 그것은 비정함으로, 고통을 진지하게 받아들이지 못하는 태도로 느껴질 수도 있다.

애가는 미숙한 위로를 막아주며, "내 백성의 상처를 가볍게 여기는"(렘 6:14—옮긴이) 것을 막아주는 보험이다. 멸망의 때에는 구급약 같은 위로로 심판의 상처를 덮으려는 사람들이 언제나 있기 마련이다. 그러나 심판의 고통과 진지하게 씨름하지 않는다면 위로가 제구실을 하지 못할 것이다. 또 다른 예언자의 입술에서 새로운 말이 나오기 전에 애가를 얼마나 많이 낭독하고 불렀겠는가?

"너희는 위로하여라! 나의 백성을 위로하여라!"
너희의 하나님께서 말씀하신다.
"예루살렘 주민을 격려하고,
그들에게 일러주어라.
이제 복역 기간이 끝나고,
죄에 대한 형벌도 다 받고,
지은 죄에 비하여 갑절의 벌을
주님에게서 받았다고 외쳐라."
(사 40:1-2)

모든 치유자, 모든 목회자는 미숙한 위로의 위험을 경계해야 한다. 드니즈 레버토브Denise Levertov의 경고는 목회적이다.

그러나 두려움이 나에게 성가시게 묻는다.
내 삶이 당한 상처가

너무 빨리 아무는 것은 아닌지,

나쁜 피 안에 갇히는 것은 아닌지?

그 흉터는

내 영혼의 피부를 주름지게 할까?[41]

애가를 익힌 목회자는 고통당하는 이들을 섬기는 사역에서 느긋하게 일하는 법을 알고 있다. 답관체 시는 서둘러 읽을 수가 없다. 그런 여유 속에서 인내심을 기를 기회를 얻고, 그 인내심으로 고통의 시시콜콜한 내용을 진지하게 받아들이고 그렇게 함으로써 그것에 일종의 존엄성을 부여할 수 있게 된다.

그 과정에서 우리는 폐허가 재앙이 아님을 깨닫는다. 우리는 더 이상 폐허 앞에서 공포에 사로잡히지 않는다. 치유하려고 할 때는 서두를 수 없다. 애가에서 고통은 피해야 할 불길한 재앙이 아니라 어렵지만 받아들여야 할 치유의 과정이다. 무기력하게 만드는 수치스러운 죄, 우리의 죄와 다른 사람들의 죄를 이런 태도로 다룰 때 구속의 온전함이 삶 전체에 의미를 회복시켜 준다. 심판을 통해 하나님은 경건을 더럽히는 죄를 뜯어내시고, 사귐의 관계를 분리시키는 죄를 용서하시고, 멸망 받아 마땅한 죄를 구속하신다.

애가의 대부분은 비탄시다. 그러나 모두가 그렇지는 않다. 비탄시의 한가운데에 빛이 깃든다. 고통의 혼돈이 물러가고, 피조물의 모습 속에 구원의 선을 보여주는 하나님의 신실하심에 길을 내어준다.

나의 비참한 방황, 쓴 쑥과 독 같은 그 고통을 나는 기억한다.
기억이 너무나도 선명해 나는 낙심한다.
그러나 나는 내게 소망을 줄 한 가지를 명심하련다.

야훼의 자비는 끝이 없고, 그분의 긍휼은 다함이 없다.
주님의 자비와 긍휼은 아침마다 새로우며,
주님의 신실하심이 크십니다!
내가 스스로 말하기를,
야훼가 나의 분깃이시므로 내게는 소망이 있다.
(3:19-24)[42]

"야훼가 나의 분깃"이라는 위대한 구절은 모세오경에서 인용한 표현이다. 몇 세기 전에 주님이 그렇게 말씀하셨고, 레위가 그 분깃을 받았다(신 10:9; 민 18:20). 그 약속은 보존되었다. 수많은 세대에 걸쳐 그 오랜 구절이 전해져 내려왔으며, 최악의 고난 중에도 이스라엘 백성은 그 구절을 굳게 붙들었다. 그런 다음 갑자기 고통에 짓눌려 예상하지 못한 내용을 한꺼번에 쏟아놓았다. 파테마타 마테마타(*Pathēmata mathēmata*, "고통으로부터 배운다"). 이제 이 백성은 결코 잃어버릴 수 없는 자비로우신 하나님과의 사귐이 있음을 알게 되었다. 외부적 환경이 어떻게 바뀌어도 그분과의 사귐은 전혀 영향을 받지 않기 때문이다.

키나 운율의 고통스럽고 불규칙한 흐느낌을 통해 케리그마가 담긴 문장을 속삭인다(혹은 큰소리로 외친다!). 고통이라는 혼돈과 어둠은 세상 첫날의 빛이 된다. "야훼의 자비는 끝이 없고, 그분의 긍휼은 다함이 없다. 주님의 자비와 긍휼은 아침마다 새로우며, 주님의 신실하심이 크십니다!" 창세기의 언어. 니체Nietzsche는 이런 경구를 남겼다. "무덤이 있는 곳에만 부활이 있다."[43]

4부

'아니오'라고 말하는 목회 사역: 전도서

인간이 다른 인간에게 가치 있는 존재인 까닭은, 그가 중요한 존재이기를 바라기 때문이 아니라, 영혼의 어떤 내적 부를 가지고 있기 때문이 아니라, 그의 인격의 어떤 특질 때문이 아니라 그의 본성과 본성이 아닌 것 때문이다. 그의 중요성은 그의 가난, 그의 소망과 두려움, 그의 기다림과 서두름, 그의 지평과 권력 너머에 놓인 것을 향해 자신의 존재 전체를 방향 지우는 것에 있을지도 모른다. 한 사도의 중요성은 긍정적이라기보다 부정적이다. 그 안에 어떤 텅 빈 공간이 가시화된다. 그리고 그 때문에 그는 다른 사람들에게 중요한 존재이다. 그는 그들과 은총을 나누고, 그들의 관심을 집중시키고, 기다림과 예배 속에서 그들을 세워줄 수 있다. **_카를 바르트**[1]

목회 사역은 손님과 장사꾼들—자기 삶을 더 낫게 만들어줄 무언가를 찾겠다는 희망을 안고 찾아온 사람들과 삶을 더 낫게 만들어줄 무언가를 가지고 있다고 약속하는 사람들—이 흥정하는 소리로 시끄럽게 붐비는 종교 장터 안에서 이뤄진다.

손님들은 다른 방법으로는 스스로 얻을 수 없을 무언가를 얻고, 혼자서는 발견할 수 없는 무언가를 배우기를 기대한다. 그들은 자연적인 것을 초월하는 무언가에 참여하고, 세속적인 것을 뛰어넘는 무언가를 이해하기 바란다. 그들이 기대하는 바를 흔히 "신"이라고 부른다. 그리고 그들은 목회자가 자신들에게 그것을 주기를 바란다.

가장 흐릿한 관념만 가지고 있으며 가장 혼란스러운 사고밖에 할 줄 모르는 사람들조차도 "하나님"이 능력과 지혜에 관해서, 그분이 행하시고 아시는 바에 관해서 인간보다 뛰어난 분이라는 것을 알고 있다. 하나님은 우리의 능력을 뛰어넘는 방식으로 일하신다. 하나님은 우리의 이해를 초월하는 방식으로 말씀하신다. 이렇게 정의했을 때, 아무리 다른 무지가 그 안에 많이 섞여 있을지라도 지금까지는 이 정의가 꽤나 정확하다.

"지금까지 하나님을 본 사람은 없으며" 대부분의 경우 목회자는 완벽하게 가시적이기 때문에, 하나님에 대해 사람들이 가지고 있는 기대가 목회자에게 집중되는 경우가 많다. 하나님에 대한 기대라는 과녁의 한복판에 목회자가 있다. 기대는 도덕적 이상주의, 영적 갈망, 의로움의 증거, 정의에 대한 옹호, 선함에 대한 보상, 수수께끼에 대한 해답 등 광범위한 지평으로부터 수렴된다. 종교에 관한 소문을 듣고 찾아온 사람들은 자신이 찾고 있는 것을 목회자에게서 발견하려고 한다.

그 자체로 목회자는 선망의 대상이 되는 위치에 있다. 우리가 날마다 하는 일은 사람들이 영원에 대해 가장 개방적이며 그것을 가장 기대하는 곳에서 그들의 일상과 교차한다. 평범한 교회는 헨리 제임스Henry James가 "현실적인 것의 거대한 트랙"이라고 부른 것으로 이뤄져 있다. 그리고 그 트랙을 돌면서 목회자는 이야기를 하고, 사랑의 모형을 만들고, 하나님의 백성을 위한 그분의 구속적 사랑을 선포하고 실현하는 양분을 나눠준다. 사람들이 하나님께 원하는 것이 잘못된 것일 때가 많고, 그들이 하나님께 기대하는 것이 어리석은 것일 때가 많다는—즉, 그들이 기대하는 것이 그들에게 정말 필요한 것이지만 하나님의 계시된 뜻과는 희미한 정도로밖에는 연결되어 있지 않다는—사실은 그 자체로는 심각한 문제가 아니다. 적어도 그들은 자신들이 가질 수 있고 스스로 생각할 수 있는 것보다 더 큰 무언가를 원한다. 그들은 자신을 넘어서고 자신보다 위에 있는 무언가에 대해 열려 있다. 그리고 그들은 성실하고 자신을 도울 수 있도록 훈련을 받은 사람을 찾아왔다. 만약 목회자가 먼저 교인들로 하여금 자신을 이해할 수 있도록 돕고 그렇게 하여 그들이 개인적으로 필요한 것이 무엇인지를 더 정확히 이해하도록 도울 수 있다면, 그리고 예수님이 너무나도 분명하고 명백하게 알려주신 하나님의 속성을 가르쳐주어 하나님의 뜻을 바르게 이해할 수 있도록 도울 수 있다면, 에덴 이후의 세상에서 살고 있는 그로서 더 이상 바랄 나위가 없는 셈이다. 이런 맥락에서 목회자는 목회적 조언과 선포가 건전할 때 하나님 앞에서 자신의 삶에 관해 진지한 태도를 지닌 사람들이 결국에는 그들이 필요한 구원/온전함을 받게 될 것이라는 확신을 가지고 꾸준히 그리고 끈질기게 일할 수 있다.

그러나 사람들이 하나님과 관련된 기대를 충족하고자 할 때 도움을 구하기 위해 우리만 찾아오는 것이 아님을 깨달을 때, 목회자로서 선망의 대상이 되는 위치에 있다는 자부심도 금세 사라져버린다. 우리는 경쟁으로 가득한 거리에서 일한다. "신"을 원하는 사람들은 모든 종류의 종교 지도자들에게 도움을 구할 수 있다. 어떤 목회자도 사람들의 관심을 독점하는 호사를 누리지 못한다. 주중에 회중은 종교적 선전과 영적 약속으로부터, 라디오의 메시지와 텔레비전의 호화로운 쇼로부터, 신문의 조언과 잡지의 지혜로부터 격리되어 있지 않다. 유례없는 속도로 '종교적' 조언과 '복음' 선포가 그들의 머릿속에 퍼부어진다. 화려하지만 값싼 교리로 자기 교인들을 혼란스럽게 만드는 분리주의적인 순회 설교자들에 대해 분노했던 사도 바울도 오늘날 목회자들이 값비싼 대중매체를 활용하는 경쟁자들로부터 받는 도전에 비하면 아주 작은 도전에 직면했을 뿐이다.

이렇듯 목회 사역은 모든 종류의 영적 기대가 목회자를 향하는 (고무적인) 상황에서 이뤄진다. 그러나 그것은 더 넉넉한 예산을 보유하고 있으며 현혹하는 기술도 능란하게 구사하는 경쟁자들이 비집고 들어와 발언할 기회를 얻은 다음 다른 대답을 제시하고 있는 (좌절감을 안겨주는) 상황이기도 하다. 우리는 사람들이 가장 근원적이며 친밀한 욕구를 가지고 우리에게 찾아오는 특권적인 위치에 있지만, 현란한 말로 유혹하고 엄청난 약속을 남발하는 다른 이들과 경쟁해야만 한다. 우리는 동네에 있는 유일한 설교자가 아니다. 만약 우리가 사람들이 영적으로 바라는 바를 제대로 충족시켜주지 못한다면, 그렇게 할 수 있는—혹은 그렇게 할 수 있다고 말하는—사람들이 주변에 너무나도 많다.

사람들의 기대(적어도 목회 사역이라는 통로를 통해 전달되는 그들의 기대)를 대략 살펴보면 크게 두 종류, 즉 기적과 응답으로 나눌 수 있다. 기적이란 우리 스스로 할 수 없는 일을 하나님이 우리를 위해 행하실 것이라는 기대다. 응답은 우리가 스스로 풀 수 없는 것을 하나님이 우리에게 말씀해주실 것이라는 기대다.

두 기대 모두 그럴듯하며, 어느 정도 상식적인 현실성이 존재한다. 하나님은 전지전능하시기 때문에, 만약 우리가 그분께 가까이 나아간다면 그분의 속성 중에서 어느 정도는 우리에게도 영향을 미쳐야 한다고 생각할 수 있다. 그분의 능력이 기적의 형태로, 그분의 지혜가 응답의 형태로 우리에게 영향을 미치리라고 기대하는 것은 터무니없는 일이 아니다.

목회사가 그들의 경쟁자들이 제시하고 있는 것을 살펴볼 때도 그 대부분은 기적과 응답으로 분류해볼 수 있다. 수요·공급의 시장에서 원하는 것과 제공되는 것 사이에 이런 상관관계가 존재하는 것은 불가피하다고 나는 생각한다.

그런 점에서 목회 사역은 복잡한 어려움에 직면한다. 왜냐하면 목회자의 소명은 기적이나 응답을 거래하는 것을 허락하지 않기 때문이다. 수많은 사람들은 기적이나 응답을 주는 것이 목회자에게 맡겨진 책무라고 생각하지만, 우리는 그것을 주기를 거부해야만 하는 어색한 위치에 있다. 사람들은 우리에게서 그것을 받을 온전한 권리가 있다고 생각하지만, 우리는 그들을 실망시킬 수밖에 없는 당혹스러운 위치에 있다. 우리는 적합한 기적을 위해 기도해달라는 부탁을 받고, 권위 있는 응답을 선포해달라는 요청을 받는다. 그러나 우리의 소명에 따르면 우리는 그럴 자격이 없다. 사실 그 소명에 따르면 우리는 절대로 기적이나 응답에 관여해서는 안 된다.

헛되고 헛되다!

종교적 기대라는 이런 십자포화를 받고 있는 목회자에게 전도서는 가장 반가운 동맹자다. (여기서 '전도서Ecclesiastes'는 책을 가리키는 말로, '코헬렛Qoheleth'은 저자를 가리키는 말로 사용할 것이다.) 왜냐하면 이 책은 기적 장사꾼이나 응답 제조자들과 경쟁해야만 하는 목회자의 입장을 대변하기 때문이다. 이 책은 해야 하는 일에 관해 목회자에게 지침을 주지 않지만, 우리가 할 필요가 없는 일—사실 하지 말아야 하는 일—에 관해 이야기하기 때문에 엄청난 도움이 된다. 이 책에는 목회 사역을 위한 프로그램이 없지만, 위험한 일을 하기를 거부해야 한다는 가르침을 탁월하게 제시하고 있기 때문에 이 책은 목회 사역에 없어서는 안 될 책이다.

그의 시대의 종교의 상태에 대한 코헬렛의 목회적 평가는 헤벨*hebel*이라는 단어로 요약된다. 이 말은 "눈에 보이거나 인식할 수 있지만, 본질적이지 않고 덧없으며 무익한 것을 의미한다."[2] 문맥이 바뀜에 따라 이 단어는 무익, 모조, 환영, 기만 등 다양한 의미를 지닌다. 코헬렛은 이 단어를 마흔 번 사용한다. 이 단어로 시작해(1:2) 이 단어로 끝을 맺는다(12:8). (구약의 나머지 부분에서는 불과 서른 차례밖에 사용되지 않았다.) 헤벨 헤벨림*hebel hebelim*, 즉 "헛되고 헛되다!"(혹은 프랭크 지머먼의 불경한 번역처럼 "배만 더부룩하다!")라는 표현으로 이 단어를 강조하는 경우도

많다.[3]

카를 바르트는 "위조 동전이 유통되는 한 진짜 동전도 의심을 받는 것과 마찬가지로 종교의 오만이 제거될 때까지는 하나님께로부터 비롯된 깨달음도 자유롭게 통용될 수가 없다"라고 말했다.[4] 이것은 코헬렛의 계획이기도 하다. 그는 이스라엘과 교회로부터 가짜 동전으로 거래하는 모든 사람들을 몰아내고, 헤벨이라는 빗자루로 그곳을 깨끗하게 쓸어낼 것이다.

코헬렛이 이 책을 기록한 정확한 역사적 배경은 알려져 있지 않다. 일반적으로 그가 살았던 것으로 알려진 시대—페르시아 말기와 그리스 초기(주전 약 350년에서 250년 사이)—는 성경의 역사에서 가장 잘 알려지지 않은 시대다. 저자는 알 수 없고, 저작 연대는 어렴풋이 추정할 뿐이다. 이런 상황에서는 아무것도 확실하게 이야기할 수 없다. 그러나 진공 상태에서는 아무 말도 할 수 없고 아무 글도 쓸 수 없다. 실제로 코헬렛은 실질적인 생각을 다루는 현실의 사람들로 이뤄진 특정한 환경 속에서 글을 썼다. 그러므로 확실한 역사적 자료가 없는 상황에서 코헬렛이 살았던 세기라고 알려진 시대에 해당하는 종교적 상황을 추측해보는 것은 부적절한 일이 아니라고 나는 생각한다. 즉, 이때는 평화와 어느 정도 번영을 누렸으며, 심각한 갈등이 약화됨에 따라 종교가 쇠퇴기에 접어들고 있던 것으로 보인다. 앞선 시기에 왕성한 활력으로 성장을 이룬 후 여유를 가질 수 있게 되고 갈등으로 인한 긴장이 해소되자 일종의 해이함이 느껴지는 상황이었다. 존 브라이트는 포로기 이후의 세기에는 일반적으로 "종교가 역사의 맥락으로부터 이탈되는" 경향이 있었다고 지적한다.[5]

이런 상황에서 두 가지 현상이 나타났으며, 만약 이를 방치할 경우 건전한 성경적 신앙의 죽음을 초래했을 것이다(그리고 거의 그런 지경에 이르렀다). 그것은 바로 지나치게 자신감이 넘치는 지혜와 신경질적인 묵시였다. 이런 두 가지 과잉에는 어떤 전형성이 존재한다. 이런 태도는 신앙의 이야기 전체에서 반복적으로 등장한다. 지나치게 자신감 넘치는 경건에서는 하나님이 자신을 아시는 것보다 우리가 그분의 마음을 더 잘 안다고 확신하며, 신경증적인 묵시에서는 이제 곧 심판의 날이 온다고 확신한다. 두 입장 모두 성경적 어휘를 사용하며 종교적 목적을 가지고 있기 때문에 목회자들이 그들의 계획을 이행하는 데에 협력하기를 기대한다.

전도서는 구약에서 가장 늦게 기록된 책 중 하나다. 당시 유대교의 상황을 감안할 때, 이 책은 우리가 그때의 추세라고 알고 있는 것에 이르는 자연스럽거나 명백한 결론이 아니다. 전혀 다른 것이 우리에게 주어질 수도 있었다. 예를 들어, 그것은 (후기 지혜문학 운동의 영향을 받아) 솔로몬의 아류들로 이뤄진 위원회에서 만든 지나치게 자신감 넘치는 글이거나, 에스겔이나 다니엘의 환상을 표현해놓은 세상의 종말에 대한 무시무시한 도표일 수도 있었다. 우리에게 주어진 것은 그 어느 것도 아니다.

대신 우리에게 전해진 것은 코헬렛의 냉소적인 글이다. 그는 인본주의자들의 안이한 자기만족도 거부했고, 묵시론자들의 공포에 사로잡힌 집착도 거부했다. 너무나도 쉽게 장사를 할 수 있었고 지금도 그렇게 할 수 있는 시장이 있음에도 불구하고, 그는 전혀 새롭지 않은 재탕한 지혜에 대한 요구에도, 설익은 묵시에 대한 요구에도 영합하기를 거부했다.

코헬렛은 사도 바울과 사도 요한이 초대 교회에서 다뤄야 했던 바로 그 문제에 직면했던 것으로 보인다. 호스킨스Hoskyns와 데이비Davey는 이 문제를 "확신에 차서 기독교 신앙의 본질이라고 우기는… 무질서한 종교적 낭만주의의 난동"이라고 묘사했다. 이 문제를 다룰 때 각 사도는 "예수의 삶과 죽음을 통해 교회의 통제력을 회복하기 위해 자신의 모든 목회적, 문학적 열정을 쏟아부었다."[6]

전도서는 세례 요한류의 책이다. 이 책은 식사가 아니라 목욕의 기능을 한다. 이 책은 양분이 아니라 정화다. 이 책은 회개다. 더러운 것을 제거한다. 목회자는 환상과 감상을, 우상숭배적인 관념과 질릴 정도로 달콤한 감정을 닦아내고 깨끗해지기 위해 전도서를 읽는다. 이 책은 목회자를 경유해 하나님을 향하는 모든 오만하며 주제넘은 기대를 폭로하고 거부한다. 언제나 요약하는 데에 탁월한 발터 아이히로트Walther Eichrodt는 이렇게 썼다.

헬레니즘 시대에 그리스 철학에 대해 알게 된 결과 새로운 수명을 얻게 되었으며, 인간에게 하나님의 계획을 전수하고 세상의 수수께끼를 풀 수 있다고 믿었던, 자기 확신에 찬 지혜의 가르침에 맞서 지혜 사상에 정통하고 스스로 그 진영의 일원이기도 했던 한 사람이 전투에 나섰다(12:9). 끊임없이 생각을 새롭게 전환하면서 그는 지혜가 최고라는 주장에 대해 반격을 가하면서, 지혜의 거짓 위세를 파괴하고 지혜로운 사람들보다 더 높으신 분께서 아무도 통과해서는 안 되는 경계를 정해두셨다는 사실을 통해 그에 맞선다.[7]

나 전도자는

문법적인 관찰을 통해 이 책이 목회 사역에 중요하다는 것을 말해주는 한 가지 통찰을 얻을 수 있다. 저자는 자신을 "나 전도자"라고 칭한다(1:12). "전도자"는 히브리어 코헬렛*Qoheleth*과 그리스어 에클레시아스테스*Ecclesiastes*를 영어로 옮긴 말이다. 이 단어는 "모으다, 소집하다"라는 뜻의 동사*qhl*에서 파생되었다. 문법적으로 여성분사 형태를 취하면 동사가 직업을 지칭하는 말이 된다. (다른 예로는 에스라 2:55의 소페렛*soperet*과 에스라 2:57의 포케렛*pokeret*이 있다.) 그렇다면 코헬렛은 "하나님 앞에 백성을 불러 모으는 사람"인 셈이다.[8] 이는 오늘날 기독교 목회자가 수행하는 기능이기도 하다. 이 단어가 인명이 아니라 직위를 가리키는 말이 분명하기 때문에, 이 책의 내용은 공동체의 종교적 지도자가 그의 지도하에 모인 사람들의 영적 건강에 관해 가지고 있던 염려와 관련이 있을 가능성이 높다.

목회 사역의 특징 중 하나는 인격적인 하나님과 성숙하고 인격적인 관계를 계발하는 것, 신학의 창백한 추상적 관념을 제자도의 인격적 실례로 번역해내는 것이다. 이것이 목회 사역의 기초를 이루는 주제라고 생각하는 사람들도 있다. 이 사역에서 흔히 빠지기 쉬운 위험은, 하나님과의 인격적 관계를 계발하고 장려하는 와중에 하나님과 인간 사이의 차이를 부인하고 거룩함과 죄인됨 사이의 거리를 모호하게 만드는 것이다. 하나님과의 관계는 그저 위층에 사는 사람과 사이좋게 지내는 정도로 시시해져버린다.

모든 히브리인과 그리스도인의 경험 속에 하나님과 인간 사이의 영원한 간극에 대한 강력한 인식이 자리 잡고 있다.

> 구약에서 인간과 하나님 사이의 인격적 관계의 이런 두드러진 특징은 모든 종교적 관계를 하나님이나 야훼에 대한 경외, 이랏 엘로힘이나 이랏 야훼로 묘사하는 습관을 통해 언어적으로 표현된다. 마찬가지로 올바른 종교적 태도를 하나님이나 야훼를 경외하는(예레 엘로힘 〔야훼〕) 모습으로 묘사한다. 이러한 어법은 가장 이른 시기부터 가장 늦은 시기까지 놀라울 정도로 규칙적으로 사용되고 있다.[9]

"할 말은 다 하였다. 결론은 이것이다. 하나님을 두려워하여라. 그분이 주신 계명을 지켜라. 이것이 바로 사람이 해야 할 의무다"(12:13).

코헬렛이 자신만의 독특한 하나님의 죽음 신학을 주창하는 유대교 주류에서 벗어난 특이한 괴짜라는 일부의 견해(요하네스 헴펠〔Johannes Hempel〕은 이 책을 "주후 3세기의 가장 이단적인 책"이라고 묘사한다)[10]는 그 가능성이 희박하다. 그 반대 증거가 없어도(실제로 그런 증거는 없다) 저자가 스스로 자신의 직책을 밝히고 있다는 사실과 그의 직책이 공적이라는 사실을 감안할 때, 그가 유대교 주류에서 속한 사람으로서 일했다고 가정하는 것이 자연스럽다. 따라서 유대교 최고의 전도서 주석가인 로버트 고디스Robert Gordis는 "이 책은 유대교 문학의 주류에 속하는 책으로서 과거를 원용하고 미래에 기여했음이 분명하다"라고 결론 내린다.[11] 코헬렛이 직면한 문제는 종교적 쓰레기와 신학적 폐기물 때문에 그 주류가 막혀서 흐르지 못하고 있다는 것이었다. 하나님의 계시의 강이 더 이상 자유롭게 흐르지 않고 있었다. 거대한 통나무에 가로막혀 물이 원활하게 흐르지 못하고 있었다. 깨끗하고 물살도 빨랐던 초기 이스라엘의 급류는 이제 그 흐름이 막힌 채 웅덩이에 고이고 있었다. 설상가상으로 강둑에는 장사꾼들이 가게를 차리고 오염된 물을 병에 담아 관광객들에게 성수聖水로 속여 팔아먹고 있었다. 코헬렛은 이 상황을 도저히 용납할 수 없었다. 그는 이의를 제기했다. 그는 그들의 잘못을 폭로했다. 틀림없이 그의 목소리는 소수의 목소리였지만, 그 목소리는 주류에서 나온 목소리였다. 그는 어떤 인간적 체계 안으로도 흡수될 수 없는 신적 타자성의 충실한 수호자로 남아 있다. "하나님이 이렇게 하시니 사람은 그를 두려워할 수밖에 없다"(3:14).

나는 생을 즐기라고 권하고 싶다

'냉소적'이며 '비관적'이라는 꼬리표를 달아 전도서를 물리치는 경우가 있다. 그러나 이런 꼬리표는 이 책과 어울리지 않는다. 건강하고 쾌활함을 보여주는 증거가 엄청나게 많다. "나는 생을 즐기라고 권하고 싶다"(8:15)라는 주제가 이 책 전체에서 반복적으로 등장한다(2:24; 3:13; 8:15; 9:7-10; 11:7). 예루살렘 탈무드(키두신)에는 "모든 사람은 살면서 보고도 즐기지 않았던 모든 좋은 것에 대해 하나님 앞에서 해명해야만 한다"라는 구절이 있다.[12] 이 말은 전도서의 정신과도 일맥상통한다.

성서문학의 주류는 하나님의 '예'로 특징지을 수 있다. 어쩌면 이 말은 다른 어떤 말보다 복음의 메시지를 더 잘 표현하고 있을지도 모른다. 하나님은 인간에게 '예'라고 말씀하신다. 인간은 '예'라고 응답한다. 목회 사역이란 상상할 수 있는 모든 삶의 상황 속에서 복음의 '예'를 반복하고 믿음의 '예'로 응답하도록 격려하는 일이다. 사도 바울의 이 말은 목회 사역의 주제이기도 하다. "여러분에게 선포한 하나님의 아들 예수 그리스도께서는 '예'도 되셨다가 동시에 '아니오'도 되신 분이 아니었습니다. 그리스도 안에는 '예'만 있을 뿐입니다. 하나님의 모든 약속은 그리스도 안에서 '예'가 됩니다. 그러므로, 그리스도로 말미암아, 우리는 '아멘' 하면서 하나님께 영광을 돌리는 것입니다"(고후 1:19-20). 히브리어에서 '예'는 '아멘'이다. 이 말은 풍성하고도 다양한 의미를 담고 있다. 이 말은 확실하고 견고하다는 뜻을 가진다. 무언가가 확정되었음을 묘사한다. 하나님은 '아멘'이시다(사 65:16). 그분은 확실하시고, 신실하시고, '예'라고 말씀하신다. 하나님이 '아멘'이시기 때문에 사람들은 '아멘,' 즉 믿음 안에서 살 수 있다. 우리는 그리스도 안에서 우리에게 '예'라고 말씀하시는 하나님께 '예'라고 말하고, 그리하여 그 하나님이 우리를 구속하시는 긍정적인 방식으로 그분과 관계를 맺으라고 배운다.

바로 이 물줄기 안에서 코헬렛이 활동했고, 지금도 모든 목회자가 그 안에서 활동하고 있다. 그러나 코헬렛의 시대에 이 물줄기는 흐르지 않았고 물은 맑지 않았다. 하나님의 긍정이 하나님의 강의 둑을 따라 그 뿌리 깊은 배경으로부터 단절되었다. 자라서 열매를 맺기는커녕 죽은 나무가 되어 예배의 흐름을 막고 진리의 선명함을 흐리게 만들었다. 여전히 하나님의 '예'를 말하기는 하지만, 하나님과 분리된 채 사용되고 있다. 이스라엘이나 교회에서 이런 현상은 전혀 드물지 않다. 거짓으로 종교 행세를 하려 들면서 터무니없는 소리를 늘어놓는 사람들이 너무나도 많다. 그러므로 목회자가 '예'를 반복하는 것으로는 충분하지 않다. 그것은 뿌리가 깊은 '예'이자, 긍정하시는 하나님과 응답하는 사람 사이의 성서적 사귐 안에서 유기적으로 생동하는 '예'이어야 한다.

케리그마의 '예'는 "모든 것이 괜찮다. 모든 것이 괜찮아질 것이다"라고 말하는 것과는 전혀 다르다. 목회자는 언제나 미소 지으며 파국을 헤쳐 나가고 아내와 자녀, 친구들에게 "무언가 좋은 일이 생길 거야"라고 안심시켰던 미커버(Micawber, 찰스 디킨스의 소설《데이비드 코퍼필드》의 등장인물—옮긴이)가 아니다. 죄가 보기보다 나쁘지 않은 척하면서 복음의 '예'를 말하지 않는다. 아픔을 피하거나 고통에서 비켜서서 '예'라고 말하지도 않는다. 만약 이 말을 마치 거룩한 응원 문구처럼 사용한다면 목회 사역의 과정에서 말하는 '예'는 파괴적일 정도로 의미 없는 말이 되고 말 것이다. 목회자는 치어리더가 아니다. 선전을 목적으로 사용된 목회적 열정은 하나님의 '예'의 예리한 날을 무디게 만든다. 목회자는 홍보산업에서 배울 것이 거의 없으며, 오히려 그것에 대해 크게 두려워해야 한다.

성경적 '예'인 아멘은 언제나 하나님, 즉 사람들을 지으시고 영원한 목적과 구속의 사랑 안에 그들을 든든히 품어주시는 하나님과의 관계 속에서 사용된다. 그런 긍정에 대한 응답으로 우리는 '아멘'—'예'—이라고 말한다. 이것은 하나님의 속성을 가장 잘 드러내는 말이다. 그것은 인류의 가장 적절한 반응이다. 성경의 용례를 살펴보면 이 긍정의 말은 포괄적인 동시에 세밀하다.

사람들은 하나님이 맡겨주신 책무를 받아들이겠다고 분명히 말하고 싶을 때 '아멘'이라고 말한다. 다윗이 궁정의 예언자와 제사장에게 솔로몬의 왕위 승계를 지시하고 어떻게 해야 하는지에 관해 지침을 주었을 때, 그들 중 한 사람이 '아멘'이라고 외쳤다(왕상 1:36). 즉, "우리는 지침을 이해했습니다. 이것이 하나님의 뜻이라고 믿습니다. 그렇게 하겠습니다!"

'아멘'이라는 말은 개인이 하나님과의 관계에서 무언가 내면적이고 사적인 것에 대해 응답하고자 할 때 사용된다. 이것은 곧 하나님에 대한 개인적인 '예'이다. 하나님이 요시야 왕의 통치기에 예레미야에게 개혁의 예언자가 되라고 말씀하셨을 때, 그는 '아멘'이라는 한 마디로 대답했다(렘 11:5). "예, 주님, 이 어려운 시기에 저는 주님이 말씀하신 그런 사람이 되겠습니다."

'아멘'이 공적인 연도連禱와 예배의 찬양을 통해 개인적인 고백을 하기 위해 사용될 때 이 말은 기도와 찬양의 내용을 확증한다. 다윗이 언약궤를 예루살렘으로 옮기고 예배를 드렸을 때, 찬양대는 백성이 하나님 앞에서 느낀 기쁨을 자세히 나열하는 찬양의 노래를 불렀다. 한 목소리로 크게 '아멘'이라고 외치는 것으로 그 찬양은 마무리되었다(대상 16:36). "예, 이것이 정말로 우리가 말하고 노래하고 싶은 바입니다."

이 말은 예수님이 좋아하신 말이기도 하다. 그분은 '아멘'이라는 말로, 많은 경우에는 두 번의 '아멘'(정말로 정말로 혹은 참으로 참으로)으로 말씀을 시작하셨다. 중요한 것은 그분의 말씀이 믿을 만하며 참일 뿐만 아니라, 그것이 참인 까닭은 예수님 자신이 '아멘'이라고 말씀하심으로써 그분의 말씀에 응답하시고, 그 말씀을 확증하고 "믿을 만한 것으로 만드시기" 때문이라는 것이다. 그분은 인간 경험의 총체적 차원에서 하나님의 '예'와 인간의 '예'를 결합하셨다.

이 단어는 지금까지도 꾸준히 사용되고 있고, 이스라엘과 교회 모두에게 매우 중요한 말이다. 우리가 선포하고 응답할 때 사용하는 가장 강력한 말이다. 이 말 안에 "'예'라고 말하기"의 역사 전체가 집약되어 있다. 이 말은 하나님의 축복이 공동체 안에서 작동하게 만들고 그렇게 함으로써 기독교 사역을 특징짓는다. 목회자가 이 말을 중심으로 삼고 '예'라고 말할 때, 그는 "〔하나님의〕 말씀이 참되고 확실하다고 인정하는 사람으로서… 자신의 삶 속에서 그 말씀을 인정하고 긍정하며, 따라서 자신에 의해 그 말이 성취될 때 다른 사람들에게도 그렇게 살라고 요구하는 사람으로서" 성경적 사역에 참여한다.[13]

이스라엘에서 하나님의 '예'를 포괄적인 예배의 행위 안으로 집약시키는 케리그마적 사건은 장막절이었다. 장막절 예배의 케리그마적 주제는 하나님의 넉넉한 사랑과 축복이었다. 이 절기는 추수를 기뻐하는 계절적인 축제(넉넉한 사랑)와 하나님이 광야 생활 동안 기적으로 지켜주셨던 역사적 기억(축복)을 결합했다.[14] 풍성한 결실과 기쁨의 시간이었다. 창조라는 자연적인 선(곡식 추수)과 섭리라는 초자연적인 선(기적의 빵, 만나)은 하나님이 그분의 백성에게 풍성한 삶을 주신다는 선포된 진리를 표상했다. "내 잔이 넘치나이다…." "하나님의 모든 약속은 그리스도 안에서 '예'가 됩니다"(고후 1:20). 이 주제는 지금도 그리스도인들이 모여서 예배하고 헌금을 드리고 찬양할 때마다 반복된다. 장막절에 전도서를 읽는 것으로 정해져 있었다는 점은 대단히 중요하다. 가장 긍정적인 축제 기간 중에 다섯 두루마리 중에서 가장 부정적인 책을 읽어야 했다. 장막절과 전도서를 한데 묶었다는 것은 분명히 목회적인 선택이다. 왜냐하면 사람들이 하나님의 축복으로 공동 예배를 통해 서로 교제하는 한 '예'가 하나님의 '예'로서의 성격을 유지할 수 있다. 그러나 어느 시점에선가 하나님의 축복과 축복의 하나님이, 섭리의 하나님과 그분의 기적적인 공급하심이 분리된다면, 하나님 백성의 삶이 중대한 위협을 받을 것이기 때문이다.[15]

하나님의 축복이 드러나는 거룩한 역사를 잘 알지 못하는 사람, 혹은 하나님의 넉넉한 사랑을 기억하는 순례자의 예배에 참여하지 않는 사람은 축복이 사고파는 상품과 다름없다고 생각하기가 쉽다. 목회자는 날마다 그렇게 생각하는 이들을 만난다. 그는 경건한 환영—소원을 이뤄주는 신—이라는 분필로 얼마나 쉽게 그리고 얼마나 자주 감상적인 신을 그릴 수 있는지, 그리고 그런 신을 축복의 하나님과 동일하다고 생각하는지 알고 있다. 따라서 모든 필요를 충족시켜준다고 약속하는 종교는 모든 원하는 바를 만족시키도록 하나님을 조작하는 종교로 왜곡되고 만다. 그런 일이 일어날 때 목회자는 '아니오'라고 말해야 한다. 영적으로 기운을 북돋는 말투로 말하면 무슨 말이든 복음이 된다는 순진한 생각을 가지고 있는 사람들, 좋아질 것이라고 말하며 응원의 말을 하는 사람은 누구든지 영적 안내자로 무비판적으로 받아들이는 사람들을 향해, 목회자는 초자연적 복음을 긍정하고 하나님의 '예'를 반복해야 한다. 하지만 사실 하나님의 이름으로 행하고 말하는 모든 것이 좋은 것은 아니다. 그저 긍정적인 태도를 가지기만 하면 일어나는 모든 일이 괜찮아지는 것이 아니다. 예수님은 제자들과 헤어지시기 직전에 그들에게 이렇게 경고하셨다. "그때에 누가 너희에게 '보아라, 그리스도가 여기에 있다. 보아라, 그리스도가 저기에 있다' 하더라도, 믿지 말아라. 거짓 그리스도들과 거짓 예언자들이 일어나, 표징들과 기적들을 행하여 보여서, 할 수만 있으면 선택 받은 사람들을 홀리려 할 것이다. 그러므로 너희는 조심하여라. 내가 이 모든 일을 너희에게 미리 말하여둔다"(막 13:21-23).

장막절의 따뜻한 축복에 대해 찬양할 때마다 전도서의 차가운 지혜를 기억해야 한다. 종교의 세계에서 전도서는 인기가 없지만 필수적인 목회적 목소리다. 목회자는 쉽게 속아 넘어가는 이들을 부추기지 않으면서 그들에게 긍정적인 태도를 길러주어야 하고, 사람들로 하여금 방심하지 않고 마을의 모든 신용 사기에 피해자가 되지 않으면서도 그와 동시에 삶의 모든 영역에서 하나님의 모든 '예'에 '예'라고 대답할 준비를 갖추도록 도우며, 하나님이 우리에게 가져다주시는 것을 기꺼이 받아들이고 종교 외판원들의 쓰레기 같은 장삿속에 어리석게 속지 않도록 사람들을 훈련시켜야 할 책임이 있기 때문이다. 우리는 어려운 문제를 기피하고 최악의 고통에 눈을 감는 쾌활하지만 무책임하고 냉담한 태도에 맞서야 한다. 욥의 의심과 고통을 인정하고, 무너져내리는 다윗의 가정과 도전받는 왕위를 받아들이며, 베드로가 예수님을 부인하고 서럽게 울었음을 인정하고, 난파와 거부, 기아와 역병, 예수 그리스도께서 십자가에 달리시고 하나님께 '아니오'라고 말하는 이 세상의 육체적, 영적 무질서를 모든 신경 하나하나로 느끼셨던 세계, 그 안에서만 "그분 안에서는 언제나 '예'이다"라는 말이 우렁차게 울려 퍼질 수 있음을 우리는 증명해야 한다.

코헬렛은 하나님의 편에 있을 때 모든 어려움을 해결하는 안락한 지혜를 얻을 수 있다는 순진한 낙관론에 도전하고, 편리한 기적에 대한 줄기찬 기대에 맞섬으로써 이러한 목회적 기능을 수행한다. 그의 초연한 회의주의는 하나님이 하시는 일과 하실 일에 대한 비성경적 기대와, 그분이 우리를 위해 해주시기를 원하는 바를 그분께 투사하고 그리스도 안에서 우리를 위해 행하시겠다고 이미 약속하신 일에 대해 마음을 열지 못하게 하는 기대에 대한 목회적 부정이다. 그는 대필작가가 쓴 베스트셀러와 텔레비전의 화려한 쇼가 만들어낸 종교를 폭로하고, 회개를 통해 믿음으로 복음에 응답할 수 있도록 준비시킨다.

코헬렛이 자신만의 힘으로 혼자서는 이 모든 것을 말할 수 없다. 그러나 우리가 그의 책을 대하는 맥락—즉, 성경적 긍정이라는 넓은 흐름(정경)—안에서 그는 이 모든 것을 말한다. 헤르츠베르크Hertzberg는 그의 주석에서 코헬렛이 성경의 가장 강력한 긍정 중 하나인 창세기의 창조 이야기를 인생관의 모형으로 삼았음을 탁월하고도 자세히 논증한 바 있다.[16] 코헬렛은 창조주가 모든 것을 그때에 맞게 아름답게 만드셨으며 인간의 마음 속에 영원을 심어놓으셨으므로 인간은 내적으로 그분과 결합되어 있음을 알고 있다. 또한 그렇기 때문에 기쁨을 창조주의 첫 번째 선물이라고 찬양하고(2:24; 3:1-8, 22; 8:15; 9:7; 11:9), 지혜를 그 한계 속에서 지고한 선으로 인정할 수 있다(2:13-14, 26; 4:13; 7:4-5; 9:16 이하). 그리고 그렇기 때문에 사람들에게 성실히 일하라고 권면할 수 있다(9:10; 11:6). 코헬렛의 모든 목회적 부정은 하나님의 긍정이라는 맥락 안에 자리 잡고 있다. 하나님은 우리 존재의 모든 것과 우리가 행하는 모든 것의 살아 있는 중심이시다. 그분은 모든 것의 앞에, 뒤에, 위에, 아래에 계시다. 만약 우리가 우리 삶의 어떤 부분이라도 그분에게서 떼어낸다면, 우리는 빈 가방만 들고 있게 될 것이다. 하나님을 떠나서는 아무것도 그 자체로 선일 수가 없다. 어떤 것이든 하나님의 창조와 구원이라는 맥락에서 억지로 떼어낼 때 그것은 본질을 잃어버리고 만다. 하나님 아니면 무(헤벨)이다. 어떤 생각도, 어떤 느낌도, 어떤 진리도, 어떤 즐거움도 그 자체로 존재할 수는 없다.

사람들이 하나님 없는 종교를 만들려고 하고 믿음 없이 온전함을 이루려고 하는 한, 코헬렛의 사역은 계속되어야 한다. 그는 맥락을 이탈한 종교는 헛될 뿐이라고 역설하는 성경의 가장 중요한 목소리다. 그는 독립적인 존재에 대해 어떤 즐거움도, 소유도, 경건도 인정하지 않는다. 그는 우리가 하나님을 위한 옷을 입을 수 있도록 우리한테서 "종교"를 벗겨낸다.

지혜로울 뿐만 아니라

코헬렛을 이스라엘 지도자들의 전통 속에 위치시킬 때 그의 목회적 중요성을 더 분명히 이해할 수 있다. 이스라엘의 지도자들은 기본적으로 세 가지 흐름—제사장, 예언자, 현자—속에 자리 잡고 있다("…우리에게는 율법을 가르쳐줄 제사장이 있고, 지혜를 가르쳐줄 현자가 있으며, 말씀을 전하여줄 예언자가 있다"〔렘 18:18〕).

제사장은 사람들과 하나님 사이의 모든 관계를 나타내는 예배의 체계를 관장했다. 그들의 전통은 히브리 정경의 첫 부분, 율법(토라) 안에 집약되어 있다. 그들의 의례는 고백과 용서, 간구와 약속의 과정으로 이뤄지며, 이를 통해 사람들이 출애굽의 경험과 시내산에서 받은 말씀을 잊지 않고 기억하게 했다. 하나님의 위대한 행위와 말씀을 사람들의 마음속에 간직하게 하고 그에 대해 믿음으로 응답할 수 있게 했다.

예언자는 하나님의 말씀을 그분의 백성에게 전했다. 그들의 전통은 히브리 정경의 두 번째 부분에 집약되어 있다. 모든 세대에서 현재의 언어와 구문을 사용해 하나님의 뜻, 오래된 하나님의 말씀을 참신하고 동시대적인 방식으로 표현했다.

현자는 일상을 통해 일하시는 하나님의 방식에 관해 자신들이 알고 있는 바를 활용해 사람들을 가르치고 훈련시키는 공동체 내의 학식 있는 사람이었다. 그들이 했던 활동의 결과물은 정경의 마지막 부분인 성문서 안에 담겨 있다. 그들은 노동과 성, 쾌락과 여가, 가정과 공동체의 관계, 자녀와 아내, 노예, 이웃을 대하는 법 등 일상의 세계를 자신의 전문분야로 삼았다. 전도서는 히브리 정경에서 이 전통에 포함된 마지막 책이다. (그리스어 성경에는 백 년 뒤에 쓰인 집회서Sirach-Ecclesiasticus도 포함되어 있다.)

지혜는 하나님이 구원자이시며 창조주이심을 믿는 사람들의 일상생활을 그 구체적인 배경으로 삼는다.[17] 즉, 현자는 제사장과 예언자가 이미 세우고 규정한 맥락 속에서 일한다. 이 맥락에서 그들이 하는 일은 하나님의 말씀을 선포하는 것이라기보다는 사람들에게 그 말씀대로 살아내는 기술을 훈련시키는 것이다. 그런 점에서 그는 오늘날 주중에 목회자들이 하는 일과 매우 비슷한 기능을 수행했다. 그들은 수집한 경험과 지혜 전통의 통찰을 활용해 젊은이들을 교육하고 하나님이 구속하신 백성 사이에서 실제로 살아가도록 훈련시켰다.

그러나 이 지혜가 제사장적, 예언자적 맥락으로부터 이탈해 그 자체로서 기능하려고 할 때도 있었다. 그런 일이 일어날 때 이의를 제기했다. 이런 항의 중에서 가장 유명한 것은 욥기와 전도서다. 그러나 이 두 책이 유일한 항의는 아니다. 예를 들어, 이사야는 하나님께 이런 말씀을 받아서 백성에게 전했다.

> 이 백성이 입으로는 나를 가까이하고,
> 입술로는 나를 영화롭게 하지만,
> 그 마음으로는 나를 멀리하고 있다.
> 그들이 나를 경외한다는 말은,
> 다만, 들은 말을 흉내 내는 것일 뿐이다.
> 그러므로 내가 다시 한 번
> 놀랍고 기이한 일로
> 이 백성을 놀라게 할 것이다.
> 지혜로운 사람들에게서 지혜가 없어지고,
> 총명한 사람들에게서 총명이 사라질 것이다(사 29:13-14).

이사야에 따르면 지혜로운 사람들은 옛 격언을 되풀이하고, 옛 교리를 중얼거리며, 아무런 인격적 참여나 영적 헌신도 없이 그저 정통적인 가르침만 말했을 뿐이다. (또한 사 31:1-3; 30:1-7; 19:11-15을 보라.) 백 년 후 예레미야는 똑같은 문제에 맞서 현자들의 오만한 자기 확신을 비판했다.

> 나 주가 말한다…. 용사는 자기의 힘을 자랑하지 말아라. 부자는 자기의 재산을 자랑하지 말아라. 오직 자랑하고 싶은 사람은, 이것을 자랑하여라. 나를 아는 것과, 나 주가 긍휼과 공평과 공의를 세상에 실현하는 하나님인 것과, 내가 이런 일 하기를 좋아한다는 것을, 깨달아 알 만한 지혜를 가지게 되었음을, 자랑하여라. 나 주의 말이다.(렘 9:23-24)

지혜가 아무리 선한 기능을 할지라도, 그것이 한 사람으로 하여금 하나님과 떨어져 스스로 살아갈 수 있도록 만들어주지는 못한다.

여기서 인용한 이사야와 예레미야의 말씀은 지혜가 본래의 의도처럼 예전과 케리그마라는 틀 안에서 언제나 제 역할을 했던 것이 아님을 보여주는 주변적인 증거다. 그러나 중요한 증거는 욥기와 전도서 안에 있다. (이른 시기의) 잠언과 (늦은 시기의) 집회서는 이스라엘 역사에서 지혜가 건전한 상태에서 어떻게 기능하는지를 보여준다. 그 사이에 자리한 욥기와 전도서에서는 지혜의 타락에 대해 항의한다.

욥기에서는 고통의 시간 동안 하나님의 생생한 현실과 만나지 못하는 지혜에 대해 격분한다. 아마도 이 책은 바빌로니아 유배 초기 지혜 교사들의 천박한 신정론에 항의하기 위해 쓰였을 것이다. 현자들은 "건강하고, 부유하고, 지혜로울" 수 있도록 보장해주는 삶의 방식을 사람들에게 가르칠 수 있다고 공언했다. 바빌로니아에 의한 예루살렘의 파괴와 그에 이은 유배는 하나님의 사랑을 거부하고 믿음의 삶을 저버린 민족에 대한 명백한 심판이었을 뿐만 아니라, 착하고 무고한 사람들에게도 영향을 미쳤으며 이로 인해 다치고 죽고 추방당하는 사람들도 있었다. 요시야 개혁에 정직하고 열정적으로 참여했던 사람들, 신명기에 대한 설교에 응답하고 의로움 안에서 살기 위해 열심히 그리고 신실하게 노력했던 사람들도 분명히 많았을 것이다. 현자들의 선전에 따르면 이런 사람들은 고통으로부터 면제를 받았어야 했다. 그러나 그렇지 않았다. 그들 역시 다른 모든 사람과 함께 고통당했다.

그래서 욥은 지혜 교사들의 상투적인 말에 호도된 이 사람들을 대신해 고통스럽게 항변한다. 그는 하나님을 다 설명할 수 있다고 주장하며 능란한 언변으로 모든 예외에 대한 설명을 늘어놓는 충고와 가르침을 거부했다. 욥기의 저자는 거짓이 없고 무고한 욥을 엄청난 고통이라는 배경 속에 자리 잡게 한 다음, 그의 주변에 (엘리바스와 빌닷, 소발, 엘리후의 연설이라는 형식으로) 모든 현자의 충고를 끌어모았다. 그 대조는 결코 잊을 수가 없다. 즉, 욥에게 충고하는 사람들은 정연하고 현학적인 방식으로 책에서 읽은 교훈을 나열하는 반면, 욥은 처음에는 고통 속에서 울부짖고 참람한 말을 내지르지만 나중에는 "폭풍 가운데서" 말씀하시는 하나님 앞에 경외심에 사로잡힌 믿음으로 침묵한다. 현자들이 입을 닫고 하나님이 말씀하시도록 해야만 할 때가 있다.

욥기는 지혜를 거부하지 않는다. 사실 이 책은 지혜 운동 안에서 쓰였다. 이 책이 거부하는 것은 상투적인 글귀로 축소된 지혜, 성공 이야기로 선전하는 지혜다.

4세기에 이르러 이 일을 한번 더 해야 할 필요가 있었다. 또다시 지혜가 진부해지고 상투적인 것이 되고 말았다. 그러나 이제 역사적 배경이 전혀 달라졌다. 이제 문제는 고통으로 인한 당혹감이 아니라 번영이 초래한 자기도취였다. 코헬렛은 전혀 다른 문체로 욥이 그의 세대를 위해 했던 일을 자기 세대를 위해 했다. 욥은 화려하고 신화적인 은유를 활용하고 극적 형식을 사용한 반면, 코헬렛은 미묘하고 재치 있는 표현과 허먼 멜빌 Herman Melville이 그토록 감탄했던 "정교하게 단조鍛造해낸 강철" 같은 산문을 사용했다.[18] (코헬렛에 대한 멜빌의 찬양은 다소 놀랍다. 더 흥미로운 사실은, 정작 멜빌 자신은 19세기 초절주의라는 에머슨Emerson의 정원에 에이햅Ahab 선장의 욕설과 모비 딕의 몸부림을 소개함으로써 욥의 역할을 했다는 점이다.)[19] 4세기 말 이스라엘의 신앙은 생기가 없고 진부해졌다. 장엄한 계시의 산인 시내산이 볼품없는 흙무더기로 변하고 말았다. 우렛소리 같은 하나님의 명령(시편 29편)은 소리가 약해졌고 감미로운 배경음악으로 바뀌고 말았다. 영혼을 휘저어놓았던, 죄인인 인간과 거룩하신 하나님 사이의 만남은 텔레비전 연속극의 멜로드라마처럼 감상적인 것으로 취급받았다. 집 없는 백성이 자비와 사랑의 하나님에 의해 인도를 받고 공급을 받았던 그 광야의 엄청난 시련은 측량되고 구획되어 모든 중산층 가정이 구입할 수 있는 가격에 팔리고 있었다. 그리고 모세의 날카롭고 지반을 흔드는 지혜 대신 이제 긍정적인 사고방식을 가르치는 사람들의 상투적인 말을 들어야 했고, 이사야의 "아름다운 천둥소리" 대신 텔레비전 설교자의 느끼한 쇼맨십을 지켜보아야 했다.

주변에 지혜가 넘쳐났지만, 그것은 제자리에서 벗어난 지혜였다. 하나님을 경외하는 본래의 맥락에서 떼어내 문화 속에 골동품(손쉬운 대답과 편리한 기적)처럼 진열된 하나님의 계시의 편린들에 불과했다. 빛나는 운율의 시와 우레와 같은 산문을 축약해 가벼운 대화거리로 나눠줄 수 있도록 〈리더스 다이제스트 *Reader's Digest*〉에 집어넣고 말았다. 종교에 관한 가벼운 이야기를 나눌 수 있는 재료들이 주변에 어지럽게 널려 있다. 그것은 솔 벨로의 소설 주인공 오기 마치Augie March가 자신의 어머니에 대해 반대했던 그런 태도이기도 하다. "그것은 부엌의 종교이며 물을 뒤집으시고 고모라를 무너뜨리신 창조주 하나님과는 아무런 관계가 없었습니다. 그것은 종교의 본질에서 멀어져 있었습니다."[20]

이런 상황에서 전도서의 겸손한 지혜가 소개되었다는 것은 얼마나 신선한가, 그리고 얼마나 중요한가! 전도서는 "제자리를 아는" 지혜이기 때문이다. 코헬렛은 "지혜로울 뿐만 아니라" (12:9) 자신이 맡은 일의 중요성과 그 한계를 확실히 알고 교사와 율법학자로서 자신의 일에 임했다.

영원을 사모하는 마음

물론 성경적 종교 안에도 대답이 있다. 기독교 신앙은 계시의 문제를 다룬다. 우리는 하나님의 속성과 그분의 뜻을 배운다. 예수 그리스도의 계시라는 빛으로 어림짐작이나 신화화를 철폐한다. 성경적 종교에는, 역사적으로 검토하고 철학적으로 시험해볼 수 있는 내용이 있다. "추측이 필요한 암시" 이상의 내용이 있다. 하나님에 관한 지식 중 일부는 사람들이 묻는 물음에 대한 대답이 될 만한 문장으로 진술할 수 있다.

그러므로 여기서 거부하는 것은 대답 자체가 아니다. 대답을 전적으로 거부할 때 그것은 어두운 방과 향, 주문의 종교가 되고 말 것이다. 코헬렛의 반론은 대답의 세속화, 즉 하나님 안에 근원을 둔 지식을 취해 그것을 그 근원으로부터 분리시켜 임시

변통식으로 사용하는 태도를 겨냥한다. 케리그마와 예전이라는 그 기원으로부터 분리된 종교적 담론은 가볍기 짝이 없는 궤변이고, 하나님의 마음과 단절된 하나님에 관한 진리로 금세 변하고 만다.

> 지혜가 많으면 번뇌도 많고,
> 아는 것이 많으면 걱정도 많더라.
> (1:18)

월터 해럴슨Walter Harrelson은 이것이 전도서를 가장 유용하고 가장 독특하게 만들어주는 특징이라고 결론 내린다. "이 책 전체에는 우상을 파괴하는, 삶의 의미를 묻는 물음에 대한 손쉬운 대답—종교적 대답을 포함해—을 파괴하는 굉음이 쩌렁쩌렁 울려 퍼진다."[21]

종교적 물음을 제기하는 사람들이 정직하게 그런 물음을 던지는 것은 사실이다. 그러나 그들이 하나님에 대해서는 지엽적인 관심만 가지고 있는 경우가 너무 많다는 것 역시 사실이다. 하나님에 관한 정보? 그렇다. 하나님으로부터 얻은 유익한 통찰? 그렇다. 그러나 하나님? 아니다. 그들은 언제나 친밀함과 헌신을 요구하는 성경적 지식 앞에서는 한 발짝 비켜선다. 그들은 자신과 하나님의 명령 사이에서 편리하고도 안전한 거리를 유지한다. 그러나 그들은 질문을 던진다.

모든 세대에는 그런 수요에 부응하고 대답을 제시하는 종교 지도자들이 있다. 코헬렛의 시대로부터 3백 년이 지났을 때 바리새인들이 그런 사람들이었다. 그들은 모든 문제에 대한 해법, 모든 상황에 대한 본보기, 모든 문제에 대한 대답을 가지고 있었다. 어느 날 그들 중 한 사람이 예수님께 말을 거는 실수를 저질렀다. 그는 이렇게 물으면서 그저 동네 어귀에서 가볍게 나누는 대화 정도로 생각했을 뿐이다. "모든 대답 중에서 가장 훌륭한 답은 무엇입니까?"

> "모든 계명 가운데서 가장 으뜸되는 것은 어느 것입니까?"
>
> 예수께서 대답하셨다. "첫째는 이것이다. '이스라엘아, 들어라. 우리 하나님이신 주님은 오직 한 분이신 주님이시다. 네 마음을 다하고, 네 목숨을 다하고, 네 뜻을 다하고, 네 힘을 다하여, 너의 하나님이신 주님을 사랑하여라.' 둘째는 이것이다. '네 이웃을 네 몸 같이 사랑하여라'"(막 12:28-31).

예수님의 대답은 다른 이들에게서 종교적인 질문을 받는 사람들에게 유익할 뿐만 아니라 흥미로웠다. 그분은 먼저 하나님에 관한 진술을 하나님과의 관계 안에 단단히 고정시킨다. "우리 하나님이신 주님은 오직 한 분이신 주님이시다." 이 말은 신명기에 나오는 오래된 신앙고백이다(6:4). 그런 다음 그분은 하나님에 관해 알고 이해하는 모든 것이 사랑의 행위이고, 하나님과 이웃에 대한 사랑을 지향해야 한다는 이중적 명령을 진술하신다. 앎의 인지적 측면은 최소화되지 않고, 오히려 믿음과 제자도 안에서만 활용될 수 있는 방식으로 진술된다.

예수님의 대답은 질문에 대한 답의 형식으로 하나님에 관한 지식을 제공해달라고 요구를 받는 목회자와 다른 모든 사람들에게 모범이 된다. 지식이 하나님과의 관계로부터 분리되지 않게 막는 유일한 방법은 예배의 신앙고백적 기초—신명기의 설교와 예배—로 돌아가는 것이다. 하나님에 관한 지식은 하나님 백성의 공동체 안에서 선포하고 순종하는 성서로부터 나온다. 성경적 정보나 신학적 정보가 이 맥락으로부터 분리된 채 우리에게 전해지는 때는 한 순간도 없다. 하나님에 관해 우리가 알고 있는 모든 것은 이스라엘과 교회라는, 선포하고 기도하는 공동체로부터 나온다. 하나님에 관한 진리는, 오래된 들판에 있는 화살촉처럼 혼자서 유물을 찾아다니는 사람들이 발견해내는 것이 아니다.

종교적 지식이 비인격적인 정보가 되거나 비인격적으로 사용될 때 그것은 더 이상 성경적이지 않은 것이 되고 만다. 만약 그것이 사람들 사이에 거리를 두기 위해 사용된다면, 무언가 잘못되고 있는 것이다. 만약 그것이 자신의 '자리'에 다른 사람을 놓기 위해 사용된다면, 무언가 잘못되고 있는 것이다. 만약 그것이 하나님에 대한 믿음과 상관없이 삶을 향상시키기 위해 사용된다면, 무언가 잘못되고 있는 것이다. 그리고 만약 목회자가 이런 거래에 동조하고 있다면, 그는 죄의 방조자일 뿐이다.

코헬렛의 행간을 읽어보면, 그 시대의 현자들이 하나님이 창조하고 섭리하고 구속하시는 더 넓은 맥락으로부터 이탈했음이 분명하다. 그들은 수년에 걸쳐 습득한 조각난 통찰과 천박한 지혜를 가져다가 사람들을 성공하고 행복하게 만드는 일에 사용했다. 그들은 더 이상 강력하고 삶을 변화시키는 하나님의 말씀에 귀를 기울였던 예언자들의 정신을 따르지 않았다. 그들은 죄책으로 괴로워하며 억압받던 사람들의 고통과 몸부림을 끌어안으며 그들과 더불어 살았던 제사장들의 가르침을 잃어버렸다. 사실 그들은 호사가好事家들이었다. 유쾌하게 성공의 잠언을 건네주며 단편적인 충고를 던지는 지적인 멋쟁이들이었다. 그들은 앤 랜더스(Ann Landers, 20세기 중후반 고민 상담으로 유명했던 칼럼니스트—옮긴이)만큼이나 유행에 민감했으며, 별점만큼이나 비인격적이었다. 여러모로 코헬렛과 비슷했던 우리 시대의 시인 중 한 사람은 20세기에도 똑같은 상황이 벌어지고 있음을 꼬집었다. "말들에 관한 지식과 말씀에 대한 무지."[22]

이 수수께끼 같은 구절에는 코헬렛 특유의 신랄한 통찰이 담겨 있다. "[하나님이] 사람들에게는 영원을 사모하는 마음을 주셨느니라. 그러나 하나님이 하시는 일의 시종을 사람으로 측량할 수 없게 하셨도다"(3:11, 개역개정). 마음은 영원과 맞닿아 언제나 하나님의 존재의 신비를 알고자 애쓴다. 그런 마음은 단순한 대답만으로는 결코 만족할 수 없고, 대답보다 훨씬 크신 하나님으로만 만족할 수 있을 뿐이다.

하나님이 하시는 일을 너는 알지 못한다

그리고 물론 성경적 종교에는 기적이 있다. 기독교 신앙은 구원의 문제를 다룬다. 우리는 우리 스스로 할 수 없는 일을 우리를 위해 행하시는 하나님을 예배한다. 하나님은 인류가 자신에 관해, 주위의 세계에 관해, 우주에 관해 배우고 있는 것의 종합이 아니다. 하나님은 타자이시다. 기적은 하나님께는 우리가 우리의 모든 지식으로도 기대할 수 없었던 차원이 있다는 증거다. 하나님이 자유로우신—자유롭게 새로운 일을 하시는—분이라고 말하는 유일한 방법은 기적을 믿는 것이다. 그분은 자연적인 원인과 결과라는 결정론적 창조에 구속을 받지 않으신다. 그분은 자신이 지으신 우주적인 기계 안에 갇혀 있지 않으신다. 그분은 우리가 그분의 방식이라고 생각하는 것을 초월해 자유로우시다. 그것이 창조 안에서 그분이 세우신 법칙이라고 생각하는 것과 일치하든 그렇지 않든, 그것이 그분이 우리 안에 창조하신 본성과 우리가 연결시키는 통상적인 기대의 일부이든 그렇지 않든, 그분은 뜻하시는 바는 무엇이든 자유롭게 행하신다.

보통 기적은 우리를 놀라게 하는 일이나 우리의 기대 밖에 있거나 우리의 능력을 초월하는 사건을 묘사하는 말이다. 기적은 우리가 창조된 대로의 세계 안에서 일어나리라고 생각했던 것을 초월하는 일, 혹은 하나님이 행하실 것이라고 우리가 생각했던 것 이외의 일이다.

기적이 없는 종교는 미미한 가치밖에 지닐 수 없다. 만약 당신 스스로 모든 일을 할 수 있다면 왜 굳이 종교에 신경을 쓰겠는가? 그러나 기적이 있는 종교는 초자연적인 것에 접근할 수 있는 특권으로 오해받을 수 있는 위험에 항상 노출되어 있다.

목회자는 기적을 행하시는—아픈 이들을 고치시고, 억압받는 이들을 해방시키시고, 길 잃은 자를 구원하시는—하나님에 대한 믿음을 북돋는 동시에 기적 자체에 대한 믿음—즉, 하나님이나 그분의 백성과의 인격적 관계로부터 분리된 채 초자연적인 것을 추구하는 태도—에 대해 경고하는 어려운 책무를 맡고 있다. 왜냐하면 초자연적인 것이 언제나 신적인 것은 아니기 때문이다. "어리석은 기적이 얼마나 많은가? / 그것은 결코 우리를 구원하지 못한다."[23] 예레미야는 거짓 예언자들을 꾸짖는다. 그가 하나님께 받은 말씀은 성경적 종교의 회랑에서 자주 볼 수 있는 경고문이다. "예언자들은 내 이름으로 거짓을 예언한다. 나는 그들을 보내지 않았다…. 그들은 너희에게 거짓 환상과 예언을, 아무것도 아닌 것을, 그들 자신의 마음까지도 속이는 거짓말을 할 뿐이다"(렘 14:14, 저자의 사역). 초대 교회에서도 거짓에 대해 경고해야 하지만 그렇다고 생명력까지 질식시켜서는 안 된다는 것을 알고 있었다. 바울은 자신의 초기 저작에서 두 요소 사이의 균형을 유지한다. "성령을 소멸하지 마십시오. 예언을 멸시하지 마십시오. 모든 것을 분간하고, 좋은 것을 굳게 잡으십시오"(살전 5:19-21).[24]

복음의 메시지는 이렇다. "당신은 필연성이 지배하는 기계론적 세계 안에서 살고 있지 않다. 당신은 우연이 지배하는 제멋대로의 세계 안에서 살고 있지 않다. 당신은 출애굽과 부활의 하나님이 다스리시는 세계 안에서 살고 있다. 그분은 당신이나 당신의 친구들이 가능하리라고 생각하지 못했던 일을 당신 안에서 행하실 것이다. 그분은 당신이 그분에 관해 알고 있다고 생각하는 그 어느 것에 의해서도 제한을 받지 않으신다. 그분은 당신의 무지나 당신의 절망이라는 제한된 차원 안에 갇히지 않으신다. 이사야의 말처럼, '보라, 내가 새 일을 행하리니'"(사 43:19, 개정개역). 그러나 이런 종류의 권면을 듣자마자 사람들이 우리의 기대를 초월해서 일할 수 있으신 하나님을 신뢰하는 대신에, 그들이 필요하다고 생각하는 것을 충족하기 위해 하나님에게서 기적을 끄집어낼 수 있는 지렛대 지점을 찾으려고 노력할 때 목회적인 어려움이 생겨난다. 그들에게 기적은 하나님과 거의 무관하다. 그것은 원하는 것을 얻게 해주는 요구 품목이다.

이런 식으로 종교는 일종의 초자연적인 것에 관한 기술로 오해를 받는다. 그것은 의사들이 포기할 때, 상담자들이 실패할 때, 경제가 붕괴할 때 문제를 해결하는 요령을 제공한다. 올바른 공식에 따라 기도하는 법을 배우고 "충분한 믿음"만 가지고 있다면, 기적을 만들어낼 수 있다.

그러나 그것은 결코 성경에서 말하는 기적이 아니다. 정말로 기적은 우리가 스스로 할 수 없는 일을 행하시는 하나님에 대한 증거다. 그러나 그것은 우리 마음대로 사용할 수 있는 능력이 아니다. 성경적으로 기적의 기능은 현실을 깨뜨리는 것이다. 그렇게 함으로써 우리는 실존을 그 본질에 따라 바라보고, 우리가 큰 그림이라고 여겼던 표층적 일상의 이면을 보며, 감각 자료에 대한 우리의 완고한 고집이나 우리의 둔한 믿음 때문에 감춰져 있던 것을 우리 자신에게 드러나게 하고, 우리 삶을 인격적 사랑의 치유하고 구원하시는 궤도 안으로 점점 더 이끌려 들어가게 한다. 체스터턴은 "그리스도께서 시간으로부터 도피하기 위해서가 아니라 시간이 사람들에게 강요하는 선택 속으로 사람들을 밀어넣기 위해 기적을 행하셨다는 사실"에 대해 주의를 환기했다.[25]

기적에 대한 과장된 욕구가 이제 막 생겨나기 시작했던 문화 속에서 살았던 코헬렛은 그에 대해 경고했다. "바람이 다니는 길을 네가 모르듯이 임신한 여인의 태에서 아이의 생명이 어떻게 시작되는지 네가 알 수 없듯이, 만물의 창조자 하나님이 하시는 일을 너는 알지 못한다"(11:5). 응답의 세속화를 만들어냈던 바로 그 조건이 다음 세대에는 기적의 세속화를 만들어냈다. 코헬렛 이후 백 년이 지났을 때 유대교에는 하나님에 대한 신뢰와 전혀 상관이 없는 초자연적인 것에 관한 책들이 넘쳐났음을 우리는 알고 있다. 제2에스드라서, 제2에녹서, 희년서, 12성조의 유언과 같은 책에 가득한, 복잡한 천사학과 악마학, 천국과 지옥에 대한 끝없는 추론은 코헬렛의 세기에 이미 시작된 현상의 결과물이었다.

이사異事와 기적을 행하시는 하나님께 무조건적으로 헌신했던 이스라엘 역시 모든 기적의 세속화에 대해 '아니오'라고 말했던 오랜 역사를 가지고 있다. 인간과 하나님의 올바른 관계(겸손한 신뢰, 순종의 예배)는 그들의 예배에서 인간이 신께 압력을 가하는 수단으로 삼는 모든 마술적 행위를 배제함으로써 보존되었다.[26] 전도서에서는 기적을 조달하는 이들(마술사, 신접하는 자, 점쟁이)에 대해 구체적으로 언급하지 않지만, 모든 얼빠진 종교적 행위에 대한 신랄한 거부를 통해 그런 마술적 행위를 효과적으로 미리 차단하고 있다.

디오게네스 앨런Diogenes Allen이 쓴 이 문장을 코헬렛의 말로 듣는 데는 큰 상상력이 필요하지 않을 것이다.

> 많은 사람들에게 종교—별난 종교와 평범한 기독교 종파들 모두—는 사업의 성공, 건강의 회복이나 유지, 위해로부터의 보호, 불멸의 획득을 위한 수단이다. 하나님이 두 발로는 서 있을 수 없는 인간을 위한 목발 역할을 한다는 이론은 실제로 벌어지는 노골적인 현상을 제대로 설명하지 못한다. 초자연적인 것에 접속하려는 마음은 횡재

를 바라는 탐욕스러운 마음과 더 비슷하다.

전에는 철학자이자 성직자로서 나의 책무는 하나님의 가능성을 최소한 열어두는 것—마치 종교와 무종교 사이의 투쟁이 일어나고 있기라도 한 것처럼—이라고 생각했다. 이제 나는 더 시급한 문제는 종교의 부족이 아니라 나쁜 종교가 너무나도 많다는 것을 깨닫게 되었다. 더 정확히 말해서, 문제는 일단 "초자연적인" 것을 받아들인 다음에는 어떻게 허용되는 것과 그렇지 않은 것 사이에 선을 그을 수 있는가 하는 것이다. 예를 들어 만약 기적과 마귀, 천사, 텔레파시를 받아들인다면, 점성술과 점, 미래에 대한 예고, 유령, 마녀, 늑대 인간, 뱀파이어를 받아들이지 못할 이유가 무엇인가?[27]

바른 책을 읽거나 가장 인상적인 지도자를 모방하거나 실천 가능한 공식을 발견함으로써 하나님의 능력을 살 수 있다고 가정하는 책들이 엄청나게 많으며 수많은 사람들이 그 가르침을 추종한다. 그렇다면 교회를 성장시키고, 교인 수를 늘리고, 사람들을 성령 충만하게 만들고, 살을 빼고, 헌금 캠페인을 벌이고, 악령을 내쫓고, 암을 치료하고, 공산주의자를 몰아내기 위해, 그 밖에 수많은 일을 위해 이런 능력을 사용할 수 있다.

사도 베드로가 마술사 시몬을 대하는 모습은 이 문제에 관한 좋은 사례 연구다. 시몬은 진심으로 복음에 끌렸다. 사도행전 8장에서 이 이야기를 서술하면서 누가는 시몬의 동기가 불순했다는 암시를 전혀 남기지 않았다. 시몬은 복음을 자신이 마술사로서 했던 일—문제를 해결하기 위한 수단, 개인적인 목적(많은 경우 시시하고, 때로는 상스럽기까지 한)을 위해 초자연적인 것을 조작하는 일, 그런 다음 경험이 없는 사람들을 즐겁게 하고 감동시키고 놀라게 하는 것을 말하거나 행하는 기술로 돈을 벌었던 것—과 비슷하지만 더 우월한 것으로 이해했다.

마술과 신앙에는 한 가지 공통점이 있다. 둘 다 영적인 것을 다룬다. 그러나 그 외에는 모든 것이 다르다. 왜냐하면 마술은 비인격적인 조작과 통제, 획득하기 위한 방법인 반면, 신앙은 우리 안에서 그분이 뜻하시는 바를 행하시도록 그분을 초대하는 하나님에 대한 인격적 반응이며, 순종을 바침으로써 그분이 이끄시는 곳으로 걸어가겠다는 자세이기 때문이다. 우리는 우리 길을 가기 위해서가 아니라 그분의 길을 가기 위해서, 어떤 능력을 얻어 친구들을 감동시키기 위한 수단을 얻기 위해서가 아니라 하나님이 그분의 구원으로 우리를 영원히 감동시키시도록 그분께 우리를 맡겨드리기 위해서 그분께 나아간다. 시몬의 요구는 기적에 대한 탐욕을 보여준다. "내게도 그런 권능을 주십시오"(행 8:19). 하지만 벤저민 슈몰크Benjamin Schmolck의 찬송가는 하나님에 대한 갈급함을 표현한다. "내 주여, 뜻대로 행하시옵소서. 온몸과 영혼을 다 주께 드리니, 이 세상 고락 간 주 인도 하시고 날 주관하셔서 뜻대로 하소서"(새찬송가 549장—옮긴이).

사람들을 향해 "권능"을 얻기 위해 하나님께 나오라고 부추길 때 종교 지도자들(목회자들!)은 시몬의 죄를 영속화한다. 공식을 설교하고, 보상을 약속하고, 재정적으로든 육체적으로든 정서적으로든 무언가를 얻을 것이라는 생각을 가르치는 모든 사람들은 복음에서 이탈하여 결국 이런 경고를 받을 것이다. "그대는 그 돈과 함께 망할 것이오"(행 8:20).

너무 의롭게 살지도 말고

가나안에서 바알 신앙과 야훼 신앙 사이의 갈등은 종교적이지만 아직 그리스도인이 아닌 사람들, 혹은 그리스도인이지만 아직 신앙이 성숙하지 않은 사람들 사이에서 영적 상담을 하고 공동 예배를 인도해야 하는 목회자들에게 매우 유익한 지침을 제공한다.[28] 수세기 동안 계속되는 이 갈등의 이야기는 "그러니 너무 의롭게 살지도 말고, 너무 슬기롭게 살지도 말아라. 왜 스스로를 망치려 하는가?"(7:16)라고 묻는 코헬렛의 훈계에 대한 긴 예증이다. 이 역사, 즉 바알 종교와 야훼 공동체 사이의 수십 년에 걸친 격렬한 갈등을 포함하는 이 역사를 직감적으로 이해하는 목회자들은, 성경적 경험의 참된 핵심을 보존하면서도 바르고 책임 있게 기도하고 예배하도록 그리스도인들을 지도하고자 할 때 확실한 도움이 될 만한 신학적, 예전적 통찰을 습득하게 될 것이다.

바알 신앙은 여호수아의 지도 아래 이스라엘이 약속의 땅을 차지했을 때 가나안인들이 행했던 제사였다. 이 신앙은 포로기까지 이스라엘의 예배를 위협하는 경쟁상대로 남아 있었다. 중단되는 때도 있었고, 억압당하는 때도 있었다. 때로는 갑자기 문화 전체를 지배하기도 했다.

바알 신앙에서 강조하는 것은 심리학적 관계성과 주관적 경험이었다. 참여적인 제의를 통해 사람들과 하나님 사이의 엄청난 간격을 없애버렸다. 두려움에 떨게 만드는 하나님의 위엄과 그분의 "타자성"은 예배자의 종교적 열정 안에 동화되었다. 황소 형상의 신, 포도주의 신, 다산의 신은 관련성의 신, 그럴듯한 즉각성으로 개인적 욕구를 충족시키는 신이었다. 영혼 안에서 타오르는 욕망은 예배라는 제의적 행위를 통해 충족되었다. 신의 초월성은 감정의 황홀경 안에서 극복되었다.

감각적 참여가 그 특징이었다. 이미지가 필수적이었다. 더 대담하고, 더 화려하고, 더 감각적일수록 더 좋았다. 음악과 춤은 사적 다양성으로부터 사람들을 끌어내어 집단적 반응으로 결합시키기 위한 수단이 되었다. 제사에는 성적 행위가 포함되는 경우도 많았다. 왜냐하면 그것은 바알 신앙의 일차적 목적—황홀경을 통해 감각적인 개인을 종교적 운동의 열정 속으로 빠져들게 하는 것—을 너무나도 완벽히 달성했기 때문이다.

따라서 성스러운 매춘이 바알 신앙을 가장 잘 표현하는 행위가 되었다. 그것은 친밀한 성적 행위를 통해 다산을 보장하고 신적 능력을 획득하기 위한 마술적, 유감주술(類感呪術, 어떤 동작을 바르게 흉내 내면 그에 상응하는 효과를 얻을 수 있다는 믿음에서 행하는 주술–옮긴이)적 관습에 뿌리를 두고 있었다. 바알(또는 아세라) 제의에서는 늘 미동과 창기(가나안의 카데쉬와 크데샤)가 필요했다.

예를 들어 아합이 멜카트(Melkart, 두로의 신으로 이세벨이 수입한 바알 신앙의 대상이라고 추정됨–옮긴이) 제의를 수입했을 때, 예후는 그것이 음행과 마술일 뿐이라고 일축했다(왕하 9:22). "음행"은 바알 신앙과 동화된 이스라엘 백성의 예배를 비판할 때 흔히 사용되는 말이다(호 1장 이하; 렘 3:1 이하; 겔 16, 23장; 암 2:7; 호 4:13; 렘 5:7; 13:27; 23:10; 23:14; 미 1:7).

음행에 대한 예언자들의 비판은 문자적으로는 바알 제의의 종교적 매춘을 지칭했지만, 은유를 통해 예배 신학 전체로 그 의미가 확장되었다. 이 말은 자기표현을 통해 성취를 추구하는 예배, 예배자의 필요와 욕망과 열정을 그 원료로 받아들이는 예배를 가리켰다. 음행은 "나는 당신에게 만족을 줄 것이다. 종교적 감정을 원하는가? 내가 그것을 당신에게 줄 것이다. 당신의 필요가 충족되기를 원하는가? 당신에게 가장 매력적인 방식으로 내가 그것을 충족시켜줄 것이다"라고 말하는 예배다.

바알 신앙에서는 인간의 취향과 몰두, 지각과 대립되는 하나님의 뜻을 이해할 수 없고, 그렇기 때문에 성급하게 그것을 포기한다. 바알 신앙은 예배자의 영적 수준으로 축소된 예배다.

이 신앙의 원칙은 재미있고 시의적절하고 흥미진진해야 한다는 것이다.

야훼 신앙은 언약의 하나님의 말씀을 선포하는 것을 그 중심으로 삼는 예배 형태였다. 감정이 아니라 의지에 호소했다. 한 인간으로서 하나님의 뜻에 응답하라는 부르심을 받을 때 인간의 합리적 지성이 각성되었다. 야훼 신앙에서는 무언가—사람들에게 섬기고 사랑하고 순종하고 책임 있게 행동하고 결단하라고 촉구하는 말—를 말했다.

바알 신앙과 달리, 야훼 신앙에서는 예배를 의식적 지성과 분명하게 규정된 관념의 영역으로 고양시키도록 계속해서 압력을 가했다. 이스라엘에서 예배는 제사장 혼자의 일이 아니었다. 그는 예언자와 함께 일했으며, 예언자적 말씀이 성전 예배와 결합되었다. 이스라엘이 성숙했을 때는 예언자적 하나님의 말씀이 그들의 예배를 지배했다.

이스라엘에서 예배는 절대로 부차적인 일이 아니었다. 예배는 인간 삶 전체를 관통하는 살아 있는 종교를 참되게 표현하고자 노력했으며 많은 부분에서 그렇게 하는 데에 성공을 거두었다. 예배는 개인적, 영적, 민족적 삶을 사로잡는 동시에 하나님의 말씀을 선포하는 매개체로서 삶의 물질적인 측면(건물과 몸)까지 하나로 모았다.

하나님의 언약의 말씀이 예배를 시작하고 통제했지만, 감각을 통한 참여도 배제되지 않았다. 기도하며 무릎을 꿇고 엎드리는 신체적인 동작도 포함되었다. 거룩한 춤과 교창交唱으로 공동체의 연대를 표현했다. 제사장의 복장과 양식화된 제사 준비는 극적인 에너지를 만들어냈다. 장엄한 침묵으로 하나님께 거룩한 예물을 바쳤으며, 더 잘 들을 수 있도록 귀를 민감하게 만들었다. 제단에서 피어오르는 향은 기도의 감각적 표현이었다. 인간은 마음과 몸을 함께 지닌 전인적 존재로서 진지하게 받아들여졌다. 하나님과의 관계에서 감각적 요소도 존중을 받았다. 그러나 아무리 풍성하고 다양할지라도 그것은 하나님의 말씀에 의해 규정되고 통제되는 한 부분이었다. 그 어떤 행위도 그저 감각적 경험만을 위해 행하는 것은 없었다. "선포된 말씀이 제의를 완전히 관통하고 해설했으며, 그 말씀을 통해 하나님에 대한 성례전적인 경험보다 하나님과 개인의 영적 관계가 더 우선한다는 점을 분명히 했다."[29]

바알 제사와 야훼 제사 사이의 차이는, 이해하고 알고 순종할 수 있는 언약의 하나님의 뜻에 다가가는 것과 느끼거나 흡수하거나 모방할 수만 있는 자연 속의 맹목적 생의 힘에 다가가는 것 사이의 차이다. 자연의 마법과 주술과 결합된 성적으로 문란한 제의는 언제나 매력적이었고 그 덫에 걸려드는 경우도 많았다. 그러나 공동체 전체와 공동체의 예언자적 지도자들은 한결같이 이를 거부했다.

영적 지도자로서 목회자들은 사람들에게 두 가지 이야기를 계속 듣게 된다. 둘 다 바울 신앙을 떠올리게 하며, "새로운 바알 신앙"이라고 불러도 될 정도다. 그것은, "예배의 경험을 하자"와 "거기서 나는 아무것도 얻지 못한다"라는 말이다.

"예배의 경험을 하자"라는 말은 "하나님을 예배하자"라는 말을 대체하는 바알 신앙의 선전 문구다. 이것은 개인이 납득할 수 있는 무언가에 몰두하는 것과 하나님이 알고 계신 것에 대해 반응하는 것 사이의 차이다. "예배의 경험"에서 사람들은 관심을 자극하는 무언가를 보며 그것을 종교적으로 포장하려고 한다. 의존, 불안, 사랑의 영역에서 무언가를 경험하고, 그것을 궁극적인 것과 연결시킨다. 예배는 한 사람이 보거나 경험하거나 듣는 것으로부터 기도나 찬양, 종교적 분위기에서 행하는 토론으로 넘어가는 움직임이다. 주관적인 태도를 장려한다.

그러나 성경이나 교회에서는 결코 경험을 묘사하기 위해 "예배"라는 말을 사용하지 않는다. 목회자는 사람들이 이 말을 형용사처럼 사용하는 것을 듣곤 한다. "나는 골프장에서도 하나님과 예배의 경험을 할 수 있습니다." 이 말은 곧 "나는 거의 모든 곳에서 좋은 것, 놀라운 것, 아름다운 것을 떠올리게 하는 종교적 감정을 느낍니다"라는 뜻이다. 옳은 말이다. 문제는, 그런 경험이 곧 교회에서 "예배"라고 부르는 것과 동일하다고 생각한다는 점이다. 이 말의 성경적 용례는 전혀 다르다. 성경에서는 하나님 백성의 공동체라는 맥락 안에서 하나님의 말씀에 대한 응답으로서의 예배에 관해 이야기한다. 예배는 주관적이기만 한 것도 아니고 사적이기만 한 것도 아니다. 혼자 있을 때 내가 느끼는 기분의 문제가 아니다. 하나님의 백성과의 책임 있는 관계 속에서 내가 하나님을 향해 어떻게 행동하는가의 문제다. 성경적 자료와 예전적 역사 속에서 예배는 개인이 경험하는 무언가가 아니라, 그것에 대해 어떻게 느끼는지와는 관계없이, 혹은 느낌의 여부와 관계없이 우리가 행하는 무언가다. 경험은 예배를 통해서 생겨난다. 이사야는 성전에서 예배하는 동안 그분의 부르심을 받았던 그날 보고 듣고 느꼈다. 하지만 그는 "스랍의 경험"을 하기 위해 성전에 가지 않았다.

바알 신앙에서는 "예배의 경험"을 부추겼다. 공포에 사로잡혔을 때 당신은 제사를 바쳤다. 수확에 대해 불안해할 때 당신은 성전의 창기를 찾아갔다. 그렇게 하고 싶은 마음이 들 때 하고 싶은 것을 했다. 그 사이에 당신은 일상의 삶을 계속 살아간다. 모든 것을 감정이 지배했다. 공황이라는 감정, 공포라는 감정, 욕망이라는 감정, 열정이라는 감정. 바알 신앙은 풍부하고 다양한 "예배의 경험"을 제공했다.

그 대신 이스라엘과 교회에서는 예배가 하나님의 뜻을 선포하고 그에 대한 인간의 반응을 촉구하는 것이라고 주장했다. 말씀은 권위 있고 분명하다. 그 어떤 것도 감정이나 날씨에 의존하지 않는다. 어떤 사람도 자신이 하고 싶은 일을 하도록 내버려두지 않는다. "예전의 형식"이 그들의 삶에 형식을 부여한다.[30] 하나님은 자신의 본성을 계시하시고 그에 대해 순종을 요구하셨다. 예배는 그 계시에 주의를 기울이고 그것에 순종하는 행위다.

"새로운 바알 신앙"의 또 다른 표현은 "거기서 나는 아무것도 얻지 못한다"이다. 기독교 공동체에의 참여를 뜻할 때 이 말은 예배에 참여하는 것에 대한 진지한 비판인 동시에 더 이상 참여하지 않는 것에 대한 정당한 변명으로 받아들여진다. 개인적 경험을 통해 예배가 자신과 무관하고 흥미롭지 않다는 것을 알고 있다는 것이다.

이런 말을 정당화시켜준다고 믿는 전제는, 예배가 매력적이고 개인적으로 만족을 주어야 한다는 생각이다. 그러나 이것은 되살아난 바알 신앙, 즉 예배자의 정서적, 영적 조건에 맞도록 다듬어진 예배일 뿐이다. 이미 예배자의 정서적, 정신적 구조에 속한 것을 초월하거나 그와 다른 무언가를 선언하는 하나님의 뜻은 거들떠보지도 않고 거절한다. 예배가 우리를 초월한 무언가를 요청할 수 있다는 생각은 모호하다며 무시해버린다.

그리하여 기독교 예배의 필수불가결한 전제, 즉 자신의 말씀 안에서 자신을 계시하시는 언약의 하나님이 삭제된다. 예배를 프로이트적인 욕망의 원리로 대체하고, 인간의 요구에 하나님을 얽어매기 위해 예배를 오용한다. 예배는 자아 찾기를 위한 보호막으로 왜곡된다. 이 자아 찾기가 성적 영역보다 정신적 영역에 속한다고 해도 옛 바알 신앙보다 더 나아질 것은 없다. 그런 예배를 통해 우리는 즐거워하고 마음이 따뜻해지고 위안을 얻고 흥분을 맛볼지도 모른다. 그러나 우리는 변하지 않을 것이고 구원받지 못할 것이다. 우리의 감정은 민감해지고 우리의 쾌락은 확대될 것이다. 그러나 우리의 도덕은 둔감해지고 우리의 하나님은 공상의 대상이 되고 말 것이다.

그렇다고 예배에 오는 사람은 내진이나 강단에서 제공하는 것은 아무리 무능하고 진부해도 무엇이든지 다 참아내야 한다는 말이 아니다. 예배를 인도하는 사람이 예배에 찾아오는 사람들의 필요를 정서적으로 느끼고 그것에 대해 주의를 기울일 필요가 없다는 말도 아니다. 하나님의 말씀을 "참되게 선포하고 성례전을 바르게 행해야 한다." 올바른 찬양과 친밀하면서도 명석한 기도를 위한 규정이 있어야 한다. 목회자와 사람들에게는 그런 예배 행위를 제공하고 참여해야 할 상호보완적인 책임이 있다. 그렇게 할 때 예배에는 생생한 경험이 결코 부족하지 않을 것이다. 왜냐하면 참된 성경적 예배는 무한히 창의적이기 때문이다. 사람들이 지루한 표정으로 시편을 부르며 솔로몬 성전의 계단을 힘없이 올라가는 모습은 상상하기 어렵다. 사도들의 설교를 들으며 (유두고를 제외하고!) 많은 사람들이 조는 모습은 상상하기 어렵다.

결론은 이것이다… 하나님을 두려워하여라

구약에서 전도서는 신약의 빈 무덤에 해당한다. 빈 무덤, 정경의 복음서들이 한 목소리로 부활을 이해하는 데에 필수적이라고 말하는 이야기는 위대한 '아니오'의 경험이다. 이것은 사실 인간이 할 필요 없는, 사실 할 수 없는 일을 표상한다. 나는 하나님을 돌볼 필요가 없다. 그분은 스스로 돌보신다. 나는 그분을 관리하거나 방어하거나 그분께 다음에 무슨 일을 해야 하는지 말할 필요가 없다. 무덤은 비어 있다. 그 말은 곧 이제 나는 집으로 가 내가 하도록 부르심을 받고 명령을 받은 일을 하기만 하면 된다는 뜻이다.

요한과 베드로가 무덤으로 달려간 것은 무덤이 약탈을 당하거나 더럽혔다고 생각했기 때문이었다. 마리아는 돌이 옮겨져 있었다는 것을 보고, 안을 들여다볼 생각도 하지 않고 서둘러 두 남자에게 이를 알렸다. 그리고 그들은 흔히 일어나는 일—도굴—이 일어났다고 가정했다. 그 당시에 도굴은 흔히 있는 일이었다. 비싼 향료로 시체를 감쌌으므로(아리마대 요셉이라는 매우 부유한 남자가 예수님을 매장했다), 시체는 도둑들에게 매력적인 범행 대상이었다. 혹은 악의를 품고 시체를 훔치는 경우도 있었다. 예수님을 십자가에 달리게 만든 바로 그 잔인한 사람들이 시체를 더럽힘으로써 그들의 악행을 계속했을 수도 있다. 요한과 베드로가 무덤으로 달려갈 때 그들은 이 두 가능성 중 하나 혹은 둘 다를 생각했을 것이다. 그들은 예수님을 사랑했으며 순수한 동기에서 용감하게 행동했다. 그들은 도둑들을 막거나 무덤을 훼손하는 이들을 붙잡기 위해 달려갔다.

그들이 도착했을 때 무덤은 비어 있었다. 그러나 완전히 비어 있지는 않았다. 세마포가 놓여 있고 머리를 감쌌던 수건이 따로 개켜져 있었다. 요한은 증거를 관찰하고, 신속하게 추리를 한 다음(그는 모든 형사들의 수호성인으로 추앙받아야 하지 않을까?) 이런 결론에 이르렀다. "그 다른 제자도 들어가서, 보고 믿었다"(요 20:8). 무엇을 믿었다는 말인가? 그는 하나님이 일하신다는 것을 믿었다. 그는 도둑이나 무덤을 훼손하는 이들이 일했던 것이 아님을 알았다. 도둑들은 귀중한 향료를 찾기 위해 시체에서 천을 벗겨낸 후 그대로 내버려두었을 것이다. 그랬다면 그곳은 엉망이었을 것이다. 시체를 훼손하는 이들은 아무것도 남겨놓지 않고 천에 감싼 채 그대로 시체를 옮겼을 것이다. 그러나 세마포는 그대로 있었고 머리를 감쌌던 수건은 가지런히 개켜져 있었다. 요한은 볼 것이라고 예상했던 것을 보지 못했다. 그는 인간의 죄의 증거를 볼 것이라고 기대했지만, 하나님의 능력을 보여주는 증거를 보았다. 그가 할 것이라고 예상했던 것을 하지 않았다. 그는 시체를 구하고, 죽음의 존엄성을 보존하고, 도둑이나 시체를 훼손하는 이들을 체포할 것이라고 예상했다. 그러나 하나님이 이미 자신을 돌보셨다.

목회자가 함께 일하는 사람들(그리고 목회자 자신 역시 예외가 아니다)은 전혀 복음의 일부가 아닌 도덕적이며 종교적 짐을 엄청나게 많이 짊어지고 다닌다. 우리는 신앙에 관해 매우 열심히 노력한다. 그것에 대해 번민한다. 그것과 씨름한다. 우리는 그 어려움을 이겨내기 위해 이를 악문다. 빈 무덤은 그런 태도에 반대하는 순간이다. 거짓된 겸손한 태도로 하나님을 대하며 그분을 마치 우리가 돌보아야 할 사람인 것처럼 취급하는 종교적 지도자들이 너무나도 많다. 우리가 하는 일이 그분의 유효성을 결정한다고 생각하며, 그런 태도가 창조주 앞에 조아리는 피조물의 자세가 아니라 우상을 대하는 이방인의 모습임을 깨닫지 못한다.

십자가에 달리실 때까지 예수님은 권위 있는 치유와 가르침으로 확실히 모든 것을 통제하셨다. 그러나 십자가 죽음은 너무나 극단적이었기에 제자들은 이제 자신들이 상황을 넘겨받아야 한다고 느꼈다. 예수님이 그런 곤경에 처하셨으므로 그분을 사랑하고 섬기는 사람들이 향유를 바르고 슬퍼하고 방어하는 행동을 통해 그분을 구해내야 한다고 생각했다. 그러나 무덤에 이르렀을 때 그들은 자신들이 틀렸다는 것을 깨달았다. 하나님은 해야 할 일을 이미 다 하셨다. 찰스 윌리엄스는 교회사에서 "전능하신 주님을 위한 일에… 지나치게 헌신적이었던" 사람들의 노력이 다 헛된 것이었음을 보여준다.[31] 코헬렛은 "결론은 이것이다. 하나님을 두려워하여라"라고 말한다(12:13).

어떤 신약에는 마지막에 시편이 덧붙여져 있다. 시편은 결론으로서 너무나도 적합하다. 시편은 찬양과 간구, 믿음과 회의를 통해 은총의 경험을 우리 삶에 결합시킨다. 시편은 정직한 고백을 통해 감사와 갈등을 표현한다. 그리스도 안에서 성숙해진 사람은 시편이 여러 방식으로 인격적 친밀함을 길러주고, 이로써 우리 믿음을 "아침마다 새롭게" 해준다는 것을 깨닫는다. 목회자는 개인적 갱신과 목회 사역 모두를 위해 성경의 다른 어떤 부분보다 시편을 잘 활용할 수 있어야 한다.

시편이 신약에 대한 적합한 결론인 것과 마찬가지로, 전도서는 적합한 서문이다.[32] 사람들은 복음에 대해 너무나도 많은 오해와 너무나도 많은 어리석은 감정, 너무나도 많은 성급한 요구를 가지고 있어서 복음의 진정한 메시지를 듣지 못하고 그 실질적인 약속을 대면하지 못하고 있다. 코헬렛은 이 모든 것을 제거한다. 그는 우리로 하여금 종교라고 생각하는 내부의 소음과 우리가 믿음이라고 생각하는 산만한 경건을 버리게 만든다. 그는 잔뜩 쌓여 있는 종교적인 쓰레기를 내다버리고 신앙으로 가장한 속임수를 내쫓는다.

짜임새 있게 배치된 코헬렛의 헤벨(*hebel*, 헛됨)을 신약 서문으로 삼는 것은, 복음의 메시지를 왜곡하거나 들리지 않게 만드는 혼란과 기만을 제거하고, 단순하고 바르게 "하나님을 경외"할 수 있도록 사람들을 자유롭게 하는 일에 목회적 지침을 제공한다. 나는 그렇게 할 때 이 책이 메시지로 오해받지 않을 것이라고 생각한다. 전도서에는 메시지가 없다. "그에게는 전해야 할 메시지가 있을 수 없다. 왜냐하면 그에게 남겨진 유일한 과제는 착각에 대해 경고하는 것이기 때문이다."[33] 그가 맡은 일은 종교라고 착각하는 것을 제거하여 우리가 자유롭게 하나님의 말씀을 들을 수 있게 하는 것이다. 마르틴 루터가 전도서를 매우 중요하게 생각한 것도 이 책의 목회적 기능 때문이었다. "이 작지만 귀한 책은 훌륭한 독자들에게 대단히 가치가 있다. 모든 사람이 날마다 매우 주의 깊게 읽어야 할 책이다."[34] 종교개혁의 동료들과 마찬가지로 루터는 복음의 하나님으로부터 단절된 모든 것은 아무리 세련되고 존경을 받는다고 할지라도 헛된 것임을 입증하고, 그렇게 함으로써 우리로 하여금 모든 말과 형식의 공허함을 깨닫고 부활 속에서 살아 계신 하나님께 응답하도록 돕는 일이 얼마나 필수적인지를 알고 있었다. 이것은 비록 화려하지는 않지만 필수불가결한 목회 사역이다. 마이스터 에크하르트Meister Eckhart의 말처럼, "한 통에 두 종류의 음료수를 동시에 담을 수는 없다. 만약 통에 포도주를 담고자 한다면, 먼저 그 안의 물을 따라내고 통을 깨끗이 비워야 한다. 만약 하나님이 주신 기쁨을 누리고자 한다면, 먼저 당신이 만들어낸 모든 것을 따라내거나 내다버려야 한다."[35]

5부

공동체를 세우는 목회 사역: 에스더서

참된 공동체가 만들어지는 것은 사람들이 서로에 대해 좋은 감정을 가지고 있기 때문이 아니라(그것도 필요하기는 하지만) 다음 두 이유 때문이다. 우선 공동체 구성원 모두가 단일한 삶의 중심과 생기 넘치는 상호관계를 서로 유지하기 때문이다. 두 번째 요소는 첫 번째 요소를 근원으로 삼지만 그와 더불어 즉각적으로 주어지는 것은 아니다. 생기 넘치는 상호관계는 감정을 포함하지만 그것으로부터 유래하지는 않는다. 공동체는 생기 넘치는 상호관계 위에 세워지지만, 그것을 세우는 자는 살아 있으며 생동하는 중심이 되어야 한다. _ **마르틴 부버**Martin Buber[1]

모든 목회 사역은 교회, 즉 신앙 공동체라는 배경 속에서 일어난다. 목회자는 결코 개인들을 섬기는 사적인 종교 전문가가 아니다. 목회자는 결코 군중을 상대하는 비인격적 연설가가 아니다. 목회자는 공동체에 자리 잡고 그 공동체를 세우는 책무를 맡고 있다. 이러한 사역은 모든 면에서 신앙 공동체가 세워지기를 소원했던 사람들이 깨달을 때까지는 박수를 받는다. 이제 그들은 다른 것을 해보라고 수많은 제안을 내놓기 시작한다.

독일의 사회학자 막스 베버Max Weber는 1905년에 미국을 방문해 미국 땅에서 급격히 그 수가 늘고 있던 "자발적 결사voluntary associations"에 관해 감탄했다. 그는 이런 단체들이 성경의 막대한 영향력 아래서 형성된 구세계의 폐쇄적이며 위계적 사회로부터 공동체들이 경쟁에 의해 약해지고 있는 신세계의 파편화된 개인주의 사이로 넘어가는 전환기에 가교 역할을 한다고 지적했다. 그는 이런 단체들이 미국인의 삶에서 얼마나 결정적인 역할을 하고 있는지를 이해했다. 미국 사회를 묘사하는 상투적인 표현에 따르면 미국인들은 "단체에 가입한 사람"과 "단체에 속한 사람들"이다. 엘크스Elks와 부스터즈Boosters, 그 밖에 다른 봉사 단체 네트워크에 가입한 배빗Babbitt에 대한 싱클레어 루이스Sinclair Lewis의 조소는 미국 사회 비판의 전형이 되었다(배빗은 미국 소설가 싱클레어 루이스의 동명 소설의 주인공으로 중산계급의 교양 없는 속물을 가리키는 말로 쓰인다—옮긴이). 미국인의 삶에서 자발적 결사를 향한 충동이 강한 것은 사실이다. 미국처럼 많은 비밀 우애 조합, 기업인의 봉사 단체, 직능 협회, 사교 클럽, 원예 클럽, 여성 클럽, 교회 클럽, 극단, 정치 및 사회 개혁 협회, 상이군인회, 소수민족 협회, 그 밖에 사소하거나 중요한 문제를 다루는 모임이 많은 사회는 없다.

이 모든 것은 사람들이 혼자서는 더 이상 충분하지 않음을 알고 있다는 증거다. 우리의 인간성을 완성하기 위해 우리는 공동체가 필요하다. 그러나 공동체를 만들려는 이런 세속적인 시도는 무의미하기로 악명이 높다. 미국이 가지고 있는 문제들의 특징은 외로움인 것 같다. 독일에서 미국으로 건너온 카렌 호나이Karen Horney는 미국에서 갈등의 내적인 원인이 독일과 얼마나 다른지, 미국의 갈등에서 외로움이 얼마나 큰 비중을 차지하는지를 발견하고서, 자신이 가지고 있던 신경증 성격에 관한 이론 전체를 수정해야만 했다.

공동체라고 할 만한 것이 거의 없으며 공동체를 만들려는 '배빗'류의 시도가 공동체를 제공하는 데에 턱없이 미치지 못하는 사회에서 복음을 공유하는 공동체를 길러내는 것은 목회 사역에서 특히나 절박한 일이다. 그러나 이런 목회 사역을 행하는 문화적 맥락—즉, 공동체를 만들려는 수많은 세속적 시도—때문에 이런 사역은 세속적인 경험과 동일시될 수밖에 없고, 따라서 혼동되고 오해를 받는다. 목회자가 일하는 신앙 공동체는 세상의 공동체로부터 고립되어 있지 않으며 그 영향으로부터 자유롭지도 않다. 우리가 더불어 일하는 사람들은 여러 단체의 회원으로 소속되어 있다. 그들은 교회에 속할 뿐만 아니라, 라이온스클럽, 원예 클럽, 공정 주택 위원회에도 속해 있다. 이런 단체로부터 얻은 경험과 기대를 신앙 공동체로 가져와 평가와 계획, 운영에 적용한다. 그 때문에 목회 사역은 대단히 복잡해진다. 왜냐하면 카를 바르트의 말처럼, "기독교 공동체는… 그 성격과 실존에 있어서 주변 세상과 전혀 유사성이 없고, 따라서 그것을 이해하기 위한 범주도 없으며, 따라서 아무런 현실적인 유용성도 없는 이방인 거주지"이기 때문이다.[2]

그래서 만약 신앙 공동체를 세우는 사람으로서 일하는 목회자를 일반적으로 존경하는 경우에조차도, 그 일에 집중하지 못하게 하는 구체적인 방해물과 전혀 다른 무언가를 하라는 놀라울 정도로 집요한 압력이 존재한다. 왜냐하면 결국 신앙 공동체는 지구상에서 가장 덜 실용적인 집단이며, 그 본질적 성격이 인격체의 다른 어떤 범주보다 덜 자명하기 때문이다. 교회는 많은 이들이 그 명백한 존재 이유라고 생각하는 것조차 보여주지 못하며, 교회를 다니지 않는 사람들의 문화적인 종교(나 비종교)

보다 더 낫다는 것도 분명히 입증하지 못한다. 왜냐하면 실제 사례에 관한 한 교회 안에서 관찰 가능한 덕목의 수준은 조류 클럽보다 높지 않거나 어쩌면 더 낮을 것이기 때문이다.

(《동서양의 만남*The Meeting of East and West*》에서) 노스롭F. S. C. Northrop은 한 문명에 관해 가장 심층적인 요소는 그 문명의 형이상학—보이지 않는 우주의 구조에 관한 전제와 신념—이라고 이해한다. 그는 로크Locke와 흄Hume의 원자론적 형이상학을 수용한 것이 미국 사회의 개인주의와 파편화에 영향을 미쳤다고 주장한다. 이런 문화적 유산을 무비판적으로 받아들이는 목회 사역에서는 개인주의적이며 원자론적 인간관을 채택했다. 미국인은 공동체가 없는 개인—집단의 일원이 아니라 군중의 일부—이기 때문이다. 데이비드 레이즈먼David Reisman은 군중의 독재와 개인들이 군중 속에서 외로움을 치유하지 못하는 현상이라는 관점에서 미국의 특징을 연구했다. 목회 사역은 사람들에 대해, 그리고 그들이 그들을 만드신 하나님의 뜻에 의해 주어진 인간성을 성취하지 못하는 문제에 대해 관심을 기울인다. 그런 사람들과 더불어 일하는 목회자는 그들을 단세포적 유기체가 아니라 "그 몸의 지체들"로 바라본다.

개척지의 개인주의 전통보다 미국의 역사에 훨씬 더 깊이 뿌리를 내린 것은 사람들의 삶에 새겨진 성경에 대한 오랜 기억이다. 이 기억은 실제로 확인할 수 있는 것들이며, 로크와 흄의 피상성보다 (더 참되기 때문에) 더 강력하다. 이 기억은 인류의 본질적 실체가 공동체임을 상기시켜준다. 창세기의 창조 이야기에서 하나님이 하와를 만드실 때까지 아담은 완전하지 않았다. 그 의미는 매우 분명하다. 자신만으로 완전한 사람은 아무도 없다. 인간은 관계 속의 개인이다. 사람들은 공동체를 부인할 때조차도, 공동체를 모를 때조차도 언제나 공동체의 일부다. 회중(카할)은 하나님과 히브리 백성 사이의 관계에서 기본적인 작동 단위였다. 그들의 법적 체계에서 최악의 처벌은 공동체로부터의 단절이었다. 추방당해 혼자서 살아가야 할 때 개인은 온전한 인격체가 아니었다. 성경 이야기의 전통 안에는 로빈슨 크루소Robinson Crusoe 같은 사람이 없다. 홀로 저주를 받을 수는 있지만, 홀로 구원받을 수는 없다. 무리로부터 사람들을 떼어내 그들 자체로 독립적인 실체인 것처럼 그들과 대화하고 그들을 우주 안의 고독한 단자처럼 대하는 목회 사역에서는, 그들을 성서에서 인정하는 인격체에 미치는 못하는 존재로 축소시킨다. 성경적 인간관은 공동체 안의 인격체, "하나님의 백성"이다.

목회 사역과 성경적 유산 사이에 개인주의라는 미국적 전통이 끼어들었다. 자기충족적 개인이라는 신화가 미국인의 자의식에 파고들었다. 이런 개인들이 모여 군중을 이룰 때 이 신화는 더 강해진다. 군중은 친교가 아니라 집합체이며, 유기적인 몸이 아니라 개인들이 많이 모여 있는 것에 불과하다. 군중 안에서조차 각 사람은 그저 개인일 뿐이다.

신약에서는 "오래된 정원의 푸른 웅덩이"(미국 시인 로빈슨 제퍼스Robinson Jeffers의 시구—옮긴이)인 지중해 주위와 지중해를 가로질러 흐르는 사역의 열정은 그저 개별적인 그리스도인들을 만들어낸 것이 아니라 교회들을 만들어냈다. 바울의 인간론에 관한 고전적인 연구서인 《몸*The Body*》에서 존 로빈슨John A. T. Robinson은 이렇게 지적한다.

> 몸은 인간을 그의 이웃으로부터 분리시키지 않는다. 오히려 모든 사람과 자연과 더불어 생명의 다발 안에 그를 묶어둔다. 그러므로 결코 그는 이웃과의 관계로부터 단절된 채 고립된 개인으로서 하나님께 독자적으로 응답할 수 없다.[3]

상자 안의 자갈처럼 개인들의 집합체가 아니라 한 몸이라는 의식, 그리스도 안에 있는 사람으로서 그 몸의 지체들이라는 의식이 있었다. 그리스도인은 개인이 축소되는 것이 아니라 인격이 확장된다고 생각했다. 로마의 인구조사원들이 통계 수치로 환원시켰던 사람들이 신앙 공동체의 일원이 되었으며, 그 안에서 각 사람은 새로운 이름을 받았다.

개인을 강조하는 미국적 경향과 공동체를 강조하는 성경적 전통 사이에서 목회 사역은 단일한 개인들이 아니라 '백성'을 다루는 방법을 찾으려고 노력한다. 사람들은 신앙 공동체 안에서 전인적 인격체들을 구속하는 복음의 통전성을 경험하기 위해서는 이른바 개인주의로부터 탈피해야만 한다.

이 일은 어려우며 그로 인해 오해를 받는 경우가 너무나도 많다. 사람들은 (적어도 미국에서는) 교회에 대해 정중한 태도를 보이며, 공동체 전체의 자산이라고 여긴다. 이런 일반 사회의 선의는 교회에 면세 혜택을 주는 법령에도 반영되어 있다. 교회가 주위에 있는 것이 좋은 일이라는 것이 분명한 국가적 합의다. 목회자들이 사역하는 중에 만나는 다양한 사람들은 교회가 무언가를 위해 유익하다는 이런 일반적인, 그러나 초점이 분명치 않은 합의를 표현한다. 광고업자들은 교회를 자기들의 상품을 팔기 위한 시장으로 활용하고 싶어 한다. 정치 단체에서는 정의에 대한 교회의 관심을 지지의 수단으로 활용하고 싶어 한다. 교단 내 관료 조직에서는 회중을 고도로 조직화된 교단을 떠받치는 토대의 역할을 하도록 회중을 강화시키고 싶어 한다. 짧은 시간 동안에도 나는 다양한 사람들에게서 전화를 받는다. 새로 생긴 볼링장을 홍보하는 사람은 나에게 교회 안에 볼링팀을 만들라고 부탁한다. ("목사님, 교인들이 건전한 방식으로 갈등을 해결할 수 있도록 그들을 모이게 하는 데에 얼마나 관심이 많으신지 잘 알고 있습니다. 그 점에 관해 운동보다 더 미국적인 방식은 없을 것입니다.") 지역의 암 예방 협회의 회장은 교회 내의 모든 여성들에게 자궁암 검사에 관해 알리는 일을 도와달라고 부탁한다. ("목사님이 교인들에 대해 깊은 목회적 관심을 기울이시는 것을 알고 있습니다.") 사진이 담긴 교인 주소록을 만드는 회사에서도 나에게 전화를 한다. ("목사님 교회의 교인들이 서로를 알아가도록 돕기 위해서입니다. 왜냐하면 그것이 교회에서 가장 중요한 일이니까요. 그렇지 않습니까?") 교단 내의 교회 지도자는 교인 중 몇 사람을 예산과 기금 모금에 관한 1박 2일 워크숍에 보내달라고 부탁한다. ("왜냐하면 저희는 목사님의 목회적 지도력을 강화시킴으로써 목사님을 지원하기 위해 노력하고 있기 때문입니다.")

그리스도인의 공동체 안에서 내가 가지고 있는 목회적 지도력을 활용하려는 시도는 모두 선의에서 출발한다. 내가 아는 한, 그 사람들이 전화를 거는 동기는 순수했고, 그들이 제안하는 것은 유익했다. 모두 시도해볼 만한 일들이고, 어떤 경우에는 참으로 훌륭했다는 데 동의한다. 그러나 그 모두에 대해 거절했다. 나는 정중하게 거절했기를 바란다. 그중 두 번은 전화를 건 사람에게 교인 중에 같이 일할 수 있는 사람의 연락처를 알려주었지만, 그들은 반대했다. 그들이 원하는 것은 나의 지위가 가지고 있는 높은 가시성과 영향력이었다. 그래서 나는 모두에게 오해를 받았다. 나는 교회가 마땅히 지녀야 할 본질을 대표하지 않았다는 것이다. 나는 교회의 존재 이유를 "알고 있으며" 그들이 아는 바에 따라 행동하는 사람들의 기대에 부응하지 않았다.

명백한 사실은, 신앙 공동체, 즉 교회는 매우 전문화된 공동체라는 것이다. 교회는 독특한 성격을 가지고 있다. 교회는 느릅나무 그늘에 서서 누군가에게 유용하게 쓰임 받을 수 있는 희박한 가능성을 기다리는 만물박사 같은 조직이 아니다. 하나님의 백성은 독특한 공동체다. 교회와 비슷한 조직은 없다. 어떤 유비나 유사한 경험도 교회의 본질을 설명하는 데 적합하지 않다.

병원을 불쑥 찾아가 그곳의 의사에게 구원에 관한 소책자를 환자들에게 직접 나눠주라고 부탁하거나, 변호사 사무실의 비서에게 전화를 걸어 산상설교의 윤리에 관해 강연을 할 수 있도록 나를 위해 의뢰인들을 모아달라고 부탁한다는 것은 나로서는 상상도 못할 일이다. 그러나 나는 그들에게서 그와 동일한 부탁을 받는다. 차이는, 나는 의사나 변호사가 마땅히 해야 할 일이 무엇인지를 알고 있지만, 그들은 내가 마땅히 해야 할 일을 알지 못한다는 것이다. 특히 교회의 지도력과 관련된 문제에 있어서 목회 사역을 명확히 이해하지 못하는 경우가 많고, 그렇기 때문에 사람들은 자신이 유익할 것이라고 생각하는 것을 해달라고 우리에게 부탁하는 것이 주제넘거나 온당치 않은 일이라고 생각하지 않는다.

모든 기대는 선의에서 출발했다. 대부분의 부탁은 친절한 의도를 가지고 있다. 그럼에도 불구하고 그런 것들은 목회 사역에 해롭다. 만약 그런 것들이 목회 사역 안으로 들어온다면, 결국에는 목회 사역 자체를 망쳐놓고 말 것이다.

그 해답은 교육이 아니다. 회중을 이끄는 목회 사역에서 목회자의 합당한 역할에 관해 공동체 전체를 재교육하는 것은 실현 가능성이 없다. 오해는 불가피하고 계속 남아 있을 것이다. 왜냐하면 외부에서 볼 때 실제로 교회는 많은 자발적 봉사 단체들이 하는 것과 매우 비슷해 보이기 때문이다. 그러나 목회자가 자신의 일에 대해 분명하고 확실한 이해를 갖는 것은 실현가능하다. 그렇게 함으로써 그는 하나님이 자신에게 맡겨주신 일과 다른 사람들이 해달라고 부탁하는 일 사이의 차이를 분별할 수 있고, 전자에 대해서는 '예'라고 말하고 후자에 대해서는 '아니오'라고 침착하게 말할 수 있을 것이다.

부림절

신앙 공동체를 이끄는 일에 관한 성경적 지침을 찾고자 할 때 목회자들은 에스더서에 주목하게 된다. 왜냐하면 이 책에서는 생존 대 멸망이라는 단호하고도 단순한 관점에서 하나님 백성의 본질과 기능이라는 문제를 다루고 있기 때문이다. 무관심하고 적대적인 세상 속에서 신앙 공동체가 존재하는 것 자체가 가능할까? 신앙 공동체는 단지 하나님의 백성이라는 이유만으로—사회 전반에 유익하다는 것을 보여주지 않고도, 혹은 그 사회 속에서 권력을 확보하지 않고도—번성할 수 있을까?

이 같은 기초적인 양자택일의 물음에 대해 에스더의 이야기에서는 분명히 그렇다고 대답한 다음, 떠들썩하게 부림절 축제를 벌였다. 하나님의 백성은 파괴의 위협을 받았다. 그러나 그들은 파괴되지 않았다. 이 경험은 처형 받을 것이라고 예상하고 있다가 마지막 순간에 형 집행 연기를 받았던 도스토옙스키의 경험과도 다르지 않았다. 죽음의 존재는 삶의 모든 양상을 고양시키며, 거기에 더 깊은 색과 새로운 현실을 부여했다. 사람들은 그런 위기의 상황에서 살아 있는 것 자체가 기적임을 깨닫게 된다.

그래서 그들은 축제를 벌였다. 공동체, 그분의 백성을 보존하기 위해 하나님이 움직이셨다. 그 결과는 떠들썩한 잔치의 기쁨이었다. 해마다 이른 봄에 벌이는 축제인 부림절을 특징짓는 요소는 기쁨과 감사다. 친구들 사이에서 선물을 교환하고 가난한 이들에게 자선을 베푼다. 함께 살아 있다는 자체가 죽음과 지옥의 문에서 기적적으로 빼앗아온 기쁨의 선물이었으며, 그 때문에 감사의 축제를 벌였다. 존재하지 않을 가능성에 직면했던 사람들은 더 열정적으로 살아간다. 공동체는 역사적 관점에서 설명할 수 없고, 사회학적 관점에서 분석할 수 없다. 공동체는 축제의 언어와 의례, 음식과 웃음을 통해 누릴 수 있을 뿐이다.

여전히 유대인들 사이에서는 부림절 늦은 오후의 가족 식사가 유월절 축하연 다음으로 가장 중요하다.[4] 에스더서는 "유대인들이 가장 사랑하며 그들에게 가장 잘 알려진" 책이다.[5] 중세 유대교 신학자인 마이모니데스Maimonides는 에스더서를 거룩한 책 중에서 으뜸으로 여겼으며, 다른 모든 것은 사라지더라도 율법서와 에스더서는 남아 있을 것이라고 가르쳤다. 이처럼 중요한 취급을 받는 까닭은 에스더서가 하나님 백성의 생존이라는 영원한 기적을 기념하기 때문이다.

부림절은 유대교 명절 중에서 가장 유쾌한 명절로 남아 있다. 떠들썩한 잔치, 성찬, 술이 있다. 랍비들 사이에서는, 1년 내내 절제해야 하지만 부림절에만은 "축복을 받은 모르드개와 저주를 받은 하만 사이의 차이를 모를 때까지" 포도주를 마셔도 된다는 말이 있다. 현대 이스라엘에서 부림절은 이런 랍비들의 격언을 따라 "차이를 구별할 수 없을 때까지…"라는 뜻으로 아드로 야닷*Ad lo yadat*으로 불린다. 이 축제는 퍼레이드, 춤, 성찬이 있는 일종의 마르디 그라(Mardi gras, 기름진 화요일이라는 뜻으로 사순절이 시작되는 재의 수요일 하루 전날 벌이는 큰 잔치-옮긴이)다. 이것은 엘런 글라스고Ellen Glasgow의 《보호 받는 삶*The Sheltered Life*》에서 풍자했던 제도적 엄숙주의를 1년에 한 번씩 책망하는 축제였다. "…장로교인 얼굴을 한 푸른 황소개구리인 늙은 묘지기(Old Mortality, 19세기 스코틀랜드 작가 월터 스콧이 쓴 소설의 제목이기도 함-옮긴이)는 몇 장의 시든 수련 잎 가운데 있는 이끼가 자란 통나무 위에 앉아 땅거미가 내려앉을 무렵 다가오는 악에 대해 예언자적으로 개굴거렸다."[6]

신앙 공동체가 살아남은 이야기를 들려주며 해마다 부림절에 이를 기념하라고 명령하는 에스더서는 찬양을 통해 하나님이 공동체를 만드시고 다스리시고 보존하시는 맥락을 규정하는 목회 사역을 위한 중요한 문서로 남아 있다.

여기서 기쁨이란 한 사람이 행운을 누린 것에 대한 기쁨이 아니다. 그것은 하나님의 구속에 공동체가 참여한 것에 대한 기쁨이다.

> …수산 성에서는 즐거운 잔치가 벌어졌다. 유다 사람들에게는 서광이 비치는, 기쁘고 즐겁고 자랑스러운 날이었다. 지방마다 성읍마다, 왕이 내린 명령과 조서가 전달된 곳에서는 어디에서나, 그곳에 사는 유다 사람들이 잔치를 벌였다. 그들은 기뻐하고 즐거워하며, 그날을 축제의 날로 삼았다(8:15-17).

만약 우리가 아름답다고 여김을 받는다면, 만약 우리가 하루를 더 살도록 허락을 받는다면, 만약 우리가 증오와 거부를 벗어난다면, 그것은 하나님의 자비와 섭리 때문이다.

구원은 개인적일 뿐만 아니라 공동체적이다. 공동체성 안에서, 그것 때문에 기쁨이 있다. 기쁨은 사적인 감정이 아니다. 기쁨을 드러내고 표현할 공동체가 필요하다. 그리고 하나님이 공동체를 주시고 보존하시기 때문에 그 반응은 하나님 안에서의 기쁨이다.

> 노래하는 이들과 춤을 추는 이들도 말한다.
> "나의 모든 근원이 네 안에 있다."
> (시 87:7)

이에 관한 목회적 염려는, 기쁨의 경험이 "내 기쁨이 너희 안에 있게 하고, 또 너희의 기쁨이 넘치게" 하기를 원하시는 하나님과 분리되기가 쉽다는 사실과 관계가 있다(요 15:11). 하나님 안에 있는 그 근원으로부터 단절된 기쁨, 신앙 공동체를 떠나서 누리려고 하는 기쁨은 그저 감각적 흥분이 되고 만다. 고통의 경험을 하나님과 분리시키기 쉬운 것처럼, 기쁨의 경험도 하나님과 분리시키기가 쉽다. 전자의 결과가 쓰라림이라면, 후자의 결과는 지루함—권태—이다. 우리 문화에서는 연예와 여가 산업을 기쁨의 경험으로 이끄는 안내자로 임명했다. 목회자는 기뻠을 원하는 것을 사는 것 혹은 새로운 감각적 흥분을 시도해보는 것이라고 생각하는 사람들 사이에서 일한다. 자연스러우며 자동적인 기쁨을 동반하는 사건—아기의 탄생, 결혼의 증인이 되는 것, 새집으로 이사하는 것, 새 직장을 구하는 것, 학교를 졸업하는 것—조차도 상업화되고 진부해지고 말았다. 사람들은 하나님이 기쁨을 주신다는 메시지를 듣고, 기쁨이 가능하다는 것을 알지만, 그것을 누릴 기술은 부족하다. 기쁨의 메시지를 듣고 하나님이 주시는 잔치에 참여하기보다는 장난감을 사러 뛰어나간다. 문화는 기쁨을 선포하고 약속한다. ("행복의 추구"는 미국적 생활 방식에서 교리적 정통이다.) 그러나 기쁨을 사적이며 세속적인 맥락 안에 자리 잡게 한다. 기쁨은 자신을 위해 다른 사람들을 희생시키고 얻어야 할 무언가, 하나님과 나의 관계로부터 멀어지게 만드는 무언가가 되고 만다. 헨리 나우웬은 "우리의 문화는 삶을 축하할 기회를 제외한 수많은 기회가 있는, 일하고 서두르며 걱정하는 문화다"라고 말한다.[7]

공동체라는 부인할 수 없는 사실과 공동체라는 억누를 수 없는 잔치라는 두 주제는 이야기와 축제 안에 서로 얽혀 있다. 공동체의 생존이라는 이야기를 들려주고, 기쁜 축제를 벌인다. 에스더서와 부림절, 이야기와 축제는 같은 것이고, 이것은 신앙 공동체의 두 부분이다. 이 둘은 분리되어서는 안 된다. 만약 축제가 이야기로부터 단절된다면, 즉 만약 경축하려는 노력이 경축할 이유로부터 분리된다면, 잔치는 삶을 그 자체로 경축하는 것으로, 생명력에 대한 찬양으로 금세 변질되고 만다. 그렇게 될 때 그것은 인종주의나 민족주의(제도주의로 굳어져버린 공동체)를 드러내는 호전적인 행진이나 관능을 탐닉하는 난장판(주지육림으로 해체된 공동체)이 되고 만다. 그 둘에 대한 대안을 찾고자 했던 로렌스D. H. Lawrence는 "살아 있으며 유기적이고 신앙 공동체 속해 이루지 못한 무언가, 실현하지 못한 목적을 이루는 일에 적극적으로 임할 때 사람들은 자유롭다. 우리가 서부 개척지로 도망쳤을 때가 아니라"라고 말했다.[8] 에스더서를 공동체의 이해와 표현을 위한 근거로 삼을 때 목회 사역은 한편으로는 엄격함을 강요하는 전체주의적 태도를, 다른 한편으로는 누구나 자유롭게 즐길 수 있는 무정부주의적 무정형성을 피할 수 있다. 에스더서와 부림절은 하나님이 창조하고 구속하신 공동체의 삶이라는 그분의 선물을 자유롭게 나누고 교환하는 사람들의 축제적인 현존을 드러내는 본보기를 제공한다. 이 이야기와 축제는 성도의 교제*communio sanctorum*라는 제목 아래 신학적으로 논의하는 바를 다룬다.

수산

에스더 이야기의 배경은 주전 5세기 페르시아의 도시 수산이다. 즉, 이 이야기는 지리적, 시간적으로 구약 역사의 변두리를 배경으로 삼는다. 수산의 남서쪽 240킬로미터 떨어진 곳에서 400년 전에 아브라함은 우리를 떠나 비옥한 초승달(나일 강 유역에서 시리아, 팔레스티나를 거쳐 메소포타미아에 이르는 초승달 모양의 지대로 고대 문명의 발상지—옮긴이)의 호를 따라 서쪽으로 이동해 이집트까지 여행했다. 그는 다음 2천 년 동안 성경 이야기의 배경이 될 영역 거의 전체를 걸어 다녔다. 아브라함에 대한 하나님의 부르심은 그가 위대한 신앙 공동체의 설립자가 될 것이라는 약속으로부터 시작되었다.

주님께서 아브람에게 말씀하셨다. "너는, 네가 살고 있는 땅과, 네가 난 곳과, 너의 아버지의 집을 떠나서, 내가 보여주는 땅으로 가거라. 내가 너로 큰 민족이 되게 하고, 너에게 복을 주어서, 네가 크게 이름을 떨치게 하겠다. 너는 복의 근원이 될 것이다. … 너를 축복하는 사람에게는 내가 복을 베풀고, 너를 저주하는 사람에게는 내가 저주를 내릴 것이다. 땅에 사는 모든 민족이 너로 말미암아 복을 받을 것이다"(창 12:1-3).

여러 세대에 걸쳐 아브라함과 그의 자손이 대부분은 팔레스타인에서 유목민 부족으로 지낸 후에 히브리 사람들은 이집트에서 민족으로 인식될 정도로 그 수가 많아졌다. 그들이 파라오 아래서 노예 생활을 하다가 모세의 인도 아래 해방되어 시내산에서 영적, 사회적 정체성을 만들어내고 광야 생활을 하는 동안 신앙 공동체로서의 삶을 형성했다는 익숙한 이야기는 신앙 공동체를 이해하는 데 결정적인 역할을 했다. 사사들과 왕의 통치 이후 일곱 세기 동안에도 그 이야기는 계속되었고, 세부사항이 채워졌으며, 앞서 제시된 주제들도 더 다듬어졌고, 하나님의 백성으로 사는 실제적 경험이라는 역사적 자료도 공급되었다. 이런 이야기들은 "이스라엘 자손"이 된 고대 히브리 부족의 역사를 간접적으로만 제시하며, 청동기 문명과 철기 문명에 관한 증거를 스치듯 언급할 뿐이다. 이 문서들은 민속 신화의 구조에 대한 최근의 연구를 통해 그 의미를 밝혀내야 하는 단순하고 원시적인 전승이 아니다. 최근의 고고학적 발굴에 의해 제공된 풍부한 자료를 활용해 어엿한 역사로 재구성되어야 할 뼈대만 남은 줄거리도 아니다. 이 이야기들은 그 자체로 완결되어 있고, 신앙의 공동체, 하나님의 백성을 종합적으로 표현하고 있다.

이 몇 백 년의 시간 동안 이 사람들은 네댓 문화와 교류하면서 자신들을 하나님이 지으시고 돌보시고 다스리시고 구속하신 백성으로 이해하는 법을 배웠다. 그들은 이야기를 하며 예배하고 찬양하고 제사를 드리고 노래하고 말씀을 선포하고 기도했다. 엄청난 불순종과 반역의 행위도 있었다. 놀라운 방식으로 돌이켜 회개하고 새로워지는 때도 있었다. 그러나 이 모든 것을 통해서 자신들이 하나님의 부르심과 다스리심에 의해 형성된, 영적으로 독특하며 공동체적인 실체(인종이 아니라, 정치적 집단이 아니라, 문화가 아니라)임을 계속해서 지각하고 있었다.

이들의 공동체적 삶의 형식은 바뀌었다. 이집트에서 그들은 노예였고, 시내산에서는 난민이었으며, 가나안에서는 느슨히 결합된 부족들이었고, 화려하고 강력한 군주정을 이루기도 했으며, 내전을 치르기도 했다. 그러나 언제나 그들은 하나님의 백성이자 아브라함의 자손이었으며, 비록 희미하기는 했지만 어쨌든 하나님의 축복에 대한 실례였고, 이 땅의 민족들이 하나님으로 말미암아 "스스로 복을 빌" 수단이었다.

그런 다음 갑자기 그들은 포로가 되었다. 바빌로니아인들이 그들을 정복했으며, 정복자는 곧 페르시아인들로 바뀌었다. 그 후 몇 세기 동안 그들은 자신들의 것이라고 여겼던 땅에서 쫓겨나 거의 500년 동안 그들의 공동체적 삶의 중심이었던 예루살렘에서의 예배로부터 단절되었고, 비옥한 초승달 전역에 흩어져 살아야 한다. 이집트 남부의 엘레판티네Elephantine와 페르시아 수산 두 곳의 유대교 공동체는 이 이산離散의 시간 동안 유대인들이 이곳저곳에서 공동체를 이루며 살았던 지역들이 지리적으로 얼마나 광범위했는지를 보여준다.[9] 두 변경 거류지에 관해 알려진 바는 많지 않다. 성경에서는 엘레판티네 유대인들에 관해 언급하지 않았으며, 1911년에 발견된 아람어 파피루스를 통해서 비로소 그들의 존재가 밝혀졌다.[10] 수산의 유대인들은 어떤 역사적 자료에도 언급되어 있지 않으며, 오직 성경의 에스더 이야기를 통해서만 알려져 있다. 이상하게도 이 시기, 즉 주전 5세기는 성경 역사의 그 어떤 시대보다 더 모호하다. 이 시기의 역사를 재구성하는 데 사용될 만한 고고학적, 언어적, 문서적 자료가 거의 없다.[11] 그러나 증거가 부족하다는 사실 자체, 즉 자료의 양도 적고 그나마 있는 자료도 평범하기 그지없다는 사실에 대해 곰곰이 생각해볼 필요가 있다. 상세한 내용과 배경이 삭제될 때 남는 것은 가장 기초적인 것을 말해주는 황량한 흑백사진이다. 다시 말해서 공동체가 살아남았다는 것이다.

성경 시대의 마지막에 가까운 시기에 구약의 신앙 공동체는 많은 점에서 처음으로 나타난 공동체와 닮아 있다. 히브리인들은 방랑하는 사람, 포로로 잡힌 사람으로 시작했다. 그들은 끝날 때에도 그랬다. 히브리 성경의 첫 부분에서 어떻게 이 백성이 이집트의 적대감이라는 환경 속에서 형성되었는지를 보여주는 것처럼, 마지막 부분에 속하는 에스더서에서는 이 백성이 페르시아의 대학살 음모 속에서 어떻게 살아남았는지를 보여준다. 길리스 겔러만Gillis Gerleman은 출애굽기와 에스더 서사 사이에 많은 유사점이 존재한다고 지적한 바 있다. 서사의 여러 가지 세부사항을 다루는 방식뿐만 아니라 문체나 다양한 인물을 묘사하는 방식도 유사하다는 것이다. 수산의 유대인들은 이집트의 이스라엘 사람들을 본보기로 삼았음이 분명해 보인다. 그들은 하나님의 구원 행위 때문에, 오직 그것 때문에 신앙 공동체가 되었다.[12]

엘레판디네 파피루스로부터 우리는 고향인 예루살렘으로부

터 멀리 떨어진 곳에서 잘 성장했고, 낯선 문화 속에서 침식과 동화의 압력을 이겨냈으며, 적어도 한 차례 이상의 박해를 견뎌낸 유대인 공동체에 관한 꽤나 자세한 그림을 그려볼 수 있다. 그러나 이 파피루스로부터 분명히 얻을 수 있는 사실 중 하나는, 이 유대인 거류지의 종교 생활이 매우 종교혼합주의적이었다는 것이다. 그들은 야훼를 예배할 뿐만 아니라 에쉠-베델, 헤렘-베델, 아나스-베델과 같은 신들을 두었다. 비록 일부 학자들이 생각하는 것처럼 이 신들은 야훼의 속성을 가리키는 명칭이었을지라도, 그런 관행은 여전히 이단적이다. 또한 신명기 율법에 반해 그들은 번제와 다른 제사를 드리는 제단을 갖춘 야훼 신전도 가지고 있었다.

> 이 점에서 볼 때 엘레판티네의 유대인들은 비록 노골적인 다신론자는 아니었지만 대단히 비정통적인 야훼 신앙과 아람에서 기원한 종교혼합주의적 제의에서 취한 여러 특징을 결합시켰다. 스스로를 유대인이라고 불렀으며… 팔레스타인에 있는 형제들과 동족 의식을 느꼈지만, 그들은 결코 이스라엘 역사와 신앙의 주류에 서 있지 않았다.[13]

그러나 "이교의 영향력 아래서 다소 의심스러운 유형의 유대교 신앙"을 발전시키는 했지만,[14] 그들은 팔레스타인에 있는 귀환한 유대인들과 우호적인 관계를 유지하면서 그들로부터 파괴된 성전을 재건하기 위한 기금과 지침을 전해 받았던 것으로 보인다.

수산과 엘레판티네에 존재했던 신앙 공동체의 사례가 목회 사역에서 중요한 까닭은, 이 두 사례 모두 공동체에 대한 최선의 예가 아니기 때문이다. 두 곳 다 "본보기"가 될 만한 회중이 아니다. 하나님의 백성으로 사는 것이 무엇을 뜻하는지를 보여 줄 만한 성공적인 사례가 아니다. 다윗 왕조의 황금기와는 거리가 멀다. 거룩하고 경건한 모습도 찾아보기 어렵다. 엘레판티네 거주지에서는 이교적 예배 형식이 유대교 유산 안에 섞여 들어왔으며, 손상되고 약화된 공동체를 이루고 있었다. 수산의 유대인 공동체에서는 최악의 위기 속에서 하나님의 이름을 언급했다는 기록조차 없다. 두 곳 모두 칭찬할 만한 공동체는 아니었다. 그러나 두 곳의 존재는 모두 역사적 사실이다. 이런 결함에도 불구하고 모든 역경을 딛고 신앙 공동체가 살아남았다는 증거다. 공동체는 간신히 살아남아 있을 뿐이지만, 그럼에도 불구하고 존재했다. 공동체는 신학적 순수성(엘레판티네는 결코 순수하지 않았다)이나 도덕적 경건(에스더서에는 도덕적 경건이라고 할 만한 것이 거의 없다)이 아니라 하나님의 은총 때문에 살아남는다.

어디에서나 언제나 신앙 공동체는 성령 하나님의 창조물이다. 이런저런 형태의 정부가 신앙 공동체로서 더불어 살아가는 데에 더 낫거나 나쁜 조건을 제공한다는 증거는 없다. 겉으로 어려운 시간인 것처럼 보이지만 사실은 오히려 유익할 수도 있다. 이스라엘에는 광야의 시간을 그들의 공동체 생활의 밀월 기간으로 기억하는 전통이 있다. 경제적으로는 번영했지만 영적으로는 타락했던 8세기에 호세아는 사정이 달랐던 때—경제적으로는 간신히 살아남았지만 영적으로는 건강했던 때—를 회상했다. 그를 통해 하나님은 이렇게 말씀하셨다.

> …이제 내가 그를 꾀어서,
> 빈 들로 데리고 가겠다.
> 거기에서 내가 그를 다정한 말로 달래주겠다.
> 그런 다음에, 내가 거기에서 포도원을 그에게 되돌려주고,
> 아골 평원이 희망의 문이 되게 하면,
> 그는 젊을 때처럼,
> 이집트 땅에서 올라올 때처럼, 거기에서 나를 기쁘게 대할 것이다.
> "그날에 너는 나를 '나의 남편'이라고 부르고,
> 다시는 '나의 주인'이라고 부르지 않을 것이다." 나 주의 말이다.
> (호 2:14-16)

다시 말해서 "나는 네가 하나님과 사랑의 언약을 맺고 살아가는 것이 무엇을 뜻하는지 처음을 발견했던 곳으로, 그 광야의 세월로 다시 너를 데려갈 것이다. 거기서 모든 껍데기를 벗겨내고 본질적인 것에 집중함으로써 우리는 구원받고 사랑받는 것

이 무엇을 뜻하는지 깨닫게 될 것이다. 안락함과 사치라는 덫에 의해 주의가 산만해지지 않은 채 우리는 그저 서로에게 관심을 기울일 시간을 가질 것이다." 광야로 돌아가는 것은 기본으로 돌아가는 것과 같은 말이었다. 이 전통에 비추어볼 때 페르시아 디아스포라를 일종의 광야 경험으로 이해하는 것이 가능하다.

이런 역사를 지침으로 삼는 목회적 상상력은 민첩하게 본질적인 것을 찾아내고 근본적인 것을 알아차린다. 신앙 공동체에 대한 사회학적 이해, 심지어는 역사적 이해가 아니라 신학적 이해를 발전시킨다. 하나님의 백성을 하나님이 하나로 부르시고, 하나님이 하나로 지켜주시고, 하나님의 은총에 살아남을 한 무리의 사람들로 이해할 것이다. 함께 종교적인 사람들이 되기 위해 노력하는 한 무리의 사람들로 이해하지 않을 것이다.

교회에 다니는 사람들을 대상으로 한 설문조사 결과를 보도하는 잡지 기사를 자주 볼 수 있다. 조사관이 "왜 이 교회에 다니는가?"라고 물으면, 사람들이 여러 가지 평범한 대답을 내놓는다. "나는 자녀들이 성경을 배우기 원한다." "설교자가 마음에 든다. 그는 지옥불과 유황이 아니라 사랑에 대해 설교한다." "이른 아침 예배가 있어서 예배 마치고 배를 타러 나갈 수 있다." "여기가 가장 가까운 교회다" 등등. "하나님이 나를 부르셨기 때문에"라고 대답하는 사람은 거의 없다. 그러나 진짜 이유는 바로 이것이다. 하나님 백성의 모든 집회는 예배로의 부름으로 시작된다. 그들이 알고 있든지 그렇지 않든지 하나님이 그들을 함께 부르셨기 때문에 사람들은 예배하기 위해 모인다.

공동체를 목회적으로 이해할 때 이러한 오랜 성경적 전통 안에 철저히 몰입해 은총이라는 성경적 원리를 파악하기 때문에, 세상 속에서 얼마나 눈에 띄는지, 혹은 인구 조사표에 얼마나 영향력을 미치는지에 따라 교회를 판단하는 상대적 통계 자료에 쉽게 영향을 받아 섭불리 전통에 대해 반항하거나 수적 성장에 집착하는 흐름에 휩싸이지 않을 것이다. 성경적 관점에서 볼 때, 통계학자들이나 사회학자들이 고안해낸 교회를 설명하거나 이해하거나 평가하기 위한 방법으로는 교회의 실체를 희미하게 조차도 알기가 어렵다. 그러나 이런 사람들은 목회자들에게 엄청난 양의 자료를 제공하면서 신앙 공동체의 지도자로서 그들이 하는 일에 활용하라고 권한다.

물론 교인 수가 많다고 그 자체로 문제가 될 것은 전혀 없다. 그러나 그것이 옳은 것이라고 할 만한 것 역시 아무것도 없다. 크기는 도덕적 자질이 아니다. 그것은 주어진 것이다. 그것은 거기 있는 것이다. 목회자들이 일하는 환경의 일부다. "목회자가 선을 행하기 어려운 불모의 시대에 태어난 것은 그의 잘못이 아니다."[15] 크기는 대체로 문화적 조건의 결과다. 기성 종교의 일원이 되는 것에 대해 사회적으로 승인하는 분위기가 있을 때 회중의 크기가 커지고, 그런 분위기가 없을 때 회중의 크기는 작아진다. 목회자는 자신의 문화를 선택할 수 없다. 우리가 섬기는 회중의 크기는 우리가 어떤 시대에 태어났는가, 그 시대에 지도자의 자질 중 어떤 것이 유행하는가에 따라 달라진다. 어떤 곳에서는 교인들이 목회자들의 경건한 태도에 끌리는 반면, 다른 곳에서는 세상적으로 세련된 태도에 끌리기도 한다. 분노나 친절함 중 어느 쪽이 예수 그리스도의 복음을 제대로 전달하는가에 상관없이, 어떤 시대에는 분노에 찬 설교가 호응을 얻는 반면, 다른 시대에는 친절한 설교가 호응을 얻는다. 이런 변수는 변덕스럽기로 악명이 높기 때문에, 목회 사역을 할 때 선전의 기법을 능숙하게 활용하는 것보다 영적, 성경적 정직성이 훨씬 더 중요하며, 광고 전략보다 섭리의 교리가 더 중요하다.

목회자는 신앙 공동체 안에서 자신의 일을 수행하는 역사 안의 시간에 대해, 혹은 대부분의 경우는 그 일을 하는 특정한 지리적 환경에 대해 아무런 책임이 없다. 람세스 2세가 파라오였던 이집트의 멤피스에서, 사사 시대에 팔레스타인의 실로에서, 히스기야가 왕이었을 때 예루살렘에서, 6세기 바빌로니아의 그발 강가에서 목회 사역(혹은 이스라엘에서 목회 사역에 해당하는 일)을 수행했다. 각각의 배경에서 정치적, 경제적, 사회적, 문화적 조건은 대단히 달랐다. 그러나 각 시대와 장소에서 특정한 사람들에게 하나님 백성의 공동체를 이끄는 책무가 주어졌다. 다른 조건으로 인해 다른 기술과 강조점이 필요했지만, 어떤 시대에도 지도자가 공동체를 만들어낸 경우는 없었다. 공동체는 그에게 주어져 있었다. 지도자는 하나님의 행위를 기억하고 기념하며, 하나님의 계명을 배우고 순종하며, 하나님을 찬양하는 노래를 부르고 즐기는 은총의 환경 안에서 섬기는 청지기였다. 어떤 지도자도—모세도, 사무엘도, 이사야도, 에스겔도—신앙 공동체의 형성과 생존을 책임지지 않았다. 그것은 하나님의 계획 안에서 하나님의 자비를 통해 가능했다.

이 점을 이해했기 때문에 공동체를 이끌었던 성경의 지도자들은 오늘날 목회자들 사이에서 만연해 있는 불안, 즉 생존에 대한 불안, 크기에 대한 염려, 수치에 대한 집착으로부터 자유로울 수 있었던 것처럼 보인다. 에스더서에서 이야기하는 페르시아의 대학살이 막 시작되려고 할 때보다 상황이 더 절망적이었던 때는 없었다. 그러나 모르드개에게서는 공황에 빠진 흔적조차 찾아볼 수 없었다. 그는 수세기 후 새뮤얼 류서포드가 깨달았던 바를 알고 있었다. "그분의 교회가 실 한 올에 매달려 있게 하는 것이 우리 주님의 지혜다. 그러나 그 실은 끊어지지 않고 다윗의 문에 튼튼히 박혀 있는 못이신 그분에게 매달려 있다"(사 22:23).[16] 그가 에스더를 대학살을 멈출 수 있는 유일한 기회로 생각하기는 했지만, 그의 세계는 그녀를 신뢰하거나 그녀에게 의존하는 것으로 축소되지 않았다. 그는 그녀에게 그녀의 책임을 알려줄 때는 단호했지만, 그녀에게 용기가 부족할 수 있음을 미리 예상할 수 있을 정도로 여유가 있었다. "이런 때에 왕후께서 입을 다물고 계시면, 유다 사람들은 다른 곳에서라도 도움을 얻어서, 마침내는 구원을 받고 살아날 것이지만, 왕후와 왕후의 집안은 멸망할 것입니다. 왕후께서 이처럼 왕후의 자리에 오르신 것이 바로 이런 일 때문인지를 누가 압니까?"(4:14). 모르드개는 그녀에게 책임을 다하라고 촉구했지만, 만약 그녀가 이를 받아들이지 않으려 한다면 하나님이 다른 방법을 찾으실 것이라고 말하기도 했다. 그는 단호하게 말했지만 협박하지는 않았다. 그는 지침을 주었지만, 막후에서 사건을 꾸미지는 않았다.

목회 사역에서 신앙 공동체를 이끄는 일보다 더 펠라기우스주의적인 경향에 빠지기 쉬운 일은 없다. 강단에서는 오직 믿음으로*sola fide* 구원을 얻는다고 신실하게 설교하지만, 주중에는 일상생활에 성급하고 불안하고 열광적인 마음을 은근히 심어주고 복음의 메시지를 망가뜨린다. 이런 악한 마음은, 한때는 숭고했지만 이제는 상투적인 말이 되고 만 (헌금 의무를 강조하는—옮긴이) "청지기직", "전도", "선교"라는 표어로 표현되며, 그런 다음 가장 저열한 세속적인 성공이라는 난센스를 정당화하기 위해 활용된다. 영국의 목회자 에릭 러틀리는 미국에서 몇 달을 보낸 후에 "미국 개신교인의 경이적인, 아니 무서울 정도의 성공 신화"에 관한 글을 썼다.[17] 아브라함과 엘레판티네의 이야기, 출애굽과 에스더의 이야기에 몰입해 있는 목회자는 자신의 책상 위에 쏟아지는 교회 성장(언제나 한 지붕 아래 더 많은 사람들을 끌어모으는 것을 의미하는 것처럼 보이는)을 위한 제안이 담긴 광고 편지를 냉정하게 거부할 것이다. 성경 이야기로부터 단절되고 이런 전통과 진리로부터 분리될 때, 우리는 모든 광고에 대해 전율하고 최신 사회학적 분석 때문에 의기소침해진다. 명백한 성경적 진실은, 신앙 공동체가 37명이든 3천 7백 명이든 아무런 차이가 없다는 것이다. 각 사람이 영원한 가치를 지니며, 은총과 사랑 안에서 자라기 위해 몇몇 다른 사람들과 더불어 살아야 한다. 목회자의 책무는, 기도를 이끌고, 하나님의 말씀을 선포하고, 성령의 능력과 은사를 나누어 사역이 이뤄지게 함으로써 37명이든(만약 그들이 그런 교회를 섬기고 있다면) 3천 7백 명이든(만약 그것이 그 자리라면) 그들이 자라도록 인도하는 것이다. 명백한 성경적 진실은, 동굴처럼 소리가 울리는 도심에 있는 고딕 양식의 교회에 열 명이 모여 예배하든, 교외의 창고에 5백 명이 모여 예배하든 아무런 차이가 없다는 것이다. 그것은 10세기 예루살렘과 7세기 사마리아 사이의 차이와 같다.

이 공동체들은 크기나 조건은 다르지만, 동일한 방법(성령)에 의해 구성되었으며 동일한 사역(예배, 기도, 교육, 설교)이 필요하다. 그런 일에 있어서 광고 기법, 홍보 예산, 조직 구성도는 하찮은 일에 불과하다. 이런 것들이 목회 사역을 돕는 유용한 도구라고 주장한다. 하지만 이런 것들은 사실 우리의 주의를 엄청나게 분산시킨다. 거대한 스펀지처럼 기도에 쏟아야 할 힘을 빨아들인다. 예배에 대한 집중을 약화시킨다. 설교를 산만하게 만든다. 그 결과는 종종 재정적으로 유쾌하고 조직적으로 만족스럽다. 그러나 신앙 공동체에게 그 결과는 안타까울 따름이다. 왜냐하면 공동체를 세우는 본질적인 사역을 포기해버렸기 때문이다. 에스겔의 탄식이 이 재난의 머리기사를 장식한다. "내 양떼가 모든 산과 모든 높은 언덕에서 헤매고, 세계 각처에까지 흩어지게 되었는데도, 그 양떼를 찾으려고 물어보는 목자가 하나도 없었다"(겔 34:6).

수산과 엘레판티네에서 신앙 공동체가 최소한으로 생존했음을 알고 이를 이해할 때 우리는 교회를 이상화하지 않을 수 있다. 교회를 유토피아의 아종亞種으로 생각하는 것은 언제나 착각이기 때문이다. (마틴 손턴Martin Thornton은 오늘날 평균적인 회중은 "사사기 한가운데 어딘가"에 있다고 생각한다.)[18] 만약 회중을 이상적으로 관념화한다면, 우리가 실제로 부대끼며 살아가는 불완전한 현실에 대해 언제나 긴급한 권면의 말("우리는 우리가 되라고 부르심을 입은 사람들이 되어야만 합니다")로 신경질적으로 꾸짖을 수밖에 없을 것이다. 사실 공동체는 이미 하나님이 생겨나게 하신 것이다. 한스 큉Hans Küng에 따르면, 성경에서는 "처음부터 실천해야만 하는 교회에 대한 교리를 규정하지 않는다. 성경은 교회라는 실체로부터 시작하며, 그에 관한 반성은 나중에 따라온다. 이상적인 교회는 무엇보다도 먼저… 하나의 역사적 사건이다."[19] 그때도 그랬고 지금도 그렇다. 따라서 하나님의 행위에 의해 이미 거기에 있는 것에 관해 이야기하는 평범한 목회적 언어는 가정법이 아니라 직설법을 취해야 한다. 즉, 도덕주의적으로 온갖 노력을 다함으로써 우리가 되어야 할 이상적 공동체가 아니라 하나님이 은총으로 창조하신 공동체를 다룬다.

"조지 맥도널드의 책에서는 슬픔을 만난 한 여인의 이야기가 나온다. 그는 화를 내며 쓰라린 마음으로 '차라리 내가 만들어지지 않았더라면!'이라고 외친다. 그러자 그의 친구가 재빨리 이렇게 답한다. '사랑하는 친구야, 너는 아직 만들어지지 않았어. 너는 아직 만들어지는 중이야. 이것도 조물주께서 너를 만드시는 과정 중의 하나야.'"[20]

주전 5세기 페르시아 제국은 지금의 그리스와 발칸 제국諸國, 러시아, 아프가니스탄, 파키스탄뿐만 아니라 이란, 이라크, 시리아, 레바논, 이스라엘, 요르단 왕국, 이집트, 터키를 아우르는 거대한 바다였다.[21] 이 광대한 영토 전역에 수산과 엘레판티네처럼 작고 힘도 미약하며 중요하지도 않아 보이는 수많은 신앙 공동체들이 흩어져 있었다. 물론 겉으로 드러난 것이 하나님의 나라의 실례로서 만족스럽지 않고 그만한 가치가 없다고 불평하는 이들도 있었다. 그런 불평에 대해, 우리는 아직도 만들어지지 않았고 만들어지고 있을 뿐이라고 대답할 수밖에 없다. 실제로, 그 수가 크게 줄고 뿔뿔이 흩어져 있었지만 그들은 이교적 권력과 문화와 종교 속으로 흡수되어 사라져버리지 않았다. 그들은 살아남았다. 은총으로. 제국帝國은 그렇지 못했다.

모든 교회 공동체는 아무리 작더라도, 아무리 경건이 부족하더라도, 아무리 일을 제대로 못하더라도—계시록의 일곱 교회를 생각해보라!—기적적이며 소중한 선물이며, 아무리 보잘것

없고 결함이 있더라도 하나님 나라의 한 예다. 그렇기 때문에 감사한 마음으로 귀하게 여겨야 한다. 목회자의 사역 중 하나는 사람들이 그런 감사의 마음을 표현하도록 이끄는 것이다.

이를 배경으로 삼을 때, 목회자는 블레셋 사람들이나 페르시아 사람들이나 바리새인들로부터—혹은 진보주의자들이나 근본주의자들이나 공산주의자들로부터—교회를 구출하기 위해, 성급하게 기도와 설교의 책임과 영적 지도의 책임, 공동 예배를 인도하는 책임을 저버릴 수가 없다. "선한 목자께서 양떼를 성 베드로에게 맡기실 때 가르치거나 훈련시키거나 강요하거나 무시하라고 말씀하지 않으셨고, 먹이라고 말씀하셨다."[22]

하만

역사적으로 성경의 신앙 공동체가 페르시아 제국 시대만큼 최적의 외부적 조건 아래서 존재했던 적이 없었다. 페르시아는 신민에게 너그럽고 관용적이며 느슨했다. 제국 내의 토착 문화와 종교를 장려하고 강화하는 것이 공식 정책이었다. 그들로 하여금 스스로 지도력을 발휘해 자신들의 방식으로 발전하도록 허용했다.[23]

이에 대한 증거는 방대하다. 예를 들어, 엘레판티네 파피루스에서 발견된 주전 419년 다리우스 2세의 유월절 포고령에서는,

엘레판티네 섬의 유대인 거주지에서 유월절과 무교절을 현재의 규정과 정확히 일치하는 방식으로 지킬 수 있게 하도록 명했다. 성전 재건에 관한 "고레스 2세의 중요하고 중대한 칙령"[24] 역시 이런 맥락에서 나왔다. 에스라 4:3-5에 보존되어 있는 이 칙령의 공식 아람어 본문은 이 문제에 관한 페르시아의 정책을 입증하는 증거다.

그러므로 원했던 유대인은 팔레스타인과 예루살렘으로 돌아갈 수 있었음이 분명하다. 페르시아 정부는 성전 재건과 자치 확립을 위한 재원까지 제공하려 했다. 혹은 디아스포라 공동체로 살고 있는 곳에 머물기를 원하면, 자유롭게 그렇게 할 수도 있었다. 많은 사람들은 돌아가지 않고 남는 편을 택했다. 에스더서의 배경이 되는 곳에서 멀지 않은 곳에 있는 바빌로니아 남동쪽의 니푸르Nippur 유적지에서는 주전 5세기에 제작된 7백여 개의 석판이 발굴되었는데, 이것은 은행업자와 중개인으로 구성된 바빌로니아의 거대 기업인 무라슈와 아들들이라는 회사의 문서 자료였다. 무라슈와 아들들은 이 지역의 페르시아 정부와 세금 징수 계약을 맺고 있었다. 이 석판에는 다수의 히브리 이름이 나타나는데, 이는 유다 출신의 망명자들이 이 지역에 정착했다는 증거이기도 하다. 따라서 우리는 통치 권력이 바빌로니아에서 페르시아로 넘어간 후에 일부는 예루살렘 재건을 돕기 위해 귀환한 반면, 있던 곳에 머물며 그곳의 사회적, 정치적, 경제적 삶에 진입해 성공을 거두었던 사람들도 있었음을 알고 있다. 그들은 예레미야로부터 이런 행동 계획을 따라도 좋다는 예언자적 재가를 얻었다. 그는 몇몇 사람들에게 "그들이 보내진 도시의 복리를 추구하고, 그 도시를 위해 기도하고, 그곳에 조용히 정착해 오래 머물라고" 충고했다(렘 29:1-14).[25]

이런 배후의 조건은 미국의 목회 지도자들에게(소수의 예외가 있기는 하지만, 서구 대부분의 지역에 있는 목회자들에게) 특별한 관심의 대상이 되었다. 왜냐하면 종교 공동체의 발전을 정부가 (면세의 형식으로) 지원하는 것을 비롯해 종교의 자유에 대한 미국의 관용은 "권리"이며 많은 경우 이에 대해 감사를 표한다. 문화적 유사성은 영적 동맹으로 해석된다. 그러나 사회적 친화성은 영적 동의가 아니다. "하나님과 원수가 된"(롬 8:7, 개역개정) 생각은 정치적, 경제적 자유라는 조건 하에서 다른 어떤 것보다 더 중대한 요소이다. 1957년 이 문제에 관한 라인홀드 니버Reinhold Niebuhr와 카를 바르트 사이의 첨예한 차이는 어쩌면 해소될 수 없는 것이었을지도 모른다.[26] 니버는 바르트가 헝가리의 억압적 공산 정권을 비판하는 목소리를 높이지 않았다고 비판하면서, 서구 열강이 개입해 그들을 해방시키고 하나님을 더 잘 섬길 수 있게 해야 한다는 논리를 폈다. 바르트는 침묵을 지켰다. 친구들과 학생들에게 조용히 밝혔던 그의 입장은 미국인들은 자신을 돌아보는 편이 더 낫다는 것이었다. 동유럽의 그리스도인들이 박해로 위험에 처해 있는 것만큼이나 미국인들도 풍요 때문에 영적, 도덕적 위험에 처해 있다는 말이었다. 니버의

적극적인 태도와 바르트의 삼가는 태도 모두 박해와 관용이 각각 목회 사역을 행하는 이들에게 야기할 수 있는 위험을 더 민감하게 인식하는 데에 유익하다고 주장하는 것도 가능해 보인다.

왜냐하면 바로 자유롭고 개방적이며 관용적인 페르시아 체제 안에서 성경의 백성이 멸종 직전까지 내몰렸기 때문이다. 에스더 이야기에서 히틀러Hitler 같은 악당인 하만은 인종 학살을 계획했으며, 이 계획을 이루는 데에 거의 성공했다. 그는 아각 사람으로 묘사되는 반면(3:1), 에스더 이야기의 주인공인 모르드개는 사울 왕의 후손으로 묘사된다(2:5). 이런 설명은 사무엘상 15장을 떠올리게 하며, 성경적 공동체의 생존과 발전에 관계된 모든 문제에서 하만이 가지고 있는 불길한 의미를 이해하게 하주는 배경 지식을 제공한다.

하만은 남부 초원의 유목 부족인 아말렉 족속 출신이다. 아말렉 사람들은 하나님의 백성이 형성되는 중이던 시기, 즉 이스라엘이 모세의 지도 아래 광야 생활을 했던 시기에 이스라엘의 주된 적이었다. "주님께서 대대로 아말렉과 싸우실 것이다"(출 17:16). 그들은 이스라엘이 약속의 땅에 들어가는 것을 맨 처음으로 그리고 가장 분명하게 반대했던 적이었다. 신명기에서는 그들이 이스라엘 진영에서 낙오한 사람들을 무자비하게 살육했던 아말렉 족속을 비난한다. 그들은 하나님의 인도와 섭리에 대한 반대자의 대명사로 간주되기에 이른다. 그러므로 그들은 그저 수많은 군사적 대적자 중 하나가 아니다. 그들은 하나님의 방식에 맞서는 자들이다. 이것은 하나님이 왜 그들을 진멸하라는 명령을 내리셨는지를 설명해준다. 사울 왕은 "아말렉을 쳐서 그들의 모든 소유를 남기지 말고 진멸하되 남녀와 소아와 젖 먹는 아이와 우양과 낙타와 나귀를 죽이라"는 명령을 받았다(삼상 15:3). 파괴되어야 할 것은 백성이 아니라, 하나님의 통치에 대한 강력하며 무자비한 위협이 되는 삶의 방식이었다.

여기서 적이 존재한다는 통찰은 목회 지도력과 관련해 중요한 성경적 통찰이다. 이런 통찰은 질병 안에 귀신이 있고, 정부 안에 공산주의자가 있고, 강단 위에 불신자가 있다고 생각하는 종파주의적인 편집증과는 다르다. 그러나 어떤 이들이 편집증적이라고 해서, 악마적인 것이 상서로운 것이라거나, 공산주의자들이 친구라거나, 불신앙이 무해하다는 말은 아니다. 위험은 정말로 존재하며, 위협이 정말로 존재한다. 적이 존재한다. 목회 사역은 적대적 환경 속에서 이뤄진다. 역사적으로 그런 적대적 환경이 명백했던 때도 있었고, 감춰져 있던 때도 있었다. 그러나 언제나 적대감은 강력하다. 이를 알지 못하는 목회자는 성령의 삶을 이끄는 안내자가 되기에 부적합하다.

성경에 자주 등장하는 적에 대한 언급은 반대가 존재한다는 사실에 대해 민감해지고 그 반대의 본질을 더 잘 이해할 수 있도록 도와준다. 특히 지도자의 사역으로 부르심을 입은 이들 사이에서 악에 관해 순진한 태도는 위험하다. 이에 대해 주님은 "너는 하나님의 일을 생각하지 않는다"고 책망하셨다(마

16:23). 히브리어 명사 오옙(*oyeb*, 적)에 관한 연구에서 링그렌Ringgren은 이 단어에 대한 성경의 기본적 용법은 이스라엘을 정치적으로 공격하는 사람이나 육체적 고통과 영적 시련을 초래하는 개인적인 어려움이 아니라 "하나님에 대적하는 혼돈의 세력"을 가리킨다고 결론 내린다.[27] 다시 말해서 이 말은 신학적 공동체에서 사용하는 신학적 용어다. 포어스터Foerster는 이 말에 해당하는 그리스어 단어 에크드로스*echthros*를 분석하면서 비슷한 결론에 이른다. "에크드로스는 특히… 하나님과 그분의 그리스도에 대적하는 것에 대해 사용되는 말이다."[28]

어디든지 하나님의 백성이 있는 곳에는 하나님의 적들이 있다. 신앙 공동체를 세우고자 하는 목회 사역에서는 하만에 관해 순진한 태도를 가질 여유가 없다. 하만의 실체와 악을 무시할 때에만 우리는 광고에 더 많은 예산을 배정하거나 더 나은 통신 수단을 도입하거나 더 정교한 조직 관리를 위한 훈련을 시킴으로써 신앙 공동체를 세울 수 있다고 가정할 수 있다. 그것은 마치 어둠을 틈타 전선을 뚫고 들어가 적의 탱크에 "전쟁하지 말고 사랑을 하자"라는 스티커를 붙임으로써, 혹은 강력한 확성기를 활용해 적의 악을 비난하고 우리의 대의의 정당함을 선언함으로써 적을 물리칠 수 있다고 생각하는 것과 같다. 전투가 진행 중이다. 이것은 창세기("내가 너로 여자와 원수가 되게 하고, 너의 자손을 여자의 자손과 원수가 되게 하겠다. 여자의 자손은 너의 머리를 상하게 하고, 너는 여자의 자손의 발꿈치를 상하게 할 것이다"

〔3:15〕)에서 시작되어 요한복음("없애버리시오! 없애버리시오! 그를 십자가에 못박으시오!"〔19:15〕)과 계시록("그때에 하늘에서 전쟁이 일어났습니다. 미가엘과 미가엘의 천사들은 용과 맞서서 싸웠습니다."〔12:7〕)까지 전해지는 성경적 사실이다. 싸움이 벌어지고 있다. "우리의 싸움은 인간을 적대자로 상대하는 것이 아니라, 통치자들과 권세자들과 이 어두운 세계의 지배자들과 하늘에 있는 악한 영들을 상대로 하는 것입니다"(엡 6:12).

이런 환경 속에서 신앙 공동체를 세우는 목회적 책임은 막중하며 사소한 것으로 취급하거나 세속화시켜서는 안 된다. 성경을 가르치고 선포해야 하며, 기도를 드려야 하고, 심방을 해야 하며, 성례전을 집례해야 하고, 상담을 하며, 예배를 인도해야 한다. 교회와 세상에서 수행해야 할 다른 사역—사용해야 할 다른 무기, 다른 공격 수단—도 있지만, 그런 일을 위해 구별된 다른 사람들도 있다. 목회자는 그에게 주어진 일을 해야 한다. 목회자는 신앙 공동체를 세우는 사역에 관여하는 유일한 사람이 아니다. 그러나 해야 할 목회적 사역이 있는 유일한 사람이다. 이 목회 사역을 전문가답게 철저하게 수행할 수 있기 위해서는 그 사역을 최대한 면밀하게 정의해야 한다.

실제로 적이 존재한다는 것을 깨달을 때 우선순위를 재평가해야만 한다. 하만(아각, 사탄, 짐승 등등)의 역할은, '필요한 한 가지'를 결정하도록 강요하는 것이다. 하만이 등장하는 순간 에스더는 미인 대회의 여왕에서 유대교의 성인으로, 머리가 텅 빈

섹스 심벌에서 열정적인 중재자로 변하기 시작하고, 하렘의 바쁘지만 나른한 삶을 떠나 하나님의 백성을 대변하고 그들과 하나가 되는 위험천만한 모험에 나선다.

목회에 가치가 있어 보이는 모든 것을 스스로 떠맡으려고 하는 목회자들은, 자신들이 교회 안에서 명령을 듣고 믿음으로 순종할 수 있는 유일한 사람이라고 생각하는 도저히 견딜 수 없을 정도로 교만한 사람들이거나, 성령께서는 다른 누구도 안내하거나 지도할 수 없다고 여기는 대단히 믿음이 없는 사람들*oligo-pistoi*[29]이다. 필요한 것은 겸손과 목회적 소명에 따라 기꺼이 일하려는 자세, 전쟁의 주인이신 주님이 뜻하는 곳에서 뜻하시는 때에 그분의 종들을 알맞게 사용하실 것이라고 신뢰하는 믿음이다. 만약 목회자가 성경에서 그런 진리를 배울 수 없다면, 주일 오후마다 의식을 치르듯 집중해서 지켜보는 가짜 전투를 통해서라도 그 진리를 배울 수 있어야 한다. 만약 쿼터백(quarter-back, 미식축구에서 같은 선수들에게 작전을 지시하며 경기를 주도하는 선수—옮긴이)이 자신의 팀의 블로커들(blockers, 몸을 부딪쳐 상대팀의 전진을 방해하는 선수—옮긴이)의 움직임이 성에 차지 않아 그 역할을 자신이 맡으려고 하거나, 센터(center, 공격 시 쿼터백에게 공을 전달하는 선수—옮긴이)에게서 공을 받는 대신 자기보다 노련하게 패스 작전을 수행하는 사람을 없다고 확신하며 공을 받기 위해 제2수비진으로 돌진한다면, 그는 곧바로 팀에서 쫓겨날 것이다. 목회자가 매주 비슷한 일을 저지르면서도 그 자리를 잃지 않는다면, 그것은 교인들이 미식축구 팬들보다 더 너그럽고 인내심이 많기 때문일 뿐이다.

사울은 진멸하라는 사무엘의 명령(삼상 15:3)을 부분적으로 이행했으므로 사실 전혀 이행하지 않은 셈이다. 아각 왕과 가장 좋은 가축을 파괴하지 않음으로써 거룩한 전쟁(헤렘)의 분명한 의도를 어기고 말았다.[30] 아주 사소한 왕의 허영을 위한 여지를 남겨두기 위해 하나님의 계획을 수정했다. 하나님은 경건하지 않으며 적대적인 삶의 방식이라는 위협을 제거하는 전쟁을 명하셨지만, 사울은 왕의('목회자의'라고 읽으라) 명성을 높이겠다는 생각에서 전쟁에 임했고, 아각을 사로잡았다고 자랑하면서 약탈한 가축을 전리품으로 사람들에게 나눠주었다. 하나님의 사랑과 은총으로 그 머리에 기름 부음을 받았던 사람, 사울과 맞서는 것은 사무엘의 책임이었다(삼상 15:10-16). 사무엘은 한편으로는 분노하며 한편으로는 슬퍼했다. 그 자신의 충고는 거부당했고, 그의 신뢰는 배반당했다. 그래서 그는 화가 났다. 그러나 더 나쁜 것은, 하나님의 방식이 부인되었으며 백성의 운명이 위태로워졌다. 그래서 그는 슬픔에 빠졌다. 사무엘은 주님 앞에 밤을 지새우며 기도했고, 아브라함이 소돔을 위해서 그랬듯이 죄인을 위해 탄원했다. 신앙 공동체의 모든 지도자들—고대의 왕과 현대의 목회자들—은 직간접적으로 이와 비슷하게 "잔인한 자비"와 대면한다.[31]

사무엘과 사울 사이의 대화는 마치 고해성사를 그대로 옮겨

적어놓은 것 같다. 사울 왕은 씩씩하고 호기롭게 예언자 사무엘에게 인사를 건넨 후 지시에 따라 행동했다고 주장한다. 사무엘은 그에게 시끄러운 동물 소리를 증거로 제시하면서 그의 자랑이 거짓임을 지적한다. 사울은 백성을 탓하지만("그것은 무리가 아말렉 사람에게서 끌어온 것인데…"〔삼상 15:15, 개역개정〕) 동시에 그들의 편에서 변명을 늘어놓는다. 주님께 제물로 바치기 위해 동물을 남겨두고 싶어서 그렇게 했을 뿐이라고 말한다. 사울이 자신의 사역의 본질을 의식적으로 곡해했으며 하나님의 명령을 의도적으로 거부했다는 것은 명백한 사실이다. 아무리 다른 사람을 탓하고 변명을 해도 그것을 덮을 수는 없었다. 사무엘은 그의 장황하고 위선적인 자기 합리화를 더 이상 참을 수 없었다. "그만두십시오!"(삼상 15:16). 문제는 너무나도 분명하다. 사울은 왕국을 통제한다고 생각했으며, 무엇이든지 자신이 원하는 대로 명령을 내릴 수 있다고 생각했다.

이제 하나님은 배경일 뿐이다. 날마다 어떤 행동을 취해야 하는가에 관해 사울은 자기 마음대로 결정을 내렸으며, 그의 교만한 마음을 충족시키고 백성을 기쁘게 하는 것은 무엇이든지 행하도록 공동체를 이끌었다. 하나님의 뜻은 더 이상 공동체를 만들고 공동체에 영향을 미치는 힘이 아니었다. 하나님의 말씀은 더 이상 중심이 아니었다. 사울이 통제하기 시작했다. 그것은 '사울의 교회'였다. 그러나 그는 그것이 얼마나 중대한 영적 현실의 문제인지를 전혀 알지 못한 채 그 책임을 맡으려

했다. 지도력과 성공으로 한껏 들뜬 기분으로 그는 하나님과 적에 대한 감수성을 잃어버렸다.

> 요구된 것은 은폐된 비협조가 아니라 분명하고 적극적인 순종이었다. 주님이 사용하시는 도구는 그분의 손에 완전히 맞아야 하며 매우 믿음직해야 한다. 이것이 사울 왕을 신학적으로, 다시 말해서 적합하고 권위 있게 비판할 수 있는 근거다. 그렇기 때문에 이로써 하나님의 말씀을 거부하는 사람이 엄숙하게 거부되는 것을 알 수 있다.[32]

사무엘이 하나님의 명령을 상기시켰을 때(삼상 15:17-19), 사울은 그저 이미 내놓았던 자기 합리화를 되풀이할 수밖에 없었다(삼상 15:20-21). 해리 스택 설리번Harry Stack Sullivan은 자기 합리화를 한 사람의 행동에 대한 "대단히 그럴 듯하지만 전혀 무관한" 이유라고 정의한 적이 있다. 특히 회중의 성장과 발전을 이끄는 일과 관련된 분야에서 많은 목회 사역을 설명하고 정당화하기 위해 내놓는 이유들도 그와 비슷한 경향을 보인다.

이에 관해 사무엘의 비판은 시사하는 바가 크다. "임금님이 스스로를 하찮은 사람이라고 생각하시던 그 무렵에, 주님께서 임금님께 기름을 부어 이스라엘의 왕으로 세우셨습니다. 그래서 임금님이 이스라엘 모든 지파의 어른이 되신 것이 아닙니까? 주님께서는 임금님을 전쟁터로 내보내시면서…"(삼상

15:17-18). 사울이 불순종한 근원적 이유는 자신을 너무 대단한 사람으로 생각했기 때문이 아니라(즉, 그가 교만하게 행동했기 때문이 아니라), 자신을 너무 보잘것없는 사람으로 생각했기 때문이다(즉, 하나님이 그에게 맡겨주신 그 모든 일의 중요성을 알지 못했기 때문이다). 목회자는 교만만큼이나 두려움 때문에도 죄를 짓기 쉽다. 우월감이라는 환상만큼이나 부적합하다는 느낌 때문에도—안수를 받을 때 들었던 그 말을 믿지 않기 때문에—죄를 짓기 쉽다. 성공의 증거(아각 왕, 약탈한 동물들)를 과시하려는 마음은 하나님을 신뢰하지 못하고 있음을 드러내는 징후다. 당당하게 전리품을 전시함으로써 순종하기를 두려워하는 마음을 보충하려는 태도다.

공동체의 지도자로서의 지위를 활용해 자신의 무너진 자아를 떠받치려고 하는 목회자들은 다른 사람들의 신뢰를 배신하고 동료와 후임자들의 일을 두 배, 세 배로 어렵게 만든다. (사울이 맡은 일을 했다면, 모르드개는 하만 때문에 어려움을 겪지 않았을 것이다.) 통계적인 찬사는 신실함과 아무 상관이 없다. 공적으로 유명해지는 것은 순종과 아무 상관이 없다. "순종이 제사보다 낫다"(삼상 15:22)는 예언자의 말은 대단히 중요하고도 분명한 메시지로서, 후대에 이사야(1:11-15)와 아모스(5:21-27), 호세아(6:6)가 강력히 선포했던 주제이기도 하다. 이 메시지는 여전히 자신의 유익을 위해 신앙 공동체를 조작하는 이들과 교회의 주인이신 하나님을 섬기는 이들을 나누는 잣대가 되고 있다. 사무엘은 미완의 명령을 완수함으로써(15:32-35) 하나님의 통치를 재확립한다. 사울의 지도력은 거부당하고 그는 결국 치욕적으로 자살하고 만다. 에스더서에서 하만은 자신이 만든 교수대에 매달려 죽었다.

모르드개

에스더 이야기에서 하만이라는 인물은 오래전 이스라엘의 원수였던 아말렉 족속 아각과 연속성을 지닌다. 사울 왕의 후손인 모르드개는 그의 조상과 대조를 이룬다. 사울은 자신의 영적 대적을 자신의 야심을 돋보이게 하는 수단으로 잘못 판단했다. 그는 악의 실체를 인식하지 못했으며, 아말렉 족속을 자신의 성공을 위한 경쟁상대로 활용하려 했다. 그는 하나님이 중요하게 여기신 것을 진지하게 여기기를 거부했으며, 그저 자신만을 중요하다고 생각했다. 그는 미쳐서 자살을 하고 말았다. 반대로 모르드개는 영적 문제의 중요성을 깊이 그리고 끊임없이 인식하고 있었으며, 이 문제에 관해 자신이 맡아야 할 역할을 삼가는 자세로 겸손하게 맡았다. 그는 이름 없이 섬겼으며 조용히 조언했다. 그 결과는 그는 높임을 받았다. 이 이야기는 이렇게 결말을 맺는다. "유다 사람 모르드개는 아하수에로 왕 다음으로 실권이 있었다. 그는 유다 사람들 사이에서 존경을 받았다. 특히 자기 백성이 잘 되도록 꾀하였고, 유다 사람들이 안전하게 살도록 애썼으므로, 같은 겨레인 유다 사람은 모두 그를 좋아하였다"(10:3).

목회자에게 모르드개가 중요한 까닭은 그가 보여준 지도력 때문이다. 즉, 어떻게 다른 사람들을 섬길 것인지에 관한 모범이 되기 때문이다. 이 이야기의 제목은 에스더지만, 이야기에서 가장 중요한 인물로서 지도자 역할을 하는 사람은 모르드개다. 모르드개의 이름이 이 책의 제목에 등장하지 않는다는 사실 자체가 그가 보여준 섬김의 지도력의 한 예다. 그는 에스더를 어른으로 길렀다. 그는 암살 음모를 기민하게 알아차리고 왕의 목숨을 구했다. 그는 하만의 계략으로 위기가 찾아왔을 때 조용히 왕비 에스더에게 조언했다. 이것은 용기와 지혜, 기술, 인내가 필요한 행동이었다. 그는 거의 익명으로 막후에서 이 모든 일을 해냈다. 그에게서는 아무런 야심도, 아무런 교만도 찾아볼 수 없다.

모르드개를 "유다 사람"으로 부른다는 사실은 의미심장하다. 여덟 차례 그는 그런 명칭으로 불린다.[33] 그는 어디에서 왔는지, 따라서 어디로 가고 있는지를 알고 있는 전통에 속한 사람이었다. "뿌리를 내린 사람"이었다.[34] 하만이 도성의 광장을 가로질러 거만하게 걸어갈 때 그는 무릎을 꿇고 절하기를 거부해서 그의 눈에 띈다. 절하기를 거부한 것은 그가 제1계명를 순종한 조용한 결과였다. 모르드개는 하나님의 사람으로 십계명을 지켰다. 이 계명이 제공하는 하나님의 백성으로서의 정체성은 다른 모든 역할을 부차적으로 만들었다. 그러므로 그는 지도자였다. "우리가 우리 자신의 내적 신비를 세심하게 돌보고 보호하지 않을 때, 우리는 결코 공동체를 이룰 수 없을 것이다."[35]

그의 지도력은 그의 사람됨으로부터 나왔다. 그는 지도자가 되기 위해 스스로 나서지 않았다. 그는 지도자의 자리에 오르기를 열망하지 않았다. 그는 그저 "유다 사람"이었다. 그 정체성 안에서 일관성을 유지하며 살고 그에 따른 의무를 이행함으로써 그는 지도자의 역할을 다했다. 삼촌의 딸을 돌보고, 제1계명을 지키고, 자신의 백성을 위해 중재하고, 하나님을 신뢰했다. 모르드개에게 지도력이란 자기주장이나 자아실현이 아니라 하나님의 사람으로 살며 그 전통적 정체성으로부터 자연스럽게 흘러오는 모든 것을 행하는 것이었다. 정치권력의 탄압을 피해 도망 다니던 지하 교회에 20세기의 목회적 지도력을 제공했으며 종종 전위적인 세력과도 제휴했던 대니얼 베리건(Daniel Berrigan, 1960년대 베트남전 반대 운동으로 유명한 가톨릭 사제로서 동생 필립과 더불어 미국연방수사국의 주요 지명 수배자 명단에 오르기도 함—옮긴이)은 일차적으로 자신의 책무를 "전통에 속한 사람"으로 사는 것이 어렵지만 반드시 필요하다는 관점에서 이해한다고 말한다.[36]

하나님의 백성이 살아남은 것에 관한 이야기에서 생존에 가장 결정적인 기여를 한 지도자가 그저 "유다 사람"으로 알려진

막후의 인물이라는 점은 눈여겨볼 만하다. 이 점은 중요하다. 왜냐하면 가장 매력적인 지도력의 모범은 기드온과 드보라, 엘리야와 엘리사, 아모스와 호세아처럼 카리스마를 지닌 인물이기 때문이다. 그러나 이방 땅에서 살아남은 디아스포라 신앙 공동체의 이야기를 할 때, 지도력의 본보기는 평범하고 겸손한 종이었다. 하나님 백성의 공동체의 생존과 성장, 양육의 문제—이것은 목회자에게 맡겨진 책무이기도 하다—에 관한 한 종의 모습이 지도력의 모범이 된다. 특별하고 중요한 사역을 하도록 카리스마를 지닌 인물이 세워지기도—주어지기도—한다. 그들을 무시하거나 평가절하해서는 안 된다. 하나님이 그 일을 하도록 보내셨기 때문이다. 그러나 그들은 목회 사역에 대해서는 적합하지 않은 예다. 사역에 관해 성숙해가고자 할 때 목회자들은 의도적으로 종의 형식을 택해야 한다.

목회자들은 홍보에 능하고 화려한 사람들을 (동료로 대할 수는 있지만) 모범으로 삼아서는 안 된다. 예수님은 이 문제를 놓고 제자들과 오래, 그리고 어렵게 씨름하셨다. 마가복음 10장에 등장하는 세베대 형제들의 이야기가 그 예다. 행간을 읽어보면 우리는 이 형제가 이렇게 말하고 있다고 해석할 수 있다. "우리는 하나님이 그분의 새로운 삶의 방식을 알려주신, 특권 지닌 소수의 사람들에 속한다. 그분은 우리에게 이 삶을 세상과 나누라고 명령하셨다. 우리는 더러운 영을 이길 권세를 부여받았다. 우리가 주어야 하는 것을 세상은 절실하게 필요로 한다. 분명히 우리 중 한 사람이 책임을 맡아야 한다. 복음을 나누는 일을 가장 효과적으로 하기 위해 우리는 우리 주위로 사람을 모으고 조직화할 것이다."

이 일의 중요성과 이 과제에 대한 그들의 헌신, 수행할 사역이 있다는 그들의 인식, 명령 받은 일을 행할 그들의 권위에 관해서는 의문의 여지가 없다. 그들은 확신에 차 있었다. 그들은 신념이 넘쳤다. 그들은 헌신을 다짐했다. 그러나 그들의 권위를 어떻게 행사할 것인지, 그들이 어떤 어조로 말할 것인지에 관한 문제가 남아 있었다.

예수님은 그들의 주장을 중단하시고 이렇게 말씀하셨다.

> 너희가 아는 대로, 이방 사람들을 다스린다고 자처하는 사람들은, 백성들을 마구 내리누르고…. 그러나 너희끼리는 그렇게 해서는 안 된다. 너희 가운데서 누구든지 위대하게 되고자 하는 사람은 너희를 섬기는 사람이 되어야 하고, 너희 가운데서 누구든지 으뜸이 되고자 하는 사람은 모든 사람의 종이 되어야 한다. 인자는 섬김을 받으러 온 것이 아니라 섬기러 왔으며, 많은 사람을 구원하기 위하여 치를 몸값으로 자기 목숨을 내주러 왔다(막 10:42-45).

목회자들은 섬김의 사역에서 지속적으로 재훈련을 받아야 한다. 왜냐하면 한 사람이 안수를 받고 권위 있는 지위를 갖게 될 때, 그 권위를 제국주의적인 방식으로 행사하고 초대하기보다는 명령을 내리고 교만한 자세를 취하고 싶은 유혹을 받는다. "그러나 너희끼리는 그렇게 해서는 안 된다." 예수님은 종을 자처하셨다. 바울이 자신을 칭할 때 가장 많이 사용한 표현도 "종 바울은…"이었다. 그러나 이 명칭을 처음으로 사용한 것은 두 사람이 아니었다. 그들은 이사야의 "종의 노래"(사 42:1-9; 49:1-9; 50:4-11; 52:13-53:12)에 비추어 종으로서 자신의 역할을 이해했다. 모르드개 역시 이 노래를 통해 종이자 지도자가 되는 법을 배웠을 가능성이 높다. 이 구절들을 주의 깊게 살펴봄으로써 목회자들은 목회 사역의 특징을 이루는 습성과 태도를 획득할 수 있을 것이다.

첫 노래에 관해 간략히 살펴보기만 해도 이 노래에 담긴 목회적 차원이 드러날 것이다.

> 나의 종을 보아라. 그는 내가 붙들어주는 사람이다.
> 내가 택한 사람, 내가 마음으로 기뻐하는 사람이다.
> 내가 그에게 나의 영을 주었으니,
> 그가 뭇 민족에게 공의를 베풀 것이다.
> 그는 소리치거나 목소리를 높이지 않으며,
> 거리에서는 그 소리가 들리지 않게 할 것이다.
> 그는 상한 갈대를 꺾지 않으며,
> 꺼져가는 등불을 끄지 않으며,
> 진리로 공의를 베풀 것이다.

그는 쇠하지 않으며, 낙담하지 않으며,
끝내 세상에 공의를 세울 것이니,
먼 나라에서도 그의 가르침을 받기를 간절히 기다릴 것이다.
…
내가… 너를 백성의 언약과
이방의 빛이 되게 할 것이니,
네가 눈먼 사람의 눈을 뜨게 하고,
감옥에 갇힌 사람을 이끌어내고,
어두운 영창에 갇힌 이를 풀어줄 것이다.
(사 42:1-7)

이 구절은 특히나 유익하다. 지도자의 형식("나의 종…")과 목회 사역의 위임("눈먼 사람의 눈을 뜨게 하고, 감옥에 갇힌 사람을 이끌어내고…")을 결합시키고 있기 때문이다. 목회적 지도력의 형식은 그 내용만큼이나 중요하다.

'종'은 특별히 이해하기 어려운 개념이 아니다. 그러나 기꺼이 받아들이기는 어려운 역할이다. 이 말은 부정적인 의미를 담고 있다. 자유의 상실, 경제적 제약, 비인간적인 지위가 연상되는 말이다. 종이 되기를 원하는 사람은 아무도 없다. 종은 다른 이들을 위해 일하는 사람, 대개는 그들이 스스로는 하고 싶어하지 않는 일을 하는 사람이다. '종'이란 말에는 인간 실존의 불쾌한 이면이 담겨 있다. 반면에 '복음'은 약속으로 빛나는 말이다. 복음은 우리의 구속을 위해 일하시는 하나님의 능력과 위엄을 선포한다. 그것은 인간 실존의 모든 양상으로 축복이 흘러넘치는 영원한 지복을 약속한다. 케리그마는 하나님이 인간의 실존에 결정적인 무언가를 행하고 계신다는 것이다. 그분은 절대로 움직이지 않으시거나 침묵을 지키시는 때가 없다. 그러나 신문들이 그분이 하신 일을 보도하지 않을 때, 하나님의 일에 대해 책임감을 느끼는 사람들은 스스로 작은 소식을 만들어내는—세상의 관심을 바로잡을 일이 일어나도록 만드는—경향이 있다.

그렇다면 설교와 교육을 통해 신앙 공동체 앞에 '복음'을 제시할 책임이 주어진 사람들이 그 일을 할 때 종이라는 너무도 볼품없는 역할을 맡아야 한다는 것은 얼마나 당혹스러운 일인가. "그는 하나님의 모습을 지니셨으나, 하나님과 동등함을 당연하게 생각하지 않으시고, 오히려 자기를 비워서 종의 모습을 취하시고…"(빌 2:6-7). 그 위엄과 능력이 우리의 상상을 뛰어넘는 하나님, 도무지 믿기지 않을 정도로 영광스러우신 하나님이 거의 우리의 상상 아래 있는 종의 형상을 입고 일하시기로 작정하셨다. "나의 종을 보아라…." 지도자의 역할은 종이라는 것에 대해 그 누구도 트집을 잡을 수 없다.

종들은 묵묵히 정중하게 열심히 자기 일을 한다. 그들은 거리를 걷다가도 부드럽고 정다운 목소리로 말한다.

그는 소리 치거나 목소리를 높이지 않으며,
거리에서는 그 소리가 들리지 않게 할 것이다.
(사 42:2)

강압적으로 설득하려 들지도 않고, 그들을 부인하거나 무시하는 사람과도 시끄럽게 논쟁하지 않는다. 그들은 놀라울 정도로 온화하게 자기 일에 열중한다. 그들은 "상한 갈대" 즉, 사회에서 거의 인정받지 못하는 사람을 무시하지 않는다. 그들은 잘 속는 사람처럼 보이는 사람("꺼져가는 등불")도 강압적으로 대하지 않는다. 아무리 약하거나 쓸모가 없어도 그들이 종으로서 참아내지 못하는 사람은 없다. 그들은 다른 사람 위에 서지 않고, 그 사람을 괴롭히지 않는다. 그들은 다른 사람 아래에 혹은 그와 나란히 선다. 그러나 동시에 공의*mišpat*와 율법(가르침, 토라)에 몰입한 사람으로서 그렇게 한다. 다시 말해서, 그들은 "유다 사람"으로서 그렇게 한다.

미국종교사의 표준적 연구서인 《부흥운동과 사회개혁*Revivalism and Social Reform*》의 저자인 존스 홉킨스 대학의 역사학 교수인 티모시 스미스Timothy L. Smith는 목회적 지도력에 관해 이렇게 말한 바 있다.

나는 우리가 상품 모형을 적용해 교회 성장과 교회 행정을 이해해 왔다고 생각한다. 교단 지도자들은 미래를 내다보는 목회자란 마치 기업가처럼 시장에 상품을 공급할 계획을 가지고 있는 사람이라고 생각하는 경향이 있다. 그 결과 우리는 이미지와 홍보를 지나치게 강조해왔다. 그러나 나는 우리에게 정말로 필요한 일은 성경적 진리가 얼마나 복잡하고 심오한가를 재발견하는 것이라고 생각한다.[37]

여기서 성경적 진리는 하나님이 그분의 피조물 안에서 언제나 해오신—종으로서—일과 관계가 있다. 이스라엘 민족은 열방에게 종으로 존재했다. 아브라함은 "땅에 사는 모든 민족이 너로 말미암아 복을 받을" 것이라는 약속을 받았다. 이스라엘은 시대마다 정치적, 군사적 힘에 짓밟혔지만, 그럼에도 불구하고 인간 실존의 기초가 되는 신학과 도덕을 공급하는 종의 책무를 묵묵히 그리고 효과적으로 수행했다. 우리는 다른 나라와 민족으로부터 우리의 정치, 우리의 과학, 우리의 철학, 우리의 경제를 받아들이지만, 이스라엘의 신앙은 우리의 뿌리가 되어 우리를 섬긴다. 이스라엘은 정복함으로써가 아니라 정복당함으로써 이 책무를 감당했다. 소리침으로써가 아니라 섬김으로써 그 소임을 다했다.

종의 역할은 예수님 안에서 완성되었다. 세상이 존엄한 왕을 맞이할 준비를 하도록 그분의 탄생 이전에 그리고 탄생과 더불어 복된 징조가 존재했지만, 예수님은 가장 겸손한 모습으로 가난한 농부 부모에게서, 보잘것없는 마을에서, 가장 초라한 건물 안에서 태어나셨다. 그분의 삶은 눈에 띌 만한 지위나 특권을 거부하는 삶이었다. 그분은 나병환자를 만지셨고, 제자들의 발을 씻기셨으며, 어린아이들의 친구가 되셨고, 여성들에게 자신을 따르라고 격려하셨으며, 결국에는 외부 세력에 의해 십자가형을 당하셨다. 예수님에 관해서는 모든 것이 종의 모습을 말해준다. 만약 예수님이 우리가 지도력의 모범으로 삼아야 할 분이라면, 목회자들은 이 형식을 결코 피할 수가 없다.

물론 모르드개는 자신이 종이자 유다 사람으로 섬기는 자세를 하나님이 어떻게 사용하실지 전혀 알지 못했다. 그는 그저 기대했던 방식이 아닐지라도, 페르시아에는 효과적으로 보이지 않을지라도 그것이 쓰임을 받을 것이라고 확신했을 따름이다. 그는 에스더에게 "이런 때에 왕후께서 입을 다물고 계시면, 유다 사람들은 다른 곳에서라도 도움을 얻어서, 마침내는 구원을 받고 살아날 것"이라고 권면했다(4:14). 여기서 "다른 곳 *maqom*"은 아마도 하나님의 이름을 대신하는 말로 사용되었을 것이다.[38] 에스더에서 한 번도 언급되지 않는 하나님은 사실 모든 곳에서 전제되어 있다. 좋은 종은 자신에 대해 주의를 환기하지 않는다.

하닷사

어쩌면 에스더의 히브리어 이름인 하닷사(2:7)는 고유명사가 아니라 (아카드어 하닷사투, "신부"에서 유래한) "신부"라는 뜻의 호칭이었을지도 모른다.[39] 만약 그렇다면, 이는 하나님의 백성을 그분의 신부라고 부르는 성경적 은유가 폭넓게 사용되는 점과도 일맥상통한다. 에스더 이야기에서 신앙 공동체, 그분의 백성을 향한 사랑과 계획을 강조하는 말이라고 해석할 수 있다.

에스더서는 교회에서 중요한 책이 아니다. 도덕적으로 의심스럽지만 놀라울 정도로 아름다운 왕비 에스더에 관한 이야기이기 때문이다. 그러나 이 책은 하나님의 백성, 하나님의 하닷사가 이교의 도시 수산에서 하만의 계략에도 불구하고 모르드개의 사역을 통해 살아남았다는 극적이며 흥미진진하고 기쁜 이야기를 들려준다.

하나님은 공동체 안에서 일하신다. 그 말은 곧 성경적 종교는 언제나 어디서나 공동체의 일을 다룬다는 뜻이기도 하다. 그러므로 성경적 근원에서 유래한 목회 사역 역시 공동체의 일이다. 아브라함은 그가 "백성," "큰 민족"을 이루고(창 12:2), "여러 민족의 아버지"가 되고(17:4), "너의 자손은 원수의 성을 차지할 것"이며〔하만을 처리할 것이며!〕 "세상 모든 민족이 네 자손의 덕을 입어서, 복을 받게 될 것"(창 22:17-18)이라는 약속을 받았다.

구원을 경험하고 신앙을 표현하는 것은 언제나 공동체the *qahal* 안으로부터다. 공동 예배와 공동의 지도력이 존재했다. 예루살렘 함락과 바빌로니아 유배 이후 답해야 할 물음은 바로 이것이었다. 이 민족은 그들의 정체성을 유지할 수 있을까? 가족은 헤어졌고, 전통은 무너졌으며, 다른 민족과의 결혼으로 인종적 순수성은 희석되었다. 디아스포라는 공동체를 파괴하고 성경적 종교를 잔인한 개인주의로 변질시킬 것인가? 에스더서는 이 물음에 대한 답이다. 예루살렘에서 가장 멀리 떨어진 곳에서, 바빌로니아의 번성하는 망명 공동체와 단절된 채, 이교의 궁정에서 다른 민족과 결혼을 한(에스더가 아하수에로의 아내였음을 잊지 말라) 이 신앙 공동체는 육체적, 영적으로 뿌리가 되는 체제로부터 멀어진 상태였다. 마치 그것으로는 부족하다는 듯이, 유대인에게 최대의 적이었던 하만은 유대인을 학살할 음모를 꾸몄다. 고향으로부터 멀리 떨어져 있을 때, 고향에서 하던 예배 형식을 잃어버렸을 때, 신앙 공동체가 이교의 체제 안으로 섞여 들어갔을 때, 강력하고도 악의적인 적대감에 직면했을 때, 그때도—심지어 하나님의 이름이 제거되었을 때도!—하나님의 공동체는 살아남을 수 있을까? 토머스 머튼Thomas Merton은 이렇게 평온하게 말한다. "그리스도인이나 교회가 세상에서 결코 걱정하지 말아야 할 것은 현세적이며 세속적인 의미에서의 생존이다. 이런 걱정을 한다는 것은 곧 그리스도의 승리와 부활을 은연중에 부인하는 것과 다름없다."[40]

환경도 중요하고, 문화도 중요하고, 역사도 중요하다. 그러나 그 어떤 것도 결정적이지는 않다. 신앙 공동체는 언제나 불신앙의 환경 속에서 존재한다. 그러나 환경은 하나님 백성의 존재를 설명할 수도 없고 무시할 수도 없다. 다시 말해서, 사회학자는 교회를 이해할 수 없고, 정치학자는 교회를 이해할 수 없고, 언론인은 교회를 이해할 수 없다. 세속적인 분석 방법으로는 교회의 실체를 이해할 수 없다. 안락의자에 앉아 있는 역사가들은 하나님 백성의 삶의 역사를 살펴본 후 특정한 시기는 공동체가 영적으로 번성하는 데 어느 정도 호의적인 분위기였다고 일반화시킨다. 나는 문화 속에는 그런 차이를 만들어내는 것이 아무것도 없다고 생각한다. 그런 차이를 만들어내는 것은 신실함, 순종, 종으로 섬기는 자세, 기도다. 기독교 목회자로 사는 것은 러시아와 중국, 자이르에서만큼이나 미국에서도 쉽지 않다. 그런 나라에서는 안락하고, 학식을 갖추고, 풍요롭고, 존경 받기가 더 어려울지도 모른다. 그러나 목회자로 사는 것은 더 어렵지 않다.

목회자는 사회의 세속화에 대해 경계할 필요가 있지만, 그것에 대해 절대로 두려워해서는 안 된다. 세속화는 하나님 백성의 실존을 위협하지 않는다. 우리는 콘스탄티누스주의적 체제 안에서 살아남은 것만큼이나 쉽게 (혹은 그만큼이나 어렵게) 세속화 속에서도 살아남을 수 있다. 우리는 국교로 공인 받지 못한 교회로서 살아남았던 것처럼 국교로 공인 받는 교회로서도 살아남을 수 있다. 예루살렘에서처럼 수산이나 엘레판티네에서도 살아남을 수 있다. 장소와 시간은 중요하다. 역사가 중요하며, 장소와 시간은 실질적인 순종을 위한 세부사항과 재료를 제공하기 때문이다. 그러나 장소와 시간은 결정적이지 않다. 디킨스가 프랑스 혁명에 관해 말했듯이, "그때는 최선의 때이기도 했고, 최악의 때이기도 했다…."[41] 모든 시간과 장소가 다 그렇다. 게르하르트 폰 라트는 이렇게 말했다.

> 이스라엘은 왕국을 잃어버림과 동시에 놀라울 정도 쉽게, 겉으로 드러난 내적인 위기도 없이 국가라는 의식도 같이 던져버렸다. 이것은 국가 자체가 이스라엘에게는 일종의 빌린 옷과 같았다는 사실과 분명히 연관이 있다. 이스라엘은 국가가 되기 오래전부터 야훼께 속해 있었고, 그때부터 스스로 "야훼의 백성"임을 알고 있었다. 따라서 국가가 파괴된 후에도 이스라엘은 여전히 스스로를 야훼의 백성이라고 생각할 수 있었다.[42]

하나님과 하닷사 사이의 결혼식은 수산이라는 의외의 장소를 배경으로 거행된다. 바빌로니아의 영적 공동체로부터 단절된 채, 예루살렘의 역사적 전통으로부터 분리된 채, 사건의 향방을 바꾸어놓을 수 있는 위치에 있던 에스더는 하렘에 동화되어버렸으며, 열두 달 동안 몰약과 향유, 기름으로 집중적인 미용 관리를 받는 동안 유대인으로서의 정체성도 거의 지워질 지경이었다(2:12). 그러나 완전히 지워지지는 않았다. 날마다 왕궁 문 앞에서 에스더의 안부를 묻는 모르드개의 행동은 중요하지 않아 보이지만 사실 매우 튼튼한 연결선 역할을 했다. 이야기의 결말은 결혼식의 황홀경이었다. "…〔이날을〕 명절로 정하고, 즐겁게 잔치를 벌이면서, 서로 음식을 나누어 〔먹었다〕"(9:19).

이것은 곧 하나님의 공동체를 이해하기 위해 필수불가결한 것은 사회학이 아니라 신학이라는 뜻이다. 하나님의 백성은 문화가 아니라 은총에 의해 구성되고 보존된다는 뜻이다. 사람들이 생각하는 교회에 나가는 이유—좋은 음악을 듣기 위해서든지, 아이들과 떨어져 있을 수 있는 조용한 장소를 찾아서든지, 좋은 설교를 듣기 위해서든지, 공동체의 "더 좋은 사람들"과 함께 있기 위해서든지—는 중요하지 않다. 그들이 모이는 진정한 이유는 하나님이 그들을 부르셨기 때문이다. 이것을 알고 있는 목회자는 교회를 떠나 있는 사람들이 몰두하는 유행과 경쟁하는 태도로부터, 교회에 나온 사람들의 기대를 충족시켜야 한다는 생각으로부터 자유롭다. 목회자들은 하나님이 부르신 사람들 사이에서, 하나님이 보존하시는 사람들의 모임 안에서 지도자의 역할을 맡은 사람이다. 교회는 더 고귀한 덕을 지향하도록 권고를 받는 도덕적 공동체가 아니다. 이것은 영웅적인 봉사를 위해 훈련을 받은 활동 단체가 아니다. 교회는 그저 하나의 사실이다. 하나님에 의해 만들어지고 보존되고 유지되는 사람들이다. 에스더서에는 유대인들이 예배를 했다는 증거조차도 없다. 이 책에서는 하나님의 이름을 한 번도 언급하지 않는다. 사람들은 객관적으로 정의된 사명을 가지고 있지 않다. 그들은 도덕적 탁월함도 전혀 보여주지 않는다. 오히려 기꺼이 살인을 저지르는 모습을 볼 때 페르시아인들과 마찬가지로 악했다. 그들은 하나의 사실, 하나의 피조물, 하나님의 다른 모든 피조물처럼 무로부터 창조된 존재다. 다른 모든 토대에서 교회를 이해하려는 노력은 실패할 수밖에 없다. 막스 베버가 우리에게 교회에 관해 많은 흥미로운 이야기를 해줄 수 있지만, 결코 교회를 설명할 수는 없다. 반드시 목회자는 회중을 있는 그대로, 하나님이 만드신 역사적 공동체로, 결점까지도 그대로 이해할 수 있어야 한다. 반드시 교회에 대해 있는 그대로, 결점까지도 하나님께 감사드릴 수 있어야 한다.

하나님의 백성에 관해 가장 중요한 한 가지는 그들이 거기 있다는 사실이다. 그들은 존재한다. 그들이 존재하는 것은, 제국 안의 호의적인 상황 때문이 아니라, 교회가 시장에 제공할 수 있는 특정하게 인지된 필요 때문이 아니라, 하나님이 무로부터 그들을 부르셔서 백성으로 삼으셨기 때문이다(호 1:10). 동일한 이유 때문에 그들은 계속 존재할 것이다. 아말렉도, 아각도, 하마도, 유다도, 계시록의 짐승도, 그 어느 것도 이 피조물을 멸망시킬 수 없다. 하닷사, 그리스도의 신부는 남편을 위해 단장한다.

> 할렐루야! 주 우리 하나님, 전능하신 분께서 왕권을 잡으셨다.
> 기뻐하고 즐거워하며, 하나님께 영광을 돌리자.
> 어린양의 혼인날이 이르렀다.

그의 신부는 단장을 끝냈다.
신부에게 빛나고 깨끗한
모시옷을 입게 하셨다.
(계 19:6-8)

그러므로 목회자가 공동체 안에서, 공동체를 위해서 표현할 수 있는 가장 중요한 한 가지는 찬양이다. 불평이나 도덕주의나 불안함이나 지식이 아니라 감사다. 부림절, 살아남은 것을 기뻐하며 하닷사인 신앙 공동체를 하나님께 바치는 축제.

닫는 말

탐구에는 결론이 없다. 모든 목회 사역은 진행 중인 일이다. 그렇다고 목적 없는 방황도 아니다. 목적이 있다. 이 길 위에는 동기를 부여하는 말도 있고, 다음 걸음을 밝혀주는 빛나는 순간도 있다. 일반적으로는 성경적 자료와 구체적으로는 메길롯이 사역에서 진정성을 추구하는 목회자에게 유익하다는 것을 보여주기 위해, 이 책에서 나는 돌멩이의 은유를 두 가지 방식으로 사용했다. 하나는 목회 사역을 짓기 위한 튼튼한 기반을 구성하는 기초석의 이미지이며, 다른 하나는 케리그마적 예배를 배경으로 그리스도의 몸 안에서 이뤄지는 목회 사역의 특정한 양상에 대해 주의를 환기하는 보석의 이미지다.

이 은유를 활용하는 제3의 방식이 있다. 나는 사무엘상 17:31-40의 말씀에 관한 노르웨이의 시인 구나르 소킬드손 Gunnar Thorkildsson의 시가 암시로 가득한 시라고 생각한다. 이 시를 읽으면서 나는 격려를 얻고 내 목회 사역의 방향을 발견한다. 이 시는 다음과 같다(나의 번역).

이상하게 생긴 조약돌이 굴러와
반석에 부딪혀
매끈한 다섯 개의
돌멩이가 되었다.
그중 하나는
거인을 쓰러뜨릴 것이다.[1]

다윗이 골리앗에 맞설 준비를 할 때 개울에서 선택 받기를 기다리는 돌멩이의 이미지가 내 관심을 사로잡았다. 다윗은 방금 잘 맞지 않는 사울 왕의 갑옷을 벗어버렸다. 왕은 선의에서 청동 투구와 철갑옷을 내어주었다. 그러나 만약 받아들였다면 그 결과는 비참했을 것이다. 다윗은 진정한 자신의 것이 필요했다. 나 역시 그렇다. 왜냐하면 비록 나의 문화가 나에게 권하는 과학과 지식이라는 무기는 강력하지만, 나는 외부에서 강요된 것으로는 효과적으로 일할 수가 없다. 내 몸에 걸친 쇠붙이는 나를 당당하게 보이게 만들겠지만, 내 일을 제대로 하도록 도와주지는 않을 것이다.

그래서 나는 성경이라는 개울에 무릎을 꿇고, 이 일을 위해 하나님이 오래전부터 준비해오신 것 중에서 매끄러운 돌멩이들을 골라낸다. 거친 모서리는 깎였다. 쓸데없는 것은 하나도 없다. 군더더기도 전혀 없다. 깨끗하고 말끔하다. 나한테는 성경이 그렇다. 본질적이며 필수적이다. 이제 나는 거대한 혼돈에서 해방되어 다시 가볍게 여행을 떠나는 기분이 든다.

그 개울가에서 다윗은 옛 지도자의 전통이 파괴되는 역사적 시점에 서 있었다. 족장과 출애굽, 광야의 전통은 모두 유목 문화 속에서 발전되었다. 이제 하나님의 백성은 농업과 도시가 중심이 되는 세계에 정착했다. 카리스마를 지닌 사사들이 나타나 탁월한 지도력을 과시했던 가까운 과거도 무정부상태로 붕괴되었다. 이런 혼돈으로부터 왕정을 통해 다시 질서를 세우려는 노력이 이미 실패로 치닫는 중이었다. 다윗이 그 개울가에 있을 때 이스라엘은 블레셋에게 그 정체성을 잃기 직전이었다.

이 상황에서 나에게 너무나도 인상적이었던 점은, 다윗이 자신의 일을 진정성이 없는 방식으로 (사울의 갑옷을 사용해서) 하라는 제안을 거절할 정도로 겸손하면서도 대담했다는 사실과, 그가 목동 시절 그 활용법을 훈련했던 것(물매와 돌멩이 몇 개)만 사용할 정도로 겸손하면서도 대담했다는 사실이다. 그렇게 그는 거인을 죽였다.

비록 그때는 아무도 몰랐지만, 그것은 하나님과 그분의 백성의 관계에 관한 이야기에서 전환점이었다. 새로운 지도자의 사역이 형성되고 있었다. 다윗은 아직 왕이 아니었다. 왕으로 인정받기까지 몇 년이 더 지나야 했다. 우리 사회에서 목회자가 그렇듯이 그는 주변적인 인물이었으며, 산지에서 양을 치던 보잘것없는 사람이었다. 그 당시 세상은 교만한 불량배 같은 블레셋 족속과 사기가 꺾인 불안한 하나님의 백성으로, 강력하지만 어리석은 거인과 기름 부음을 받았지만 심각한 결함을 지닌 왕으로 나눠져 있는 것처럼 보였다. 개울가에서 돌멩이를 주워온 그 사람이 그날 가장 중요한 일을 하고 있다고는 그 누구도 상상조차 하지 못했다.

주

여는 말

1. Peter Marin, "The New Narcissism," *Harper's Magazine* 251, no. 1505 (October 1975): p. 47.
2. "목회적 돌봄을 역사적으로 되돌아보면… 전통 안에 엄청난 보물이 들어 있음을 새롭게 깨닫는 동시에 지금 나타난 인간의 문제가 독특하다는 점과 새로운 방법으로 영혼을 돌볼 수 있다는 점을 더 날카롭게 인식할 수 있다. 과거의 목회자들이 했던 일은 대부분 독창적이며 동시적이고 풍부하며 창의적이었고, 돌이켜볼 때 더욱 새롭고 흥미진진해진다." William A. Clebsch, Charles R. Jaekle, *Pastoral Care in Historical Perspective: An Essay with Exhibits* (New York: Jason Aronson, 1975), p. 2.
3. Donald G. Miller, *Fire in Thy Mouth* (Grand Rapids: Baker Book House, 1954), p. 83.
4. Saul Bellow, *Humboldt's Gift* (New York: Avon Books, 1976), p. 5.
5. Amos Niven Wilder, *Theopoetic: Theology and the Religious Imagination* (Philadelphia: Fortress Press, 1976), p. 83.
6. Herakleitos, "The Extant Fragments," trans. Guy Davenport, *The American Poetry Review*, January-February 1978, p. 14.
7. Clebsch, Jaekle, p. 76.

8. 윌리엄 골딩은 자신의 소설 《핀처 마틴*Pincher Martin*》을 "일상의 우주를 대신한 일격"이라고 설명했다. Denis Donoghue, *The Ordinary Universe: Soundings in Modern Literature* (New York: The Macmillan Company, 1968), p. 9에서 재인용.
9. Lloyd R. Bailey, "The Lectionary in Critical Perspective," *Interpretation* 31, no. 2 (April 1977): p. 149.
10. C. S. Lewis, *The Allegory of Love* (New York: Oxford University Press, 1936), p. 1.
11. Gerhard von Rad, *Old Testament Theology: The Theology of Israel's Prophetic Traditions*, trans. D. M. G. Stalker (New York: Harper & Row, 1965), vol. 2, p. 328. 《구약성서신학》(분도출판사).
12. 잉마르 베리만(Ingmar Bergman)은 한 인터뷰에서 이렇게 말했다. "나는 예술이 예배로부터 단절되는 순간 그 근원적인 창조적 충동을 잃어버렸다고 생각한다. 예술은 탯줄을 잘라낸 채 이제 스스로 생성하며 쇠락하는 불모의 삶을 살고 있다. 과거에는 예술가가 알려지지 않은 채 남아 있었으며 그의 작품은 하나님의 영광을 위한 것이었다…. 오늘날은 개인이 예술적 창조의 최고의 형식이자 최악의 맹독이 되었다…. 개인주의자들은 서로의 눈을 노려보지만 서로의 실존은 부인한다…." Donald J. Drew, *Images of Man: A Critique of the Contemporary Cinema* (Downers Grove, IL: InterVarsity Press, 1974), p. 76에서 재인용. 그의 말은 예배와 분리된 목회 사역에도 적용된다.
13. Bernard Bergonzi, *T. S. Eliot* (New York: Macmillan Co., 1972), p. 162.
14. Karl Barth, *Church Dogmatics* (Edinburgh: T. & T. Clark, 1962), vol. 4, part 3, p. 501. 《교회 교의학》(대한기독교서회).

1. Charles Williams, *The Descent of the Dove: A Short History of the Holy Spirit in the Church* (New York: Meridian Books, 1956), p. 131.
2. "〈레드북*Redbook*〉(미국의 여성지)에서는…18,349명을 대상으로 전문적으로 작성된 성에 대한 태도와 성생활에 관한 설문조사를 실시한 후 이를 컴퓨터로 분석한 결과에 관해 보도했다…. 이 조사에서는 '매우 종교적인' 여성들이 '상당히 종교적인 여성들'보다 성적 만족도가 높으며 오르가즘을 더 많이 느끼고 남편과의 소통도 더 좋다는 것을 보여준다. 행복지수가 가장 낮은 집단은 종교적이지 않은 여성들이었다. 이들은 성교의 횟수와 만족도도 가장 낮았으며, 사랑을 나눌 때 적극적인 역할을 하는 사람들의 비율도 가장 낮았다. 〈레드북〉의 편집자들은 종교와 성공적인 성생활이 이처럼 밀접한 상관관계를 나타낸다는 사실에 대해 '깜짝 놀랐다'고 인정한다. 이 잡지에서는 이것이 더 '계몽된' 성직자들이 성적 쾌락이 '좋은 결혼의 필수요건'이라고 가르쳤기 때문이라는 이론을 내세운다." (*TIME, The Weekly Newsmagazine*의 허락을 받고 전재. 저작권 Time Inc. 1975. *Time* 106, no. 9 [September 1, 1975]: p. 62.) 이에 대해 놀랐다는 편집자들의 반응은 그들의 미숙함을 드러내며, 그들의 설명은 빈약하다. "종교와 성공적인 성생활" 사이의 상관관계는 최근에 밝혀진 것도 아니며 주목할 만한 일도 아니다. 목회자들이 몇백 년 동안 알고 있던 바이며, 이에 대해 그들이 기여한 바도 거의 없다. 성적 쾌락이 좋은 결혼의 필수 요건이라는 "가르침"은 20세기의 발견도 아니고, 이에 관해 조언하는 것이 "계몽된 성직자들"의 특기인 것도 아니다. 이 가르침은 성경의 계시 안에 (특히 아가서 안에) 깊이 새겨져 있고, 그리스도인과 유대인들은 수천 년 동안 이를 이해하고 실천해왔다.
3. Gerhard Kittel, Gerhard Friedrich, eds., *Theological Dictionary of the New Testament*, trans. Geoffery W. Bromiley (Grand Rapids:

Eerdmans Publishing House, 1971), vol. 7, p. 965. 《신약성서 사전》(요단출판사). 아울렌(Aulén) 역시 이 점을 강조한다. "구원은… 인간과 하나님의 새로운 관계를 묘사하는 종합적인 용어로 해석할 수 있다…. 구원에 대한 고전적인 관념은 그리스도께서 단번에 이루신 승리가 성령의 사역 안에서 계속되고 그 열매를 거두는 것을 뜻한다. 교부들도 그렇게 이해했으며, 루터 역시 마찬가지다. 하지만 루터는 성취된 사역과 지속되는 사역 사이의 밀접한 연관관계를 이전보다 훨씬 더 강조했다. 악의 권세에 대한 그리스도의 승리는 영원한 승리이며, 따라서 과거의 것인 동시에 현재의 것이기도 하다. 그러므로 칭의와 속죄는 실제로 하나이며 동일한 것이다. 칭의는 속죄를 현재화시켜 지금 여기에서 하나님의 축복이 저주를 압도하게 해준다. 그러므로 우리를 위한 그리스도(*Christus pro nobis*)와 우리 안에 계신 그리스도(*Christus in nobis*) 중 무엇을 더 강조할지, 그리스도 때문에(*propter Christum*)와 그리스도를 통해서(*per Christum*) 중 무엇을 더 강조할지 따지는 것은 논점을 벗어난 것이다. 이 둘은 서로 다른 두 가지가 아니라 동일한 것의 두 측면이다. 둘 다 똑같이 중요하다." Gustaf Aulén, *Christus Victor* (London: SPCK, 1950), p. 167. 《승리자 그리스도》(정경사).

4. "유월절 식사(*seder*)는 여러 시편을 낭독하고, 네 번째이자 마지막 포도주 잔을 맛보고, 여러 찬송을 부르고, 마지막으로 중세로부터 내려오는 민요를 부르는 것으로 마무리된다. 많은 공동체에서 가장이 아가서를 읽음으로써 모든 예식을 마친다." Louis Finkelstein, *The Jews: Their History, Culture, and Religion* (New York: Harper & Brothers, 1955), vol. 2, p. 1367.
5. Lloyd R. Bailey, "The Lectionary in Critical Perspective," *Interpretation* 31, no. 2 (April 1977): p. 140.
6. Theodore H. Gaster, *Thespis: Ritual, Myth, and Drama in the Ancient Near East* (Garden City, NY: Doubleday/Anchor Books,

1961), p. 95.

7. James Bennett Pritchard, ed., *Ancient Near Eastern Texts: Relating to the Old Testament* (Princeton: Princeton University Press, 1955), p. 351 이하.

8. Karl Barth, *Church Dogmatics*, vol. 3, part 1, p. 313.

9. Walther Eichrodt, *Ezekiel: A Commentary*, The Old Testament Library, trans. Cosslett Quinn (London: SCM Press Ltd., 1970), p. 199.

10. Barth, vol. 3, part 1, p. 313.

11. Wesley J. Fuerst, *The Cambridge Bible Commentary: The Books of Ruth, Esther, Ecclesiastes, the Song of Songs, Lamentations: the Five Scrolls* (Cambridge: Cambridge University Press, 1975), p. 168.

12. Theophile J. Meek, "Introduction and Exegesis of the Song of Songs," *The Interpreter's Bible*, ed. George Arthur Buttrick (Nashville: Abingdon Press, 1956), vol. 5, p. 92.

13. *Theological Dictionary of the New Testament*, vol. 1, p. 42.

14. *Interpreter's Dictionary of the Bible*, vol. 4, p. 421.

15. 같은 책, p. 422.

16. C. S. Lewis, *The Voyage of the Dawn Treader* (New York: Macmillan Co., 1967), p. 177. 《새벽 출정호의 항해》(시공주니어).

17. C. S. Lewis, *The Allegory of Love* (New York: Oxford University Press, 1936), p. 154.

18. Philip Rieff, *The Triumph of the Therapeutic: Uses of Faith after Freud* (New York: Harper & Row, 1966), p. 194.

19. "…성과 종교는 복잡하게 서로 얽혀 있다. 성배의 전설(Grail legends: 최후의 만찬에서 썼다는 잔이 신비한 힘을 가지고 있다는 전설로 후에

아서 왕 전설과도 결합됨—옮긴이)에서 성배와 왕의 창은 명백한 성적 상징이다. 그리고 신화는 일종의 앎이다…." Hyatt H. Wagoner, *American Poets* (New York: Houghton, 1968), p. 422.

20. Richard Wilbur, "Poplar, Sycamore," *The Poems of Richard Wilbur* (New York: Harcourt Brace Jovanovich, Inc., 1963), p. 216.

21. Erich Auerbach, *Mimesis: The Representation of Reality in Western Literature*, trans. Williard R. Trask (Princeton: Princeton University Press, 1953), p. 555. 《미메시스》(민음사). 아우어바흐는 이 문학적 특징을 "예표론적 해석(figural interpretation)"이라고 명명하면서 이에 관해 이렇게 설명한다. "예표론적 해석에서는 두 사건과 인물을 연결시킴으로써 첫 사건이나 인물이 그 자체뿐만 아니라 두 번째 사건이나 인물도 의미하는 한편, 두 번째 것은 첫 번째 것에 참여하거나 그것을 성취한다는 것을 보여주고자 한다. 예표의 양극은 시간상으로 분리되어 있지만, 둘 모두 실재하는 사건이나 인물이기에 시간성 안에 존재한다. 둘 다 역사적 삶을 이루는 흐르는 물줄기 안에 담겨 있으며, 이 둘의 상호의존성을 영적으로 이해하는 것(intellectus spiritualis)은 하나의 영적 행위다" (p. 73).

22. Herman Melville, *Moby Dick* (New York: Bantam Books, 1967), p. 291. 《모비 딕》(작가정신).

23. Gerard S. Sloyan, "The Lectionary as a Context for Interpretation," *Interpretation* 31, no. 2 (April 1977): p. 133.

24. Meek, *The Interpreter's Bible*, vol. 5, p. 92.

25. Delbert R. Hillers, *Covenant: The History of a Biblical Idea* (Baltimore: Johns Hopkins Press, 1969), p. 5.

26. "우리 문명과 달리 히브리인들은 계약(contracts)의 세계가 아니라 언약(covenant)의 세계에서 산다. 그들은 계약이라는 개념 자체를 몰랐다. 이스라엘의 하나님은 '그저 노예처럼 복종하고 아부하는 것에 관심

이 없는 것처럼 계약과 금전에 기초한 관계에도 관심이 없으시다.' 그분이 언약의 상대편과 맺는 관계는 자비와 사랑의 관계다…. 하나님의 생명성과의 사귐에 참여하는 것이다. 성경의 종교는 인간이 고독을 어떻게 대할 것인가에 관한 문제가 아니라 인간이 모든 인간에 관한 하나님의 관심에 대해 어떻게 반응할 것인가에 관한 문제다. Abraham J. Heschel, *The Prophets* (New York: Harper & Row, 1962), p. 230. 《예언자들》(삼인).

27. Barth, vol. 3, part 1, p. 290.
28. Eugen Rosenstock-Huessy, *I Am an Impure Thinker* (Norwich, VT: Argo Books, Inc., 1970), p. 42.
29. William Barclay, *A Spiritual Autobiography* (Grand Rapids: William B. Eerdmans, 1975), p. 100에서 재인용. 《바클레이 자서전》(보이스사).
30. Coventry Patmore, *The Rod, the Root, and the Flower* (Freeport, NY: Books for Libraries Press, Inc., 1968), p. 123에서 재인용.
31. "The Prelude," book viii, II. pp. 279-281. 《서곡》(문학과지성사).
32. Barth, vol. 3, part 1, p. 290.
33. Robert Penn Warren, "Revelation," *Selected Poems* 1923-1975 (New York: Random House, 1975). 사용허가를 받음. Copyright 1936, 1940, 1941, 1942, 1943, 1944, © 1955, 1957, 1958, 1959, 1960, 1963, 1965, 1966, 1967, 1968, 1969, 1970, 1971, 1972, 1973, 1974, 1975, 1976 by Robert Penn Warren. Copyright renewed, 1964, 1968, 1969, 1970, 1971, 1972 by Robert Penn Warren.
34. Alfred Kazin, *On Native Grounds* (Garden City, NY: Doubleday & Co. Inc., 1942), p. 170을 보라.
35. Edward Dahlberg, *Can These Bones Live* (Ann Arbor: University of Michigan Press, 1967), p. xi.

36. Henri J. M. Nouwen, *Reaching Out: The Three Movements of the Spiritual Life* (Garden City, NY: Doubleday & Company, Inc., 1975), p. 30. 《영적 발돋움》(두란노).
37. J. A. Jungmann, *Pastoral Liturgy* (London: Challoner Publications, Ltd., 1962), p. 386.
38. C. S. Lewis, *The Allegory of Love*, p. 157.
39. Anders Nygren, *Agape and Eros: A Study of the Christian Idea of Love* (London: SPCK, 1932), part 1, p. 54. 《아가페와 에로스》(크리스찬다이제스트).
40. Dietrich Bonhoeffer, *Life Together* (New York: Harper & Row, 1954), p. 29. 《신도의 공동생활》(대한기독교서회).
41. Patmore, p. 68.

2부 이야기를 만드는 목회 사역: 룻기

1. C. S. 루이스가 자신이 소장했던 폰 휘겔(von Hügel)의 책 《영원한 삶 *Eternal Life*》의 여백에 펜으로 써놓은 글. Corbin Scott Carnell, *Bright Shadow of Reality: C. S. Lewis and the Feeling Intellect* (Grand Rapids: William B. Eerdmans, 1974), p. 163에서 재인용.
2. Robert G. Boling, *Judges*, The Anchor Bible (Garden City, NY: Doubleday & Co., Inc., 1975), 19장에 대한 주석, pp. 227-279.
3. G. Ernest Wright, *The Old Testament against Its Environment* (Chicago: Alec R. Allenson, Inc., 1950), pp. 68-69.
4. William Foxwell Albright, *From the Stone Age to Christianity: Monotheism and the Historical Process* (Garden City, NY: Doubleday/Anchor, 1957)와 John Bright, *A History of Israel* (Philadelphia:

Westminster Press, 1959)을 보라. 《이스라엘 역사》(크리스챤다이제스트).

5. Edward F. Campbell, Jr., *Ruth*, The Anchor Bible (Garden City, NY: Doubleday & Co., 1975), p. 8-9.

6. 같은 책, p. 80.

7. 이것은 성경의 기자들이 서구 문학에 독특하게 기여했던, 현실을 자료로 삼는 태도를 지칭하기 위해 에리히 아우어바흐(Erich Auerbach)가 사용한 구절이다.

8. Joseph Sittler, *The Ecology of Faith* (Philadelphia: Muhlenberg Press, 1961), p. 39

9. G. Ernest Wright, *God Who Acts: Biblical Theology as Recital* (Chicago: Alec R. Allenson, Inc., 1960), p. 84. 《구약성서신학 입문》(대한기독교서회).

10. Gilbert K. Chesterton, *Orthodoxy* (New York: John Lane Co., 1908), p. 254. 《정통》(상상북스).

11. Gerhard von Rad, *Old Testament Theology* (New York: Harper & Row, 1965), vol. 2, p. 378.

12. Martin Thornton, *Pastoral Theology: A Reorientation* (London: SPCK, 1964), p. 270. 성실한 심방자였던 조너선 에드워즈(Jonathan Edwards)는 그가 "차와 케이크를 나누는" 방문이라고 부른 것, 즉 그저 사교를 위한 방문은 하지 않으려고 했다.

13. Sheldon B. Kopp, *Guru: Metaphors from a Psychotherapist* (Palo Alto, CA: Science and Behavior Books, 1971), pp. 165-166.

14. 1904년에 출간된 익명의 저자가 쓴 《순례자의 찬송가*The Pilgrim Hymnal*》에서 인용.

15. Charles Williams, *The Descent of the Dove* (New York: Meridian Books, 1956), p. 205.

16. Campbell, p. 62.
17. 같은 책, p. 83.
18. 같은 책, p. 116.
19. 같은 책, p. 114.
20. 같은 책, p. 114-115.
21. 같은 책, p. 123.
22. 같은 책, p. 85.
23. 같은 책, p. 90.
24. 같은 책, p. 140.
25. 같은 책, p. 88.
26. 같은 책, p. 136.
27. Elie Wiesel, *Souls on Fire: Portraits and Legends of Hasidic Masters*, trans. Marion Wiesel (New York: Vintage Books, 1973), p. 99.
28. Campbell, p. 170.
29. 같은 책.
30. Thomas H. Johnson, ed., *The Complete Poems of Emily Dickinson* (Boston: Little, Brown, and Co., 1960), p. 153.
31. Peter Kreeft, "Zen Buddhism and Christianity: An Experiment in Comparative Religion," *Journal of Ecumenical Studies* 8 (1971): p. 532에서 재인용.
32. W. F. Albright, C. S. Mann, *Matthew*, Anchor Bible (Garden City, NY: Doubleday & Co., Inc., 1971), p. 2의 주를 보라.
33. Roland Barthes, *The Pleasure of the Text*, trans. Richard Miller (New York: Hill and Wang, a division of Farrar, Straus, and Giroux, 1975), p. 47. 《텍스트의 즐거움》(동문선).
34. C. S. Lewis, *Christian Reflections* (Grand Rapids: William B. Eerdmans, 1967), p. 106.

35. Paul Goodman, *Little Prayers & Finite Experience* (New York: Harper & Row, 1972), p. 112.

36. Elie Wiesel, *The Gates of the Forest*, trans. Frances Frenaye (New York: Avon Books, 1974), p. 206.

3부 고통을 나누는 목회 사역: 예레미야애가

1. Nicholas Berdyaev, *The Destiny of Man* (New York: Harper & Row, 1960), p. 193. 《인간의 운명》(현대사상사).
2. Philip Rieff, *The Triumph of the Therapeutic* (New York: Harper & Row, 1966).
3. Norman K. Gottwald, *Studies in the Book of Lamentations* (London: SCM Press, 1954), p. 23 이하.
4. Norman Gottwald의 글, *Interpreter's Dictionary of the Bible*, ed. George Arthur Buttrick (Nashville: Abingdon, 1962), vol. 3, p. 61.
5. Delbert R. Hillers의 글, H. Ewald, *Lamentations*, The Anchor Bible (Garden City, NY: Doubleday & Co., 1972), p. 64에서 재인용.
6. 같은 책, p. 86.
7. Viktor E. Frankl, *Man's Search for Meaning* (New York: Simon and Schuster, 1962), p. 74에서 재인용. 《죽음의 수용소에서》(청아출판사).
8. Karl Barth, *The Epistle to the Romans* (London: Oxford University Press, 1960), p. 414. 《로마서 강해》(한들출판사).
9. Thornton Widler, *Theophilus North* (New York: Harper & Row, 1973), p. 343.
10. W. H. Auden, "The Art of Healing," E. Mendelson, ed., *Collected Poems* (New York: Random House, 1976), p. 626.

11. Peter R. Ackroyd, *Exile and Restoration: A Study of Hebrew Through of the Sixth Century B.C.* (Philadelphia: Westminster Press, 1975), p. 45.
12. Gottwald, *Interpreter's Dictionary of the Bible*, vol. 3, p. 62.
13. Gerhard von Rad, *Old Testament Theology* (New York: Harper & Row, 1965), vol. 1, p. 109.
14. Wesley J. Fuerst, *The Cambridge Bible Commentary: The Books of Ruth, Esther, Ecclesiastes, The Song of Songs, Lamentations: The Five Scrolls* (Cambridge: Cambridge University Press, 1975), p. 45.
15. Abraham J. Heschel, *The Prophets* (New York: Harper & Row, 1962), p. 283.
16. 같은 책, p. 224.
17. C. S. Lewis, *Letters to Malcolm: Chiefly on Prayer* (New York: Harcourt Brace & World, 1964), p. 96. 《개인기도》(홍성사).
18. Barth, *Romans*, pp. 419-420.
19. Harry Escott, ed., *The Cure of Souls: An Anthology of R. T. Forsyt's Practical Writings* (Grand Rapids: William B. Eerdmans, 1971), p. 113.
20. Heschel, p. 193.
21. *Theological Dictionary of the New Testament*, vol. 5, p. 396.
22. Walther Eichrodt, *Theology of the Old Testament*, trans. J. A. Baker (Philadelphia, Westminster Press, 1961), vol. 1, p. 265.
23. 나는 이 표현을 칼 올슨(Karl Olssen)에게서 들었지만, 출판물에 인용되었는지는 알지 못한다.
24. Heschel, p. 179.
25. John Updike, *Rabbit, Run* (New York: Alfred A. Knopf, 1970), p. 237. 《달려라, 토끼》(문학동네).

26. 그리스 신화에서 고약한 냄새가 나며 고칠 수 없는 상처를 지닌 남자로서 뛰어난 궁술로 트로이 함락에 결정적인 기여를 했던 필록테테스(Philoctetes) 이야기는 "상처 입은 치유자"라는 관념에 대한 신화적 기초를 제공한다. Edmund Wilson, *The Wound and the Bow* (New York: Oxford University Press, 1965), pp. 223-242과 Henri J. M. Nouwen, *The Wounded Healer: Ministry in Contemporary Society* (New York: Doubleday & Co., 1972)를 보라. 《상처 입은 치유자》(두란노).

27. Ivan Illich, *Medical Nemesis: The Expropriation of Health* (New York: Pantheon Books, a division of Random House, 1976), pp. 133-153을 보라. 《병원이 병을 만든다》(미토).

28. Rieff, pp. 225-226.

29. John T. McNeill, *A History of the Cure of Souls* (New York: Harper & Brothers, 1951), p. 244에서 재인용.

30. Frankl, p. 102.

31. Frankl, p. 114에서 재인용.

32. C. S. Lewis, *The Problem of Pain* (New York: The Macmillan Publishing Co., 1953), p. 29. 《고통의 문제》(홍성사).

33. Hillers, p. xxvii.

34. Homer, *The Iliad*, trans. Robert Fitzgerald (Garden City, NY: Anchor Press/Doubleday, 1974), p. 535. 《일리아스》(숲).

35. Gottwald, *Interpreter's Dictionary of the Bible*, vol. 3, p. 62.

36. Günter Grass, *The Tin Drum*, trans. Ralph Manheim (New York: Pantheon, a division of Random House, Inc., 1961), p. 525. 《양철북》(민음사).

37. Kornelis H. Miskotte, *When the Gods Are Silent*, trans. John W. Doberstein (London: Collins, 1967), p. 248.

38. Elie Wiesel, *The Gates of the Forest* (New York: Avon Books, 1974), p. 180.

39. Colman McCarthy, *Inner Companions* (Washington, DC: Acropolis Books Ltd., 1975), p. 227에서 재인용.

40. Erik Routley, *Ascent to the Cross* (London: SCM Press Ltd., 1962), p. 29.

41. Denise Levertov, "Strange Song," *The Freeing of the Dust* (New York: New Directions, 1975), p. 67.

42. Hillers, p. 50.

43. Barth, *Romans*, p. 416에서 재인용.

4부 '아니오'라고 말하는 목회 사역: 전도서

1. Karl Barth, *The Epistle to the Romans* (London: Oxford University Press, 1960), p. 33.

2. R. B. Y. Scott, *Proverbs / Ecclesiastes*, The Anchor Bible (Garden City, NY: Doubleday & Co., Inc., 1965), p. 202.

3. Frank Zimmerman, *The Inner World of Qoheleth* (New York: KTAV Publishing House, 1973), p. 131.

4. Barth, *Romans*, p. 37.

5. John Bright, *A History of Israel* (Philadelphia: The Westminster Press, 1959), p. 427.

6. Sir Edwyn Hoskyns, Noel Davey, *The Riddle of the New Testament* (New York: Harcourt, Brace and Co., 1931), pp. 231-232.

7. Walther Eichrodt, *Theology of the Old Testament*, trans. J. A. Baker (Philadelphia: Westminster, 1961), vol. 2, p. 494. 《구약성서신학》(크

리스챤다이제스트).

8. George Aaron Barton, *The Book of Ecclesiastes*, The International Critical Commentary (Edinburgh: T. & T. Clark, 1908), p. 67. 앙리 카젤(Henri Cazelles)은 코헬렛을 "거룩한 공동체를 지도할 책임을 맡은 카할(즉, 회중)의 사람"이라고 정의한다. "La titulature du roi David," *Mélanges bibliques rédigés en l'honneur de André Robert* (Paris, 1957), p. 135 이하.
9. Eichrodt, vol. 2, p. 268.
10. O. S. Rankin, "Introduction and Exegesis to the Book of Ecclesiastes," *The Interpreter's Bible*, ed. George Arthur Buttrick (Nashville: Abingdon Press, 1956), vol, 5, p. 4.
11. Robert Gordis, *Koheleth—The Man and His World* (New York: Schocken Book, 1973), p. 50.
12. 같은 책, p. 92.
13. *Theological Dictionary of the Old Testament*, vol. 1, p. 338.
14. Louis Finkelstein, *The Jews: Their History, Culture, and Religion* (New York: Harper & Brothers, 1955), vol. 2, pp. 1368-1369.
15. 이와 비슷하게 신약에서도 반대되는 것을 결합해 종려주일 예배에 이이서 무화과나무 저주, 성전 정화에 대해 서술한다. 종려주일 이야기는 그 안에 장막절의 요소가 일부 포함되며(종려나무 가지를 흔드는 것과 호산나 찬송을 부르는 것), 두 가지 부정적인 행위를 통해 그 피상성과 오해를 정화한다. 장막절 예배가 전도서에 의해 깨끗하게 되듯이, 종려주일 예배 다음에는 성전 정하가 이뤄신다.
16. W. Hertzberg, *Der Prediger übersetzt und erklart* (Leipzig, 1932), p. 37 이하.
17. Ronald E. Murphy, "The Interpretation of Old Testament Wisdom Literature," *Interpretation* 23, no. 3 (July 1969): pp. 289-301.

18. Herman Melville, *Moby Dick* (New York: Bantam Books, 1967), p. 392.

19. “멜빌이 원했던 것은, ‘천둥 속에서 아니라고 말할’ 수 있는 사람, 삶의 신비뿐만 아니라 그 검은 비극까지도 경험한 사람이었다. 그는 ‘콧소리로 말하는 이런 플라톤 같은 사람’[즉, 에머슨]에 대해 신물이 났다.” F. O. Matthiessen, *American Renaissance: Art and Expression in the Age of Emerson and Whitman* (New York: Oxford University Press, 1972), p. 186.

20. Saul Bellow, *The Adventures of Augie March* (New York: The Viking Press, 1953), p. 12. 《오기 마치의 모험》(펭귄클래식코리아).

21. Walter Harrelson, *Interpreting the Old Testament* (New York: Holt, Rinehart and Winston, Inc., 1964), p. 443.

22. T. S. Eliot, “Choruses from ‘The Rock,’” *Collected Poems 1909–1962* (New York: Harcourt Brace Jovanovich, Inc., 1963).

23. Howard Nemerov, “Lines & Circularities,” *Games & Occasions* (Chicago: University of Chicago Press, 1973), p. 12.

24. Amos N. Wilder, “Introduction and Exegesis to the First, Second, and Third Epistles of John,” *Interpreter's Bible*, ed. George Arthur Buttrick (Nashville: Abingdon, 1957), vol. 12, pp. 272–273을 보라.

25. Garry Wills, *Chesterton: Man and Mask* (New York: Sheed & Ward, 1961), p. 196에서 재인용.

26. Eichrodt, vol. 1, p. 173 이하, p. 207 이하, p. 219 이하; vol. 2, p. 270.

27. Diogenes Allen, “Miracles Old and New,” *Interpretation* 28 (July 1974): p. 300.

28. Eugene H. Peterson, “Baalism and Yahwism Updated,” *Theology Today* 29, no. 2 (July 1972): p. 138 이하를 보라.

29. Eichrodt, vol. 1, p. 101.

30. 예전과 삶의 관계에 관한 논의로는 Dom Gregory Dix, *The Shape of the Liturgy* (London: Dacre Press, 1960), p. xviii를 보라.

31. Charles Williams, *The Descent of the Dove: A Short History of the Holy Spirit in the Church* (New York: Meridian Books, 1956), p. 5.

32. "내가 만약 인쇄업자라면, 시편과 신약 함께 묶어서 많이 파는 것처럼, 전도서를 마태복음 바로 앞에 넣은 신약을 펴낼 것이다." Floyd E. Mallot, *Is Life Worth Living?* (Elgin, IL: The Brethren Press, 1972), p. 8.

33. Gerhard von Rad, *Old Testament Theology* (New York: Harper & Row, 1965), vol. 1, p. 456.

34. E. W. Hengstenberg, *Commentary on Ecclesiastes* (Philadelphia: Smith, English, and Co., 1869), p. 31.

35. Raymond Bernard Blakney, *Meister Eckhart: A Modern Translation* (New York: Harper & Brothers, 1941), p. 53.

5부 공동체를 세우는 목회 사역: 에스더서

1. Martin Buber, *I and Thou*, trans. Walter Kaufmann (New York: Charles Scribner's Sons, 1970), p. 94. 《나와 너》(대한기독교서회).

2. Karl Barth, *Church Dogmatics*, vol. 4, part 3, p. 743.

3. John A. T. Robinson, *The Body: A Study in Pauline Theology* (London: SCM Press, Ltd, 1952), p. 15.

4. Louis Finkelstein, *The Jews: Their History, Culture, and Religion* (New York: Harper & Brothers, 1955), vol. 2, p. 1373.

5. Bernhard W. Anderson, "Introduction and Exegesis of Ester," *The Interpreter's Bible* (Nashville: Abingdon Press, 1954), vol. 3, p. 829.

6. Ellen Glasgow, *The Sheltered Life* (Garden City, NY: Doubleday, Doran & Company, Inc., 1934), p. 46.

7. Henri Nouwen, *Creative Ministry* (New York: Doubeday and Co. Inc., 1971), p. 99. 《새 시대의 사목》(성바오로).

8. D. H. Lawrence, *Studies in Classic American Literature* (Garden City, NY: Doubleday Anchor Books, Doubleday & Co., Inc., 1953), p. 17.

9. 소아시아 리디아(Lydia)의 수도 사르디스에도 유대인 디아스포라 공동체가 존재했다는 언급이 있다. 455년에 기록된 것으로 추정되는 이 아람어 문헌에서는 이곳에 아람어를 사용하는 유대인 공동체의 정착지가 있었다고 말한다. William F. Albright, *The Biblical Period* (Pittsburgh: University of Pennsylvania, 1950), p. 63을 보라. 《간추린 이스라엘 역사》(기독교문서선교회).

10. William Foxwell Albright, *Archaeology and the Religion of Israel* (Baltimore: The Johns Hopkins Press, 1956), p. 168.

11. William F. Albright, *Recent Discoveries in the Bible Lands* (New York: Funk and Wagnalls Co., 1955), p. 101.

12. Gillis Gerleman, *Esther*, Biblischer Kommentar Altes Testament, XXI, 1-2 (Neukirchen-Vluyn: Neukirchener Verlag des Erziehungsvereins, 1970-1973), p. 43.

13. John Bright, *A History of Israel* (Philadelphia: Westminster Press, 1959), p. 360.

14. G. Ernest Wright, *Biblical Archaeology* (Philadelphia: Westminster Press, 1957), p. 207.

15. Bengel의 말, Alexandre Rudolphe Vinet, *Pastoral Theology: The Theology of the Evangelical Ministry*, trans. Thomas H. Skinner (Edinburgh: T. & T. Clark, 1852), p. 301에서 재인용.

16. Andrew A. Bonar, ed., *The Letters of the Rev. Samuel Ruetherford* (Edinburgh: Oliphant, Anderson & Ferrier, 1891), p. 80.
17. Erik Routley, *Words, Music and the Church* (Nashville: Abingdon Press, 1968), p. 219.
18. Martin Thornton, *Pastoral Theology: A Reorientation* (London: SPCK, 1964), p. 164.
19. Bernard M. G. Reardon, "The Doctrine of the Church in Recent Catholic Theology," *Expository Times* 88 (March 1977): p. 166에서 재인용.
20. James S. Stewart, *The Strong Name* (London: Hodder and Stoughton, 1941), p. 145에서 재인용.
21. John Bright, *The Kingdom of God: The Biblical Concept and Its Meaning for the Church* (Nashville: Abingdon Press, 1953), p. 178. 《하나님의 나라》(크리스챤다이제스트).
22. Thornton, p. 138.
23. Martin North, *The History of Israel* (London: A. & C. Black, 1959), pp. 301-306. 《이스라엘 역사》(크리스챤다이제스트).
24. 같은 책, p. 305.
25. Wright, p. 206.
26. Reinhold Niebuhr, "Why Is Barth Silent on Hungary?" *Christian Century* (January 23, 1957)과 "Barth on Hungary: An Exchange," *Christian Century* (April 10, 1957)를 보라.
27. G. Johannes Botterweck, Helmer Ringgren, eds., *Theological Dictionary of the Old Testament*, trans. John T. Willis (Grand Rapids: William B. Eerdmans, revised edition, 1977), vol. 1, p. 218.
28. *Theological Dictionary of the New Testament*, vol. 2, p. 813.
29. "믿음이 적은 자들"—제자들이 하나님의 압도적인 섭리를 신뢰하지 못

할 때 예수님이 그들을 가리켜 자주 사용하신 말(마 6:30; 8:26; 14:31; 16:8).

30. "거룩한 전쟁"(헤렘)의 신학에 관해서는 Gerhard von Rad, *Holy War in Ancient Israel*, trans. Marva J. Dawn (Grand Rapids: Eerdmans, 1991)을 보라. 거룩한 전쟁에 대한 가장 완전하고 상세한 설명(von Rad, p. 115 이하)이 가장 풍성한 목회적 전통을 담고 있기도 한 신명기 자료 안에 들어 있다는 사실이 중요하다고 나는 생각한다. 사랑을 실천하는 예배 공동체의 정체성과 통전성을 계발하는 데에 관심이 있던 사람들은 내외부적으로 공동체를 위협하는 것에 대해 가장 경계했으며 하나님의 간섭에 절대적으로 의존하는 신학을 가지고 있었다. 거룩한 전쟁의 신학이 절대로 공격적인 군사주의에 대한 정당화가 아니라 언제나 적으로부터 지켜주시는 하나님에 대한 신뢰였음을 간과해서는 안 되기 때문이다. 야훼께서 직접 전투에 나가 적에게 하나님의 공포를 내리심으로써 그들을 무르셨다(von Rad, pp. 48-49를 보라). 거룩한 전쟁의 신학은 군사주의적인 백성이 아니라 악에 대한 모든 순진한 생각을 버리고 신앙의 문제에 관해 한결같으며 한눈팔지 않고 열정적인 백성을 만들어냈다.

31. Sheldon Vanauken, *A Severe Mercy* (New York: Harper & Row, 1977)에서 이 말과 이 말의 의미에 관한 통찰력 넘치는 사례를 발견할 수 있다. 《잔인한 자비》(복있는사람).

32. Hans Wilhelm Hertzberg, *I & II Samuel: A Commentary*, The Old Testament Library, trans. J. S. Bowden (Philadelphia: Westminster Press, 1964), p. 128.

33. 에스더 2:5; 3:4; 5:13; 6:10; 8:7; 9:29, 31; 10:3.

34. W. B. Yeats, "Municipal Gallery Revisited," *The Collected Poems of W. B. Yeats* (New York: Macmillan, 1959), p. 318.

35. Henri J. M. Nouwen, *Reaching Out* (New York: Doubleday &

Co., 1975), p. 20.

36. Garry Wills, *Bare Ruined Choirs: Doubt, Prophecy and Ruined Religion* (Garden City, NY: Doubleday & Co., Inc., 1972), p. 249.

37. Timothy L. Smith, "A 'Fortress Mentality': Shackling the Spirit's Power," *Christianity Today* 21, no. 4 (November 19, 1976): p. 24.

38. 이에 관한 논의로는 Hans Bardtke, *Das Buch Esther* (Gütersloher: Verlagshaus Gerd Mohn, 1963), pp. 332-333을 보라.

39. *Interpreter's Dictionary of the Bible*, vol. 2, p. 508. 널리 인정되듯이 이것은 소수의 견해다. 대부분의 학자들은 하닷사를 "도금양"으로 해석하는 타르굼 전승을 받아들인다. 왜냐하면 타르굼 II에서는 "도금양이 세상에 향기를 퍼뜨리듯이 그는 착한 행실을 퍼뜨렸다. 그리고 이런 연유로 그는 히브리어로 하닷사로 불렸다. 의로운 사람은 도금양에 비유되기 때문이다"라고 말하기 때문이다.

40. Thomas Merton, *Conjecture of a Guilty Bystander* (Garden City, NY: Image Books, Doubleday & Co., Inc., 1968), p. 126.

41. Charles Dickens, *A Tale of Two Cities* (New York: New American Library, Signet Classic, 1936), p. 13. 《두 도시 이야기》(펭귄클래식코리아).

42. Gerhard von Rad, *Old Testament Theology*, trans. D. M. G. Stalker (New York: Harper & Row, 1965), vol. 1, p. 90.

닫는 말

1. Gunnar Thorkildsson, "Discipleship," trans. Eugene Peterson, *Christianity Today* (September 10, 1971).

Ca.1.

In principio fecit deus celum et terrã.
ἐν ἀρχῇ ἐποίησεν ὁ θς τὸν οὐρανὸν καὶ τὴν γῆν. ἡ
at terra erat inuisibilis ꝛ incõposita. et tenebre su
δὲ γῆ ἦν ἀόρατος καὶ ἀκατασκεύαστος. καὶ σκότος ἐ
per abyssum: et spiritus dei ferebatur su
πάνω τῆς ἀβύσσου. καὶ πνεῦμα θεοῦ ἐπεφέρετο ἐ
per aquam. et dixit deus fiat lux. ꝛ fa
πάνω τοῦ ὕδατος. καὶ εἶπεν ὁ θς γενηθήτω φῶς. καὶ ἐ
cta ẽ lux. et vidit deus lucẽ: ꝙ bona. et di
γένετο φῶς. καὶ εἶδεν ὁ θς τὸ φῶς, ὅτι καλόν. καὶ διε
uisit deus inter lucẽ: ꝛ inter
χώρισεν ὁ θς ἀναμέσον τοῦ φωτός, καὶ ἀναμέσον τοῦ
tenebras. ꝛ vocauit deus lucẽ diem: et tene
σκότους. καὶ ἐκάλεσεν ὁ θς τὸ φῶς ἡμέραν, καὶ τὸ σκό
bras vocauit noctẽ. et factũ ẽ vespe: et factũ ẽ
τος ἐκάλεσε νύκτα. καὶ ἐγένετο ἑσπέρα, καὶ ἐγένετο
mane: dies vnus. et dixit deus fiat firmamẽtũ in
πρωΐ, ἡμέρα μία. καὶ εἶπεν ὁ θς γενηθήτω στερέωμα ἐν
medio aque. ꝛ sit diuidens inter aquã
μέσῳ τοῦ ὕδατος. καὶ ἔστω διαχωρίζον ἀναμέσον ὕδα
ꝛ aquã. ꝛ fecit deus firmamẽtũ. ꝛ di
τος καὶ ὕδατος. καὶ ἐποίησεν ὁ θς τὸ στερέωμα. καὶ διε
uisit deus inter aquam: q̃ erat sub
χώρισεν ὁ θεὸς ἀναμέσον τοῦ ὕδατος, ὃ ἦν ὑποκάτω τοῦ
firmamẽto: et inter aquã: que super
στερεώματος, καὶ ἀναμέσον τοῦ ὕδατος, τοῦ ἐπάνω
firmamẽtũ. et vocauit deus firmamẽtũ ce
τοῦ στερεώματος. καὶ ἐκάλεσεν ὁ θς τὸ στερέωμα οὐρα
lum. et vidit deus. ꝙ bonũ. et factũ ẽ vespere: ꝛ
νόν. καὶ εἶδεν ὁ θς, ὅτι καλόν. καὶ ἐγένετο ἑσπέρα, καὶ
factũ ẽ mane: dies secũdus. ꝛ dixit deus cõgre
ἐγένετο πρωΐ, ἡμέρα δευτέρα. καὶ εἶπεν ὁ θς συναχ
getur aqua que sub celo in congrega
θήτω τὸ ὕδωρ τὸ ὑποκάτω τοῦ οὐρανοῦ εἰς συναγω
tiõeʒ vnã: et appareat arida. ꝛ factũ ẽ ita. ꝛ cõ
γὴν μίαν, καὶ ὀφθήτω ἡ ξηρά. καὶ ἐγένετο οὕτως. καὶ συ
gregata ẽ aqua que sub celo in cõgre
νήχθη τὸ ὕδωρ τὸ ὑποκάτω τοῦ οὐρανοῦ εἰς τὰς συνα
gatiões suas: ꝛ apparuit arida. ꝛ vocauit deus ari
γωγὰς αὐτοῦ, καὶ ὤφθη ἡ ξηρά. καὶ ἐκάλεσεν ὁ θς τὴν ξη
dã: terrã. ꝛ cõgregatiões aquarũ vocauit ma
ρὰν, γῆν. καὶ τὰ συστήματα τῶν ὑδάτων ἐκάλεσε θα
ria. et vidit deus: ꝙ bonũ. et dixit deus ger
λάσσας. καὶ εἶδεν ὁ θεός, ὅτι καλόν. καὶ εἶπεν ὁ θς βλα
minet terra herbã feni seminãtẽ semẽ fm
στησάτω ἡ γῆ βοτάνην χόρτου σπεῖρον σπέρμα κατὰ
genus ꝛ scdʒ similitudinẽ: et lignũ pomiferũ faciẽs
γένος καὶ καθ' ὁμοιότητα, καὶ ξύλον κάρπιμον ποιοῦν
B fructũ. cuius semẽ ipsius in ipso scdʒ genus sup
καρπὸν, οὗ τὸ σπέρμα αὐτοῦ ἐν αὐτῷ κατὰ γένος ἐπὶ
terrã. ꝛ factũ ẽ ita. et protulit terra her
τῆς γῆς. καὶ ἐγένετο οὕτως. καὶ ἐξήνεγκεν ἡ γῆ βοτά
bã feni seminãtẽ semẽ fm genus ꝛ scdʒ simi
νην χόρτου σπεῖρον σπέρμα κατὰ γένος καὶ καθ' ὁμοιό
litudinẽ: ꝛ lignũ pomiferũ faciẽs fructũ. cuius se
τητα, καὶ ξύλον κάρπιμον ποιοῦν καρπὸν, οὗ τὸ σπέρ
mẽ eius in ipso: scdʒ genus sup terrã. et vidit
μα αὐτοῦ ἐν αὐτῷ κατὰ γένος ἐπὶ τῆς γῆς. καὶ εἶδεν

In principio creauit deus celum & terrã. Terra autem erat inanis & vacua: & tenebre erant sup faciẽ abyssi: & spiritus dei ferebatur super aquas. Dixitqʒ deus. Fiat lux. Et facta ẽ lux. Et vidit deus lucem ꝙ esset bona: & diuisit lucem a tenebris: appellauitqʒ lucem diẽ: & tenebras noctem. Factumqʒ est vespe & mane dies vnus. Dixit quoqʒ deus. Fiat firmamentũ in medio aquarum: & diuidat aquas ab aquis. Et fecit deus firmamentum. diuisitqʒ aquas q̃ erant sub firmamẽto ab his que erant super firmamentũ. Et factũ est ita. Vocauitqʒ deus firmamentum celum: & factum est vespe & mane dies secundus. Dixit vero deus. Congregentur aque q̃ sub celo sunt in locum vnum: & appareat arida. Et factum ẽ ita. Et vocauit deus aridã terram: cõgregationesqʒ aquarũ appellauit maria. & vidit deus ꝙ esset bonum: & ait. Germinet terra herbã virẽtem & faciẽtẽ semẽ: & lignum pomiferũ faciens fructũ iuxta genus suũ cuius semẽ i semetipso sit sup terrã. Et factũ est ita. Et ptulit terra herbã virẽtẽ & faciẽtẽ semẽ iuxta genus suũ: lignũqʒ faciẽs fructũ: & hñs vnũ quodqʒ sementem fm spẽm suã. Et vidit

אֱלֹהִים אֵת
אָרֶץ וְהָאָרֶץ
וְחֹשֶׁךְ עַל פְּנֵי
הִים מְרַחֶפֶת עַל
אֱלֹהִים יְהִי
רָא אֱלֹהִים אֶת
דֵּל אֱלֹהִים בֵּין
וַיִּקְרָא אֱלֹהִים
שֶׁךְ קָרָא לָיְלָה
קֶר יוֹם אֶחָד
הִי רָקִיעַ בְּתוֹךְ
יל בֵּין מַיִם
הִים אֶת הָרָקִיעַ
אֲשֶׁר מִתַּחַת
יִם אֲשֶׁר מֵעַל
וַיִּקְרָא אֱלֹהִים
הִי עֶרֶב וַיְהִי
אמֶר אֱלֹהִים
הַשָּׁמַיִם אֶל
אֶה הַיַּבָּשָׁה וַיְהִי
ם לַיַּבָּשָׁה אֶרֶץ
א יַמִּים וַיַּרְא
יֹאמֶר אֱלֹהִים
שֶׁא עֵשֶׂב מַזְרִיעַ
ה פְּרִי לְמִינוֹ
ל הָאָרֶץ וַיְהִי
דֶּשֶׁא עֵשֶׂב
רוֹ וְעֵץ עֹשֶׂה
בוֹ לְמִינֵהוּ וַיַּרְא

Transla. Chal.

בְּקַדְמִין בְּרָא יְיָ יָת שְׁמַיָּא וְיָת אַרְעָא: וְאַרְעָא הֲוָת צַדְיָא וְרֵקַנְיָא וַחֲשׁוֹכָא עַל אַפֵּי
תְהוֹמָא. וְרוּחָא דַּייָ מְנַשְּׁבָא עַל אַפֵּי מַיָּא

Interp. c

In principio creau
Terra aũt erat de
faciem abyssi: ꝛ sp

τους· καὶ ἐκάλεσεν ὁ θς τὸ φῶς ἡμέραν, καὶ τὸ σκό
s vocauit noctē. et factū ē vespe: et factū ē
ἐκάλεσε νύκτα· καὶ ἐγένετο ἑσπέρα, καὶ ἐγένετο
e: dies vnus. et dixit deus fiat firmamētū in
ί, ἡμέρα μία· καὶ εἶπεν ὁ θς γενηθήτω στερέωμα ἐν
dio aque. τ sit diuidens inter aquā
τῷ τοῦ ὕδατος· καὶ ἔστω διαχωρίζον ἀναμέσον ὕδα
τ aquā. τ fecit deus firmamētū. τ di-
καὶ ὕδατος· καὶ ἐποίησεν ὁ θς τὸ στερέωμα· καὶ διε
t deus inter aquam: q̄ erat sub
ώρισεν ὁ θεὸς ἀναμέσον τοῦ ὕδατος, ὃ ἦν ὑποκάτω τοῦ
mamēto: et inter aquā: que super
ρεώματος, καὶ ἀναμέσον τοῦ ὕδατος, τοῦ ἐπάνω
firmamētū. et vocauit deus firmamētū ce-
στερεώματος· καὶ ἐκάλεσεν ὁ θς τὸ στερέωμα οὐρα
.et vidit deus. q bonū. et factū ē vespere: τ
καὶ εἶδεν ὁ θς ὅτι καλόν· καὶ ἐγένετο ἑσπέρα, καὶ
tū ē mane: dies secūdus. τ dixit deus cōgre=
ετο πρωΐ, ἡμέρα δευτέρα· καὶ εἶπεν ὁ θς συναχ=
ur aqua que sub celo in congrega=
τω τὸ ὕδωρ τὸ ὑποκάτω τοῦ οὐρανοῦ εἰς συναγω=
ȝ vnā: et appareat arida. τ factū ē ita. τ cō=
μίαν, καὶ ὀφθήτω ἡ ξηρά· καὶ ἐγένετο οὕτως· καὶ συ
gata ē aqua que sub celo in cōgre
ήθη τὸ ὕδωρ τὸ ὑποκάτω τοῦ οὐρανοῦ εἰς τὰς συνα
iōes suas: τ apparuit arida. τ vocauit deus ari
γὰς αὐτοῦ, καὶ ὤφθη ἡ ξηρά· καὶ ἐκάλεσεν ὁ θς τὴν ξη
terrā. τ cōgregatiōes aquarū vocauit ma
, γῆν· καὶ τὰ συστήματα τῶν ὑδάτων ἐκάλεσε θα
et vidit deus: q bonū. et dixit deus ger
σσας· καὶ εἶδεν ὁ θεὸς ὅτι καλόν· καὶ εἶπεν ὁ θς βλα
net terra herbā feni seminātē semē fm
στάτω ἡ γῆ βοτάνην χόρτου σπεῖρον σπέρμα κατὰ
nus τ scđȝ similitudinē: et lignū pomiferū faciēs
νος καὶ καθ' ὁμοιότητα, καὶ ξύλον κάρπιμον ποιοῦν
ctū. cuius semē ipsius in ipso scđȝ genus sup
ρπόν· οὗ τὸ σπέρμα αὐτοῦ ἐν αὐτῷ κατὰ γένος ἐπὶ
terrā. τ factū ē ita. et protulit terra her=
ς γῆς· καὶ ἐγένετο οὕτως· καὶ ἐξήνεγκεν ἡ γῆ βοτά=
fem seminātē semē fm genus τ scđȝ simi
χόρτου σπεῖρον σπέρμα κατὰ γένος καὶ καθ' ὁμοιό
dinē: τ lignū pomiferū faciens fructū. cuius se
τα, καὶ ξύλον κάρπιμον ποιοῦν καρπόν· οὗ τὸ σπέ
eius in ipso: scđȝ genus sup terrā. et vidit
αὐτοῦ ἐν αὐτῷ κατὰ γένος ἐπὶ τῆς γῆς· καὶ εἶδεν

lucem a tenebris: ap
pellauitq;
lucem diē: & tenebras
noctem.
Factumq; est vespe &
mane dies vnus.
Dixit quoq; deus. Fiat
firmamentū in medio
aquarum: & diuidat
aquas
ab aquis. Et fecit deus
firmamentum.
diuisitq; aquas q̄ erant
sub
firmamēto ab his que
erant super
firmamentū. Et factū
est ita. Vocauitq; deus
firmamentum celum:
& factum est vespe &
mane dies secundus.
Dixit vero deus.
Congregentur aque q̄
sub celo sunt in
locum vnum: & appa=
reat arida. Et factum ē
ita. Et vocauit deus a
ridā terram:
cōgregationesq; aqua
rū appellauit maria. &
vidit deus q esset bo=
num: & ait. Germinet
terra herbā virētem &
faciētē semē: & lignum
pomiferū faciens fru=
ctū iuxta genus suū cu
ius semē i semetipso sit
sup terrā. Et factū est
ita. Et ptulit terra her
bā virētē & faciētē semē
iuxta genus suū: lignū
q; facies fructū: & hñs
vnū quodq; sementem
fm spēm suā. Et vidit

ן הַחֹשֶׁךְ׃ וַיִּקְרָא אֱלֹהִים
ם וְלַחֹשֶׁךְ קָרָא לָיְלָה
וַיְהִי בֹקֶר יוֹם אֶחָד׃
לֹהִים יְהִי רָקִיעַ בְּתוֹךְ
הִי מַבְדִּיל בֵּין מַיִם
עַשׂ אֱלֹהִים אֶת הָרָקִיעַ
הַמַּיִם אֲשֶׁר מִתַּחַת
בֵּין הַמַּיִם אֲשֶׁר מֵעַל
וַיְהִי כֵן׃ וַיִּקְרָא אֱלֹהִים
מַיִם וַיְהִי עֶרֶב וַיְהִי
שֵׁנִי׃ וַיֹּאמֶר אֱלֹהִים
ם מִתַּחַת הַשָּׁמַיִם אֶל
ד וְתֵרָאֶה הַיַּבָּשָׁה וַיְהִי
אֱלֹהִים לַיַּבָּשָׁה אֶרֶץ
מַיִם קָרָא יַמִּים וַיַּרְא
טוֹב׃ וַיֹּאמֶר אֱלֹהִים
אֶרֶץ דֶּשֶׁא עֵשֶׂב מַזְרִיעַ
פְּרִי עֹשֶׂה פְּרִי לְמִינוֹ
עוֹ בוֹ עַל הָאָרֶץ וַיְהִי
הָאָרֶץ דֶּשֶׁא עֵשֶׂב
עַ לְמִינֵהוּ וְעֵץ עֹשֶׂה
זַרְעוֹ בוֹ לְמִינֵהוּ וַיַּרְא

Transla. Chal.

בְּקַדְמִין בְּרָא יְיָ יָת שְׁמַיָּא וְיָת אַרְעָא׃ וְאַרְעָא הֲוָת צַדְיָא וְרֵקָנְיָא וַחֲשׁוֹכָא
תְּהוֹמָא וְרוּחָא דַּייָ מְנַשְּׁבָא עַל אַפֵּי מַיָּא׃ וַאֲמַר יְיָ יְהֵא נְהוֹרָא וַהֲוָה נְהוֹרָא
יָת נְהוֹרָא אֲרֵי טָב וְאַפְרֵישׁ יְיָ בֵּין נְהוֹרָא וּבֵין חֲשׁוֹכָא׃ וּקְרָא יְיָ לִנְהוֹרָא
וְלַחֲשׁוֹכָא קְרָא לֵילְיָא וַהֲוָה רְמַשׁ וַהֲוָה צְפַר יוֹמָא חַד׃ וַאֲמַר יְיָ יְהֵא רְקִיעָא
מַיָּא וִיהֵא מַפְרֵישׁ בֵּין מַיָּא לְמַיָּא׃ וַעֲבַד יְיָ יָת רְקִיעָא וְאַפְרֵישׁ בֵּין מַיָּא דְּ
לִרְקִיעָא וּבֵין מַיָּא דְּמִלְּעֵיל לִרְקִיעָא וַהֲוָה כֵן׃ וּקְרָא יְיָ לִרְקִיעָא שְׁמַיָּא
וַהֲוָה צְפַר יוֹם תִּנְיָן׃ וַאֲמַר יְיָ יִתְכַּנְשׁוּן מַיָּא מִתְּחוֹת שְׁמַיָּא לַאֲתַר חַד וְתִתַּחְ
וַהֲוָה כֵן׃ וּקְרָא יְיָ לְיַבֶּשְׁתָּא אַרְעָא וּלְבֵית כְּנִישׁוּת מַיָּא קְרָא יַמֵּי וַחֲזָא יְיָ
וַאֲמַר יְיָ תַּדְאֵי אַרְעָא דִּיתְאָה עִסְבָּא דְּבַר זַרְעֵיהּ מִזְדְּרַע אִילָן פֵּירִין עָבֵיד
לִזְנוֹהִי דְּבַר זַרְעֵיהּ בֵּיהּ עַל אַרְעָא וַהֲוָה כֵן׃ וְאַפֵּיקַת אַרְעָא דִּיתְאָה עִסְבָּא דְּ
מִזְדְּרַע לִזְנוֹהִי וְאִילָן עָבֵיד פֵּירִין דְּבַר זַרְעֵיהּ בֵּיהּ לִזְנוֹהִי וַחֲזָא

Interp. chal.

In principio creauit deus celū
Terra autē erat deserta τ vacu
faciem abyssi: τ spūs dei insuf
aquap. Et dixit deus. Sit lux: τ fuit l
lucē q esset bona. Et diuisit deus inte
nebras. appellauitq; deus lucē diē: τ
uit noctē. Et fuit vespe τ fuit mane di
xit deus. Sit firmamentū in medio a
inter aquas τ aqs. Et fecit deus firm
sit iter aquas q̄ erant subter firmame
q̄ erant sup firmamentū: τ fuit ita. E
mamentū celuȝ. Et fuit vespe τ fuit
Et dixit de⁹. Cōgregētur aque q̄ sub
vnum: τ appareat arida. Et fuit ita.
aridā terrā: τ locū cōgregationis aq
maria. Et vidit de⁹ q̄ esset bonū. Et
minet terra germinationē herbe cu
seminat: arboreq; fructiferā faciente
nus suū: cuius filius semētis in ipso
fuit ita. Et pduxit terra germē herb
mētis seminat fm genus suū: et arbo
ctus: cui⁹ filius semētis i ipso fm ge